本书是 2016 年度国家社科基金青年项目

"大数据时代我国社会主义意识形态建设研究"（16CKS035）的结项成果，

2023 年河北省社科基金一般项目

"数智技术赋能我国网络意识形态风险治理研究"（HB23MK003）的阶段性成果。

大数据时代我国社会主义意识形态建设研究

樊瑞科◎著

天津出版传媒集团

天津人民出版社

图书在版编目（CIP）数据

大数据时代我国社会主义意识形态建设研究 / 樊瑞科著. -- 天津 ：天津人民出版社，2024. 12. -- ISBN 978-7-201-20741-4

Ⅰ. D616；B036

中国国家版本馆 CIP 数据核字第 20241RJ728 号

大数据时代我国社会主义意识形态建设研究
DASHUJU SHIDAI WOGUO SHEHUIZHUYI YISHIXINGTAI JIANSHE YANJIU

出　　　版	天津人民出版社
出 版 人	刘锦泉
地　　　址	天津市和平区西康路35号康岳大厦
邮政编码	300051
邮购电话	（022）23332469
电子信箱	reader@tjrmcbs.com
责任编辑	武建臣
装帧设计	贾慧贤
印　　　刷	天津新华印务有限公司
经　　　销	新华书店
开　　　本	710毫米×1000毫米　1/16
印　　　张	19.75
插　　　页	2
字　　　数	260千字
版次印次	2024年12月第1版　2024年12月第1次印刷
定　　　价	88.00元

前　言

　　意识形态工作是党的一项极端重要的工作。一定程度而言,高度重视并善于做好意识形态工作是中国共产党取得一个又一个伟大胜利的制胜密码。中国特色社会主义进入新时代,我国社会主义意识形态建设也面临崭新局面。一方面,党着力解决意识形态领域党的领导弱化问题,立破并举、激浊扬清,就意识形态领域许多方向性、战略性问题作出部署,确立和坚持马克思主义在意识形态领域指导地位的根本制度,意识形态领域形势发生全局性、根本性转变。另一方面,社会思想意识复杂多样、相互交织,主流价值观遭遇市场逐利性的挑战,媒体格局和舆论生态发生深刻变化,以及各种敌对势力对我国进行渗透遏制等,导致意识形态领域形势依然复杂、挑战依然严峻。为此,党的二十大报告明确提出了"建设具有强大凝聚力和引领力的社会主义意识形态"的时代使命。从某种意义来看,作为为国家立心、为民族立魂的工作,意识形态工作是需要创新的工作。与时俱进作为马克思主义的理论品质,自然也是以马克思主义为指导的社会主义意识形态建设的内在要求。

　　伴随社会信息化程度不断提升,海量数据的感知采集、储存管理和分析应用的大数据技术及其广泛应用助推人类社会跃入大数据时代。大数据正在开启一次重要的时代转型。进入新世纪的第二个十年，面对大数据驱动的社会变革，世界各国纷纷将促进大数据发展提升为国家战略，致使其成为大国之间综合国力竞争的新焦点。与此同时，我国大数据相关产业及学术研究也逐渐升温，大数据逐渐成为社会各界高度关注的热点话题和前沿技术。2013 年 7 月，习近平总书记在中国科学院考察工作时强调："谁掌握了大数据技术，谁就掌握了发展的资源和主动权。"2013 年 12 月 25 日，《人民日报》刊发的《大数据元年》一文写道："这一年，不管你有没有意识到，大数据都已经来到我们身边。"2015 年 8 月 19 日，国务院常务会议通过了《促进大数据发展行动纲要》，随后于 8 月 31 日正式印发《促进大数据发展行动纲要》，标志着我国大数据战略的正式开启。2017 年 12 月，习近平总书记在第十九届中央政治局第二次集体学习时作出了"大数据是信息化发展的新阶段"的重大论断，并就我国大数据发展问题进行了前瞻性谋划和系统性部署。

马克思主义关于技术与意识形态的辩证法启示我们，先进技术与意识形态之间存在密不可分的内在关联，先进技术之于意识形态具有显著的"双刃剑"效应。具体而言，大数据及其应用逐渐成为影响我国社会主义意识形态建设的技术背景和发展动能。在"一切皆数"的大数据时代，意识形态这一"老话题"也出现诸多"新表征"。如何正确看待大数据时代我国社会主义意识形态建设的新特征，如何辨识大数据时代我国社会主义意识形态面临的机遇与挑战，如何借力大数据探索我国社会主义意识形态建设的优化策略等都成为我们必须面对并予以解答的时代课题。

本书作为国家社科基金青年项目"大数据时代我国社会主义意识形态建设研究"的最终研究成果，试图对上述系列问题作出深入思考与系统阐述，以期抛砖引玉，引发更多学者关注这一时代议题，以便进一步推动数智化技术背景下我国社会主义意识形态建设的理论研究和实践发展。整体而言，本书的理论特色和学术创新主要体现在以下四个方面：

一是选题具有时代性。本书坚持以习近平总书记关于意识形态工作的重要论述为指导，顺应大数据开启的时代转型，将大数据与我国社会主义意识形态建设紧密结合，在深入探讨二者内在关联的基础上系统阐释大数据嵌入我国社会主义意识形态建设的利弊效应及应对策略。对此，有专家在结项鉴定意见中指出："在大数据时代背景下，深入研究我国社会主义意识形态建设，对于拓展和深化我国社会主义意识形态建设的理论视野，丰富研究范式，提升意识形态建设的科学性和实效性，推动我国社会主义意识形态安全治理方法创新具有重要的理论与实践意义。"

二是视角具有新颖性。当前，互联网已经成为我国社会主义意识形态建设的主战场。习近平总书记多次重申"过不了互联网这一关，就过不了长期执政这一关"重要论断。对此，意识形态工作必须顺应网络化、数字化和智能化趋势，不断提升数智化背景下意识形态建设效能。针对大数据引发的社会转型、思维革新和社会变革，本书从大数据这一"微视角"切入我国社会主义意识形态建设"大课题"，其研究视角具有新颖性和独特性。

三是方法具有创新性。本书坚持理论逻辑与历史逻辑、理论梳理与实证研究、质化分析与定量考察相结合的基本方法，综合运用马克思主义理论、计算机科学、信息学、传播学、经济学等相关成果，合理应用文献梳理法、归纳法、比较法、多学科交叉研究等具体方法，尝试应用可视化分析软件 Cite Space 进行文献综述，选取了自然语言处理、网络爬虫、机器学习、百度指数等典型案例，进而有效提升了本书的研究深度和创新程度。

四是内容具有系统性。本书初步厘清了大数据时代我国社会主义意识形态的内涵和特征等基本问题，明确大数据嵌入意识形态建设的可能性和必然性，从理论与现实、国内与国外的双重维度分析论证了大数据嵌入意识形态建设的优势，提出了大数据时代意识形态建设的优化策略，建构了一个较为完整的逻辑自洽的框架。

　　总之,本书作为国内较早关注大数据与我国社会主义意识形态建设相关议题的研究成果,对于深化数智时代我国社会主义意识形态建设问题无疑将会提供有益的学术框架参考、理论依据借鉴和实际应用启发。

目录
CONTENTS

绪 论

一、研究缘起

高度重视并善于做好意识形态工作是中国共产党的一项光荣传统和显著优势。伴随中国特色社会主义进入新时代,我国社会主义意识形态建设面临崭新的时代境遇。从外部环境来看,在"世界百年未有之大变局"的国际格局中, 我国社会主义意识形态建设面临不同文明交流交融交锋的复杂态势和西方意识形态加紧渗透的严峻挑战;从国内现实而言,进入新时代的中国正在经历更为剧烈的时代变革, 意识形态领域多元多样多变的复杂态势更为明显。为此,习近平总书记首次明确提出"意识形态工作是党的一项极端重要的工作"的重要论断,强调"能否做好意识形态工作,事关党的前途命运,事关国家长治久安,事关民族凝聚力和向心力"①。面对新时代新挑战,如何"牢牢把握意识形态工作领导权","建设具有强大凝聚力和引领力的社会

---

① 中共中央宣传部.习近平总书记系列重要讲话读本[M].北京:学习出版社、人民出版社, 2016:193.

主义意识形态",便成为党的意识形态工作必须面对并且务必要解决好的一项重大时代课题,不断加强和改善我国社会主义意识形态建设也被赋予了极为重要的理论意义和现实意蕴。

实践发展无止境,理论创新不停息。从某种程度而言,我国社会主义意识形态建设是需要创新的工作领域。习近平总书记要求:"宣传思想工作一定要把围绕中心、服务大局作为基本职责,胸怀大局、把握大势、着眼大事,找准工作切入点和着力点,做到因势而谋、应势而动、顺势而为。"①作为信息化发展的新阶段,大数据技术及其广泛应用正在掀起一场深刻的技术革命与社会转型,大数据时代悄然而至。特别是2008年世界金融危机以来,为了顺应世界经济数字化转型的时代潮流,世界各国纷纷将促进大数据发展提升为国家战略,致使其成为大国之间综合国力竞争的新焦点。例如,2010年5月,日本政府发布了以实现日本国民本位的电子政府、强化地区互助等为主要目标的《信息通信技术新战略》,同时日本总务省还在2012年7月发布了《活跃ICT日本》新综合战略。2010年11月,欧盟通信委员会向欧洲议会提交了题为"开放数据:创新、增长和透明治理的引擎"的研究报告,围绕开放数据的目标制定大数据相关战略,次年11月,该报告被欧盟数字议程采纳并作为"欧盟开放数据战略"进行部署实施。2010年,英国政府上线政府数据网站Data.gov.uk,用以提升大数据信息挖掘和获取能力。2012年,英国政府由商业创新技能部牵头,成立了数据战略委员会,发布了新的政府数字化战略。2012年3月,美国政府明确提出"大数据研究和发展倡议",随后发布了《大数据研究和发展计划》,并组建了"大数据高级指导小组"。综上,进入大数据时代,世界各国高度重视大数据发展,通过加强顶层设计对其加以引导以期占领新技术革命的制高点。2017年度《世界数字竞争力排名》显示:

---

① 习近平.论党的宣传思想工作[M].北京:中央文献出版社,2020:14.

各国数字竞争力与其整体竞争力具有高度正相关性,即数字竞争力强的国家,其整体竞争力也很强,同时也更容易产生颠覆性创新。

国内学界和媒体普遍将 2013 年视为我国的大数据元年。此后,我国大数据相关产业及学术研究逐渐升温,大数据逐渐成为全社会高度关注的热点话题和政界业界学界聚焦的前沿技术。正如熊健等写道:"这一年,不管你有没有意识到,大数据都已经来到我们身边。电商投放广告、物流调度运力、证监会抓老鼠仓、金融机构卖基金、民航节约成本、农民破解猪周期、制片人拍电影……从政府到企业,从群体到个人,数据的积累与日俱增。4G 牌照的发放,又让移动数据通道由'乡村公路'升级为'高速公路'。可以预见,大数据席卷各行各业和人们生活的速度只会越来越快。"①面对方兴未艾的大数据时代,为了顺应并引领信息化的时代潮流,促进我国大数据的健康发展,更大程度激发大数据对产业变革、国家治理、生活转型、思维革命等方面的技术赋能和潜在价值,2015 年,党的十八届五中全会首次提出了具有中国特色的"大数据战略",随后国务院发布《促进大数据发展行动纲要》等一系列国家层面的相关政策规划。习近平总书记更是在多个重要场合和会议上围绕大数据发表了一系列重要讲话。特别是 2017 年 12 月 8 日,习近平总书记在主持第十九届中共中央政治局第二次集体学习时专门就促进我国大数据发展作了全面系统的战略规划,对于引领和推动我国大数据技术创新、产业发展、深度应用和理论研究等提供了根本遵循和科学指南。

"大数据开启了一次重大的时代转型。就像望远镜让我们能够感受宇宙,显微镜让我们能够观测微生物一样,大数据正在改变我们的生活及理解世界的方式。"②大数据技术及其广泛应用也正在成为影响我国社会主义意

---

① 熊健等. 2013 大数据元年[N].人民日报,2013-12-25(10).

② [英]维克托·迈尔·舍恩伯格,[英]肯尼思·库克耶.大数据时代:生活、工作与思维的大变革[M].盛杨燕,等译.杭州:浙江人民出版社,2013:1.

识形态建设的崭新的技术背景与时代境遇。与任何新技术一样,大数据也具有"双刃剑"的技术属性,大数据技术及其应用在为加强和改善我国社会主义意识形态建设提供新的技术手段、载体平台和思维方式的同时,也对我国社会主义意识形态建设带来了或隐或现的风险和挑战。如何在辩证认识大数据技术及其应用对我国社会主义意识形态建设双重影响的基础上,探索将大数据合理嵌入我国社会主义意识形态建设的优化策略便成为一项重要的时代课题。从理论意义来讲,以大数据的微视角切入我国社会主义意识形态建设的大课题有助于提高我国社会主义意识形态建设的时代感、创新性、信息化程度,拓宽其理论视野和提升其研究水平。就实践意义而言,积极借助大数据技术及其应用有利于增强我国社会主义意识形态建设的主体能力,创新其宣教方式、提升其治理效能、维护其现实安全等,进而不断增强社会主义意识形态在信息社会中的凝聚力和引领力,为新时代提升我国社会主义意识形态建设实效提供必要的理论参考、智力支持和技术服务。

二、研究综述

(一)国内研究述评

意识形态工作是党的一项极端重要的工作。只有不断推进意识形态工作的理念创新、手段创新、方式创新,才能确保我们党掌握意识形态领导权、管理权和话语权。当前,方兴未艾的大数据时代构成了我国社会主义意识形态建设新的时代境遇。大数据及其相关研究也引发学界的广泛关注,截至2021年10月23日,以"大数据"为关键词在中国知网(CNKI)共检索出文献50247条,涉及计算机、经济、传媒、管理等40多门学科,但将"大数据"和"社会主义意识形态建设"进行综合性、整体性、系统性的研究成果尤其是专门著作却鲜见,不过当下已有学者开始触及该问题并展开了若干相关性研究。

1.大数据与社会主义意识形态建设

为了全面系统梳理大数据与社会主义意识形态建设的研究现状,本书采用计量学可视化软件 CiteSpace5.8R3,以中国知网(CNKI)2015—2021 年收录的 145 篇以大数据与意识形态研究为主题的期刊论文为研究对象,从时空分布、关键词聚类等维度绘制国内关于大数据时代我国社会主义意识形态建设研究的知识图谱,探寻大数据技术背景下我国意识形态研究的热点话题,以期为深化与拓展新时代社会主义意识形态建设研究提供新的理论参照。

(1)数据来源与研究工具

一是数据来源与处理。本书数据均来自中国知网(CNKI)的全文数据库,为保证原始数据的全面性和可靠性,在中国知网中先选择"旧版本入口",再选择"高级检索",设定检索条件为"期刊"检索,采用"双主题"的搜索方式,在"主题"项中使用"大数据+目标主题"的方式进行检索,目标主题主要包括"主流意识形态""社会主义意识形态""马克思主义意识形态""网络意识形态""意识形态"等关键词。文献检索年限设为 2015 年至 2021 年,经人工筛选,删除重复收录、非相关等不符合条件的文献后,共检索出 145 篇文献,基本涵盖了这一时期该领域具有代表性的研究成果,然后将该 145 篇期刊论文纳入可视化技术分析。

二是分析工具与方法。本书采用可视化分析软件 CiteSpace 作为研究工具,该软件基于 JAVA 程序语言编写并广泛应用于分析某一研究领域的研究热点及趋势。"CiteSpace 基本原理是将信息可视化方法、文献计量学法和数据挖掘算法集成起来,通过绘制可视化图谱、建立节点之间的关联来分析相关研究对象的共现关系与共引关系等。"①本书将 CNKI 数据库中检索到的大

---

① 苗小燕,张冲.大中小学德育一体化研究的热点与发展趋势——基于 CNKI 数据库的CITESPACE 分析[J].中国特殊教育,2018(8):85.

数据技术背景下意识形态领域的期刊论文进行动态可视化图谱分析，主要包括年度发文量分析、作者分析、重要研究机构分析等，科学展示国内大数据背景下意识形态研究的宏观结构及其发展脉络，便于探寻该研究的热点话题及发展趋势。

（2）大数据与意识形态研究的时空分布

一是大数据与意识形态研究的时间分布图谱

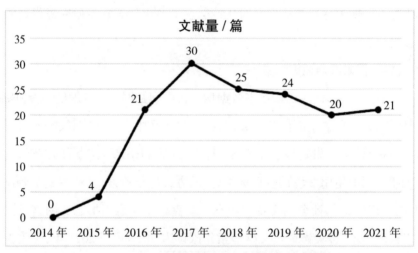

图 1　大数据与意识形态研究文献时间分布图

文献年度分布。年度发文量是衡量我国大数据技术背景下意识形态研究热度及发展趋势的重要指标。国内媒体与学界普遍将 2013 年视为我国的"大数据元年"。伴随涂子沛的《大数据》（2012）、舍恩伯格和库克耶合著的《大数据时代》（2013）的出版发行，尤其是我国产业转型升级的信息化、数字化、智能化趋势，在国内引发了全民关注"大数据"的社会热潮。据图 1 可知，从 2014 年开始，学者逐渐尝试将大数据视角引入意识形态研究领域（起初学者们大多聚焦于大数据对新闻传播领域的变革创新）。从 2015 年开始，我国将发展大数据上升为国家战略，学界密切跟踪形势发展，本书主旨的研究自 2015 年迅速升温，直至 2017 年达到一个研究高峰，其后数年保持平稳,基本维持在年均 20 篇左右的较高水平。但从我国意识形态研究的整体视域而言,该研究的论文数量依然相对较少。由此可知,大数据背景下的意识形态研究虽已引发了学者们的关注,且从时间线索来看,学界也正在经历研究高潮后的冷思考,高质量学术成果数量较为欠缺,且亟待研究视角、研究范式和研究方法的不断创新。伴随新一代信息技术的迅速发展,数字经济的勃兴,党和国家治理体系和治理能力现代化需要,包括数字时代我国社会主义意识形态面临的诸多新情况、新挑战,大数据技术背景下的意识形态工作依然具有较大的研究空间和较高的研究价值,值得广泛挖掘和深入探讨。

二是大数据与意识形态研究的空间分布图谱

首先,作者分布。将 Node types 设定为作者(Author),时间跨度(Time Slicing)为 2015 年 1 月至 2021 年 12 月,时间切片(Years Per Slice)为 1 年,运行 CiteSpace,得到了节点数为 197,连线数为 86,密度为 0.0045 的大数据技术背景下意识形态研究作者共现知识图谱(见图 2)。由图可知,节点数最大的学者为蒲清平、罗丽琳、黄燕、任宁、郑洁、郑元景等学者紧随其后。在该领域研究群体中,只有少数学者之间存在交流与合作,故在图谱中形成了作者子网络结构。

通过进一步研究发现,这些学者研究方向大部分为新闻传播领域。这表明目前新闻传播领域是与大数据技术耦合程度较高的研究领域,表明大数据技术在新闻传播、舆情动态分析中存在较为充分与成熟的技术应用,但在意识形态工作的其他领域尚未广泛展开。同时,整个图谱的网络较为零散,各作者节点之间的连线也只有几条,这说明该研究领域的作者大多数以独立研究为主,较少开展学术之间的交流与合作。同时通过 CiteSpace 统计可知,总样本的 145 篇文献涉及 197 位作者,表 1 列出了发文量 3 篇及以上的 6 位学者名单,仅占学者总数的 3%。由上可知,国内学者在大数据技术背景下意识形态研究领域中的交流与合作有待提高。此外,在该研究领域还存在

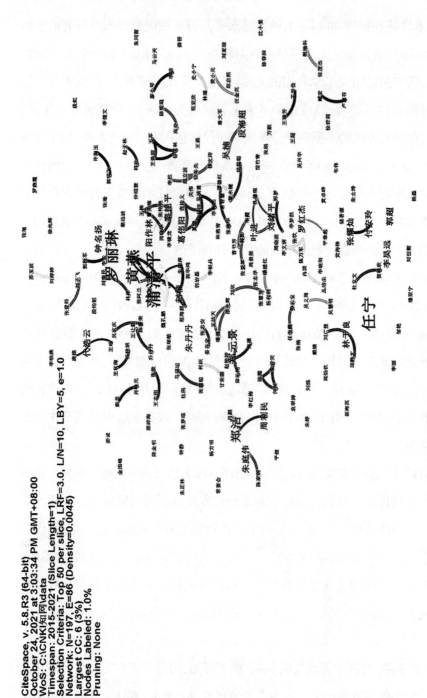

CiteSpace, v. 5.8.R3 (64-bit)
October 24, 2021 at 3:03:34 PM GMT+08:00
WoS: C:\CNKI知网\data
Timespan: 2015-2021 (Slice Length=1)
Selection Criteria: Top 50 per slice, LRF=3.0, L/N=10, LBY=5, e=1.0
Network: N=197, E=86 (Density=0.0045)
Largest CC: 6 (3%)
Nodes Labeled: 1.0%
Pruning: None

图 2 大数据技术背景下意识形态研究作者共现图谱

高产作者数量不多,研究深度不够的问题,多数学者仅停留在浅表性、碎片化的研究程度。

表 1　大数据背景下意识形态研究高产作者及发文数量

学者	发文数量(篇)
蒲清平	9
罗丽琳、黄燕、任宁	7
郑洁	4
郑元景	3

其次,机构分布。将 Node types 设定为机构(Institution),时间跨度(Time Slicing)为 2015 年 1 月至 2021 年 12 月,时间切片(Years Per Slice)为 1 年,运行 CiteSpace,得到节点数为 134,连线数为 0,密度为 0 的我国大数据技术背景下意识形态研究机构共现网络知识图谱(见图 3)。从呈现图谱中可知,目前有 7 家高校或科研院所在该研究领域的成果较为突出。从发表论文的具体机构来看(见表 2),西南政法大学法学院、西南政法大学马克思主义学院、重庆大学马克思主义学院、广西师范大学发文数均为 7 篇,是在该研究领域发表论文数量较多的学术单位。福建农林大学马克思主义学院、南开大学马克思主义学院次之,发文量均为 3 篇。剩余的科研机构在此研究领域发表 CSSCI 来源期刊论文数量都是 1—2 篇。这在一定程度上也能够说明目前西南政法大学法学院、西南政法大学马克思主义学院、重庆大学马克思主义学院、广西师范大学在该研究领域具有较强的科研能力和明确的研究方向。在跨机构合作研究方面(见图 3),各研究机构分布零散,连线数为 0,密度为 0,表明各机构间联系合作程度较低。

表 2　发文量前 2 位的机构

序号	机构名称	发文量(篇)
1	西南政法大学法学院、西南政法大学马克思主义学院、重庆大学马克思主义学院、广西师范大学	7
2	福建农林大学马克思主义学院、南开大学马克思主义学院	3

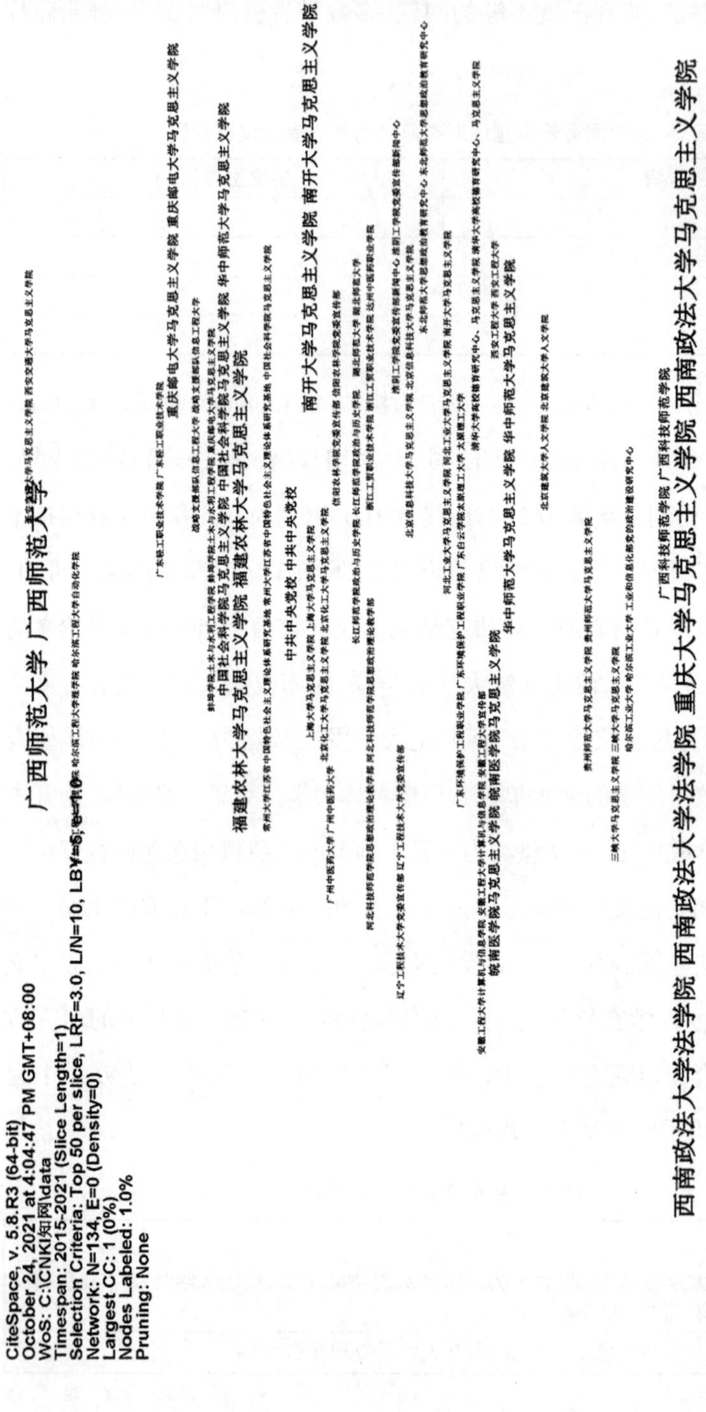

图 3 大数据技术背景下意识形态研究机构共现网络知识图谱

　　"关键词是研究论文核心思想的总结和概括,对文献关键词进行总结可以获得一定时间内某一学科的研究热点和研究前沿，对于未来的研究有一定的指导意义。"①在 CiteSpace 软件中将 Node types 设定为关键词(Keyword)，时间跨度(Time Slicing)为 2015 年 1 月至 2021 年 12 月,时间切片(Years Per Slice)为 1 年,其余设置保持不变,点击 Go 运行 CiteSpace 软件,生成如图 4 所示的关键词可视化图谱。

　　关键词频的高低很大程度上能够表明学者所关注的研究视角。图中关键词以字体的大小予以呈现,其中字体越大,对应关键词出现的频率越高,反之,字体越小,对应关键词出现的频率越低。根据图 4 可知,145 篇有效文献中共有 118 个关键词。根据高频词与低频词的界定公式,即多诺霍提出的公式 T=[−1+(1+8I)1/2]/2(I 为关键词个数)计算可得,该研究领域的高频词与低频词界限值约为 14.87，这说明出现频率在 15 次及以上的关键词为高频词。为了能够更加直观地展现每一个关键词出现的频率,笔者整理出现次数 15 次及以上的高频关键词表(见表 3),包括大数据、意识形态和高校,反映出在该领域研究的热点主要是围绕高校意识形态领域而展开的，这也说明目前该研究领域关注范围较为狭窄,需要不断拓展研究领域。

————————
　　①　高炎涛,钱建成.基于 CiteSpace 话语分析研究的可视化分析[J].贵州师范学院学报,2020(8):30.

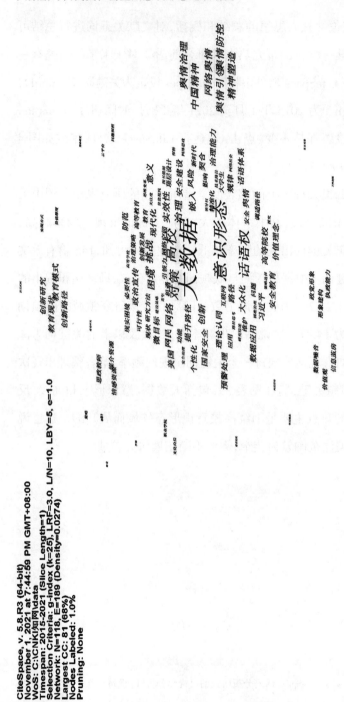

图 4　大数据与意识形态研究热点话题的可视化图谱

表 3　大数据与意识形态研究高频关键词

序号	关键词	频次
1	大数据	95
2	意识形态	33
3	高校	25

2.大数据与社会主义核心价值观培育

学者尝试将大数据视角引入该领域，重点探讨了大数据和大学生核心价值观培育问题,但缺少对该问题的整体观照。邹邵清(2015)探讨了利用大数据进行青年核心价值观培育的契合性问题，认为大数据引发的核心价值观教育出现复杂性、整体性和动态性的思维变革。邹邵清(2016)认为大学生社会主义核心价值观的研究方法应实现从小抽样调研向大数据、从要素研究向整体性研究、从因果关系向关联性、从单向统一向多样性研究等的转变与创新。叶国兵(2019)认为大数据可以量化分析评估大学生社会主义核心价值观的内化和践行状况，为拓展大学生社会主义核心价值观培育时空创造条件,为大学生社会主义核心价值观的个性化教育提供便利。刘新庚、唐励(2017)认为大数据助长了意识形态风险和价值观渗透,加剧了我国大学生社会主义核心价值观培育的复杂性和难度。张宝中(2021)认为对数据的盲从、学生信息杂乱、处理困难、学生隐私泄露等问题制约大数据时代高校对大学生社会主义核心价值观的教育实效。施琦(2020)认为可以通过加强数据素养、强化虚拟空间话语权,构建价值观数据库,健全信息收集分析机制,加强日常监测,完善价值观教育预警机制等三维路径实现大学生社会主义核心价值观教育创新。任璐和夏晓东(2015)从分析大数据概念和大学生社会主义核心价值观现状出发，提出强化大数据意识、建立大数据库、提升工作队伍技术运用能力和完善大数据制度保障等四个实现路径。张伟莉(2018)通过分析大数据在大学生社会主义核心价值观教育中的"连接、反馈、预测"功能,提出更新教育主体理念、精准把握客体需求、个性选择教育介体、动态优化教育环体四个优化策略。此外,刘立新(2017)针对社会主义核心价值观基层宣教存在的针对性、融入性、实效性和互动性不强等实践难题,提出树立大数据思维、重塑宣传理念、再造教育流程、创新传播手段等四个对策,以期打通社会主义核心价值观大众化宣教的"最后一公里"。王永斌(2018)利用百度指数,以社会主义核心价值观为搜索关键词,分析了公众对社会主义核心价值观的关注度和需求。张静、欧树同(2021)则利用百度指数进行了大数据时代乡村培育和践行社会主义核心价值观的需求分析,并从优化政策供给和树立系统观念两个方面阐述了提升策略。

3.大数据与思想政治教育问题

学者对该问题的探索较为深入,并集中研究了大数据时代思想政治教育的内涵、特征、影响、对策等基本问题。关于内涵的解读,梁家峰和亓振华(2013)认为大数据高校思想政治教育工作是对大数据进行科学存储、管理并有效分析利用,以提高校园管理效率和服务质量。胡树祥和谢玉进(2013)分析了大数据思想政治教育、传统思想政治教育,以及网络思想政治教育的区别和联系问题。胡纵宇和黄丽亚(2014)认为大数据时代思想政治教育是世界眼光、中国情怀与时代特征的有机统一。关于特征的认识,学者认为大数据时代思想政治教育呈现信息掌握更全面、教学模式更灵活、教学主客体交融、定量分析受重视等特征[夏晓东(2014)、魏忠(2014)、季海菊(2017)、周良发(2018)、李家圆、王刚(2019)、高薇和张宇(2021)等]。学者还重点探索了大数据对思想政治教育的影响和对策问题,提出许多具有启发性的实践路径[黄欣荣(2015),胡子祥、余姣(2015),张策、张耀元(2020),冯刚(2020)]。此外,还有学者对思想政治教育应用大数据的理论基础和前景[常宴会(2020)]、大数据推动思想政治教育研究范式转型问题[宋林泽、丁凯(2020),陈吉鄂 等(2020),林晶等(2020)]、大数据思想政治教育的主要矛盾[崔建西(2019)]、大数据时代思想政治教育的科学性问题[康超、佘双好(2021)、常宴会(2021)]、大数据时代思想政治教育个性化问题[李明珠、刘洋洋(2018),李怀杰、申小蓉(2019)]、大数据时代思想政治教育意义共享[高盛楠、吴满意(2021)]等问题进行了更为精深的研究。与此同时,该领域的系统性研究成果也是不断涌现,出现了例如杨方旭《大数据时代背景下大学生思想政治教育新思路》(2018)、刁生富等《大数据时代思想政治教育新探》(2019)、美茹《大数据时代大学思想政治教育工作的优化研究》(2019)、荆筱槐《大数据与高校思想政治理论课》(2020)等学术专著。

4.大数据和网络舆情研究

学界主要围绕大数据时代网络舆情特征、机遇挑战、应对策略、分析方法等基本问题展开研究。关于舆情特征,张宁熙(2014)认为大数据时代网络舆情信息呈现相对开放、丰富多样、传播迅速和带有倾向性等特征。万会丽(2014)认为大数据时代舆情分析出现从描述到预测、从样本到接近全体以及媒介产品增值的特点。关于机遇挑战,卿立新(2014)认为大数据给网络舆情监管带来海量数据、信息选择性传播、舆论话语权分散的挑战,同时其对于拓展网络舆情治理领域、丰富网络舆情管理手段、推动网络舆情理论研究工作也是新机遇。李文军和陈妹(2021)认为大数据为网络舆情的精准引导、精准掌控、精准监管提供了有力的技术支撑,同时大数据悖论带来网络舆情治理的困境,具体表现为大数据技术面临技术属性的挑战、数据权属的挑战、工具理性的挑战和政务环境等诸多挑战。关于应对策略,祁泉淞(2020)认为政府等相关部门应树立大数据思维、构建网络舆情预警和分析体系、实现政府和社会多元主体的协同治理等路径有效应对大数据时代的网络舆情危机。潘建红和杨利利(2020)从主体责任伦理的视角探讨了大数据时代网络舆情治理问题,其中,强化主体的责任伦理意识、构建多元责任主体协同共治格局、建立健全责任伦理规范是实现路径。孙淑华和罗佳(2019)则从大数据素养、大数据技术和大数据立法探讨了提升网络舆情治理的优化策略。关于分析方法,学界认为大数据时代社会舆情分析应关注 Web 日志挖掘分析、文本挖掘、语义识别、社会网络分析、分类分析、倾向性分析、关联规则分析、基于统计规则的模式识别、基于内容挖掘的主题检测模式等［高云棋(2013)、靳戈(2014)、马梅等(2016)、连芷萱等(2018)］。与此同时,国内还出现了杨明刚《大数据时代的网络舆情》(2017)、武装《大数据时代网络舆情分析》(2018)、裴佳音《大数据环境下网络舆情的预测方法》(2019)等系统性研究的学术专著。

除了上述主要研究领域之外,我国社会主义意识形态建设还涉及理论创新与宣传、新闻传媒工作、文化产业发展、文化体制改革等诸多领域,大数据嵌入意识形态研究的领域随之不断扩展。例如,有学者已对大数据和马克思主义相关性问题进行了初步探索,赵香兰和郭跃军的《大数据时代马克思主义传播探析》(2016)、张凯和梁莎的《"马克思主义"主题大数据大众调查与分析》(2016)、付安玲和张耀灿的《大数据时代马克思主义理论教育的思维变革》(2016)、王建红和张乃芬的《大数据方法与马克思主义理论话语体系研究初探》(2017)、高琦和陈明昆的《大数据技术条件下的马克思主义大众化》(2018)、李雪婷的《大数据时代民族地区马克思主义中国化的路径》(2019)、张建云的《互联网时代大数据的本质分析——基于马克思主义的视角》(2020)等。

上述研究表明,学界虽已开始聚焦大数据时代我国社会主义意识形态建设研究,但总体呈现零散化、浅表化的状态,尚显粗简,存在如下不足:一是缺乏整体性视角。学界均注重从某些侧面审视该问题,研究视野狭小,缺少宏观层面的整体分析。二是缺少系统性内容。现有成果只涉及大数据与意识形态建设某一具体领域的交叉研究,碎片化现象突出,忽视系统性。三是缺少研究范式创新。学界对该研究多采取问题对策的简单建构,并未对内涵特征、应用原则、理论基础、现实条件等深层问题加以探究。因而,该研究尚有较大的研究空间和较高的研究价值。

(二)国外相关研究述评

国外对于该问题尚未形成突出的成果、定型的观点和系统性的论述。从理论来看,迈尔·舍恩伯格和库克耶的《大数据时代》、弗兰克斯的《驾驭大数据》、城田真琴的《大数据的冲击》、埃里克·西格尔《大数据预测》、桑尼尔·索雷思的《大数据治理》、阿莱克斯·彭兰特的《智慧社会》等西方学者的大数据研究基本上是基于宏观层面的理论思考,并聚焦大数据技术本身及其经济商业价值和社会治理功能,强调了大数据对社会发展、经济转型、思维革新等积极作用,直接涉及意识形态的内容较为稀少,但其依然对本书具有理论和方法的借鉴价值。此外,斯蒂文·洛尔的《大数据主义》、迈尔·舍恩伯格和托马斯·拉姆什的《数据资本时代》、迈克尔·帕特里克·林奇的《失控的真相》、凯西·奥尼尔的《算法霸权:数字杀伤性武器的威胁》、叶夫根尼·莫洛佐夫的《技术至上:数字化生存的阴暗面》、特蕾莎·M.佩顿和西奥多·克莱普尔的《大数据时代的隐私》、尼尔·斯尔尼塞克的《平台资本主义》等著作则主要关注了大数据存在的杀熟现象、平台垄断、数据至上倾向、大数据对个人隐私的侵犯等负面效应,对本书的研究具有启发和借鉴价值。从实践来看,西方主要国家纷纷将发展大数据上升为国家战略。例如,英国早在 2006 年就启动了"数据权"运动,美国在 2012 年提出了"大数据研究和发展战略",日本于 2013 年公布了以大数据为核心的新国家 IT 战略。此外,2013 年美国"棱镜"计划曝光,内隐意识形态色彩的"慕课"的全球流行都提醒我们应重视并研究大数据时代的意识形态安全问题。

针对本书的研究而言,国外相关研究虽然欠缺直接的理论资源,但其依然提供了多元化的理论内容、多维度的学术视角、丰富的实践活动,为深化和拓展大数据时代我国社会主义意识形态建设研究提供了重要的理论借鉴和实践参考。

三、研究思路

本书的整体研究思路如下:尝试以大数据的"小视角"切入我国社会主义意识形态建设的"大主题",在系统梳理大数据时代我国社会主义意识形态建设基本问题的基础上,深入探讨大数据嵌入我国社会主义意识形态建设的理论依据和现实条件,并在辩证认识大数据之于我国社会主义意识形态建设利弊影响的基础上重点探索大数据赋能我国社会主义意识形态建设的优化策略。具体而言,本书除前言与结论外,拟在以下七个方面进行深入探讨。

第一章关注大数据开启的时代转型及其意识形态问题概述。首先,系统梳理大数据的发展历程、概念界定与鲜明特征等基本问题;其次,深入探讨大数据引起的时代转型问题,主要侧重从经济变革、治理转型和民主改善等方面展现大数据的赋能作用;最后,重点聚焦大数据时代意识形态这个"老话题"出现的"新问题"。

第二章系统阐释大数据时代我国社会主义意识形态建设的基本问题。首先,以我国进入社会主义社会到党的十八大之前为历史截面,通过梳理与总结各个阶段我国社会主义意识形态建设的实践探索和理论创新为新时代我国社会主义意识形态建设提供丰富的史论资源;其次,通过深入探析大数据时代我国社会主义意识形态建设的特定内涵、鲜明特征以及时代价值等基本问题为本书提供必要的研究基础;最后,从提升意识形态引领力、凝聚力和吸引力三个维度,凸显大数据赋能我国社会主义意识形态建设的时代价值。

第三章着重分析大数据嵌入我国社会主义意识形态建设的理论逻辑。首先,通过系统梳理马克思主义关于科技与意识形态内在关联和辩证认识、西方学界在该问题上的两种传统倾向，以及当前海外学者对于数字资本主义的意识形态批判，为大数据嵌入我国社会主义意识形态建设探寻丰厚的理论资源；其次，通过分别总结习近平总书记关于大数据和新时代意识形态工作的重要论述，为大数据嵌入我国社会主义意识形态建设提供科学的理论指南；最后，以上述理论资源和理论指南为依据，明晰大数据与我国社会主义意识形态建设在人民性、科学性与实践性上的理论契合。

第四章归纳和梳理大数据嵌入我国社会主义意识形态建设的优势条件。本书认为在"当代中国"这一特定时空境遇下，坚持党的领导和共享发展理念是大数据嵌入我国社会主义意识形态建设的独特优势，具体表现为：首先，明确党的领导是大数据嵌入我国社会主义意识形态建设的根本政治保证；其次，共享发展彰显大数据嵌入我国社会主义意识形态建设的价值立场。此外，独一无二的大数据规模优势、快速发展的大数据产业、不断完善的大数据相关法规，以及初具萌芽的大数据文化等我国大数据的现实发展成效也为大数据嵌入我国社会主义意识建设提供了诸多有利因素。

第五章系统分析大数据时代我国社会主义意识形态建设面临的现实机遇。伴随网络信息技术的飞速发展，网络空间已经成为我国社会主义意识形态建设的主战场。大数据技术及其应用作为网络信息技术迭代升级的产物，为我国社会主义意识形态建设提供了新平台、新手段、新方式乃至新理念。充分认识大数据技术及其应用的鲜明特征有助于为进一步推进大数据与我国社会主义意识形态建设的有机融合提供更为精确的技术说明和更为恰当的理论参考。首先，从全样本、混杂性和相关性等方面探讨大数据赋能我国社会主义意识形态建设的思维变革意义；其次，着重分析大数据巨量规模特征对我国社会主义意识形态理论创新与宣教普及的积极作用；再次，详细论证大数据微粒特性在促进我国社会主义意识形态精准传播中的正向效应；从次，凸显大数据预测功能在提升我国社会主义意识形态治理效能中的积极作用；最后，从数据库、算法技术与人工智能入手，分析大数据对我国社会主义意识形态建设载体拓展的现实意义。

第六章深入探讨大数据时代我国社会主义意识形态建设面临的严峻挑战。科学技术普遍存在的"双刃剑"效应警示我们，大数据在助推人类社会时代转型的同时也带来了难以避免的负面影响，大数据在赋能我国社会主义意识形态建设的同时也使其面临前所未有的严峻挑战，其主要表现为：数据至上思潮弱化我国社会主义意识形态的权威属性，数据孤岛问题离散我国社会主义意识形态的整合功能，数据伦理失范遮蔽我国社会主义意识形态的道义形象，数据资本逻辑挑战我国社会主义意识形态的人文精神，西方数据霸权加剧我国社会主义意识形态的安全风险及数据人技短板制约我国社会主义意识形态的建设动能六个方面。

第七章重点探讨大数据时代我国社会主义意识形态建设的优化策略。诚如马克思所言："哲学家们只是用不同的方式解释世界，而问题在于改变世界。"[①]马克思主义的实践特征启示我们，认识世界的最终目的在于改造世界，使其变得更加美好。针对大数据时代我国社会主义意识形态建设面临的严峻挑战，积极探索大数据赋能我国社会主义意识形态建设的优化策略便成为本书的重中之重和核心内容。这就要求：第一，通过不断培育意识形态工作者的大数据意识、大数据思维及大数据能力等数据素养，解决大数据时代我国社会主义意识形态建设主体"意识不强"和"能力不足"的问题。

第二，利用大数据加强和改善我国社会主义意识形态建设还需要关注大数据运作过程，通过优化大数据的获取、分析与输出等具体环节探索大数据时代我国社会主义意识形态建设的实现路径。

第三，通过重视载体建设以拓展大数据赋能我国社会主义意识形态建

---

① 马克思恩格斯文集(第一卷)[M].北京：人民出版社,2009:506.

设的中介手段。伴随大数据时代的到来,海量数据在更为数字化、智能化的载体上实现着隐含其间的意义的承载和流动,相比于肢体、铅字、声波、影像、会议、教室等传统载体而言,以存储与处理数据见长的专业数据库、以大数据技术为底层逻辑的智能媒体、赛博时代的话语方式等正在逐渐成为大数据赋能我国社会主义意识形态建设的新型中介环节,构成了其必不可少的平台载体。

第四,通过构建大数据的综合治理格局以形成大数据赋能我国社会主义意识形态建设的多元合力。大数据赋能我国社会主义意识形态建设是一个涉及面广、关联性强、复杂度高的系统性工程,需要通过构建党委领导、政府管理、企业履责、公众参与的综合治理格局,从而形成大数据赋能我国社会主义意识形态建设的多元合力。

第五,通过捍卫我国数据主权以营造大数据赋能我国社会主义意识形态建设的安全环境。在全球大数据发展"西强东弱"整体格局尚未根本改变的时代背景下,维护我国数据主权和意识形态安全的任务更为迫切。这就需要通过在抵制西方大数据霸权行径中维护数据主权和意识形态安全,在引领大数据治理体系变革中增强主流意识形态国际话语权,在利用大数据讲好中国故事中优化主流意识形态的对外传播等方式创设大数据赋能我国社会主义意识形态建设的安全环境。

第六,通过提升创新能力以补齐大数据赋能我国社会主义意识形态建设的人技短板。利用大数据加强和改善我国社会主义意识形态建设,需要不断解决大数据创新发展中的"人技短板",这就需要从培育复合型人才、加强基础设施建设和聚焦核心技术创新等方面为大数据赋能我国社会主义意识形态建设提供人才保障和技术支撑。

第一章 大数据开启的时代转型及其意识形态问题概述

正确认识大数据的发展历程、基本概念、鲜明特征等基本问题，深刻把握大数据开启的时代转型及其主要表征，系统梳理大数据时代意识形态这一"老话题"面临的"新问题"构成了大数据时代我国社会主义意识形态建设研究的理论基础和逻辑前提。

一、大数据的基本问题

明晰基本概念是进行学术研究的逻辑起点。正如列宁所言："范畴是区分过程中的梯级，即认识世界的过程中的梯级，是帮助我们认识和掌握自然现象之网的网上纽结。"①深入探究大数据时代我国社会主义意识形态建设问题，首先应对大数据的发展历程、基本概念和鲜明特征等基本问题进行系统梳理和详细阐述。

---

① 列宁专题文集 论辩证唯物主义和历史唯物主义[M].北京:人民出版社,2009:132.

（一）数据概述

数据是日常生活和科学研究中的一个常见词汇。就人类发展历程的广域视角而言，数据是伴随人类社会的诞生而出现的，最初仅是人类用来记录各种事务的载体，发挥着记录和通信的作用。"数的概念从萌芽到诞生经历了极其漫长的岁月，可以追溯到人类蒙昧时期。在由同类事物组成的集合里，当事物数量发生变化时，数觉作为动物的基本心理特征，使人类祖先意识到事物是'多了'还是'少了'。一般认为，数产生于大约 30 万年以前。"[①]上古时期，人类的祖先就开始了"结绳记事"的探索，1960 年，一名叫简（Jean de Heinzelin de Braucourt）的比利时探险家，在非洲乌干达与扎伊尔交界处的伊尚戈渔村发掘了一根记数刻骨"Ishango Bone"（伊尚戈骨头），这是距今一万年前伊尚戈人新石器时代早期的作品，是迄今为止人类所发现的最早的刻符记数实物。而在公元前 8000 年至公元前 3500 年间，生活在两河流域的苏美尔人已通过造型各异的黏土珠子来保存丰富的生产生活信息了。人类祖先的实物记数还催生了各种形式的数制，例如中美洲的玛雅人创制的玛雅数字、尼罗河流域的古埃及人创造的十进制象形文数字、两河流域的苏美尔人和巴比伦人创造的六十进制的巴比伦数字、黄河流域的中华民族创造的以甲骨文数字和钟鼎数字为代表的中国数字等。作为一个英语词汇的数据（data）最早出现在 13 世纪，是由拉丁语（dare）演变而来，起初具有寄予之义，其后随着数学和神学的发展逐渐进入英语世界。由此可见，数据的诞生与发展反映的是人类文明的进步与变迁。

就数据的类型而言，大体上可将数据划分为结构化数据与非结构化数据两大类。结构化的数据是指可以存储在传统的关系型数据库中的数据。结构化的数据需要首先定义好数据的结构和规则，例如字段的名称、字段的类

---

① 刘红,胡新和.数据革命:从数到大数据的历史考察[J].自然辩证法通讯,2013(6):34.

型、字段的属性等明确信息,然后才能实现数据的储存、提取、分析和应用。例如,Excel 表格里的数据、存储在 SQL 数据库里面的数据等。非结构化的数据,则就没有标准化、齐一化的结构了,因此也就无法保存在以规则为核心的关系型数据库中。非结构化数据通常存储在非关系型(NoSQL)数据库或者云端数据库。在大数据时代,结构化数据无论在数量还是类型上都无法与非结构化数据相提并论。在数据的汪洋大海中,"前者占 10%左右,主要是存储在关系数据库中的数据,后者大约占 90%,种类繁多,主要包括邮件、音频、视频、微信、微博、位置信息、链接信息、手机呼叫信息、网络日志等"[①]。此外,也有学者认为在结构化数据与非结构化数据之间还应该有一种过渡性的数据类型,即半结构化数据。所谓半结构化数据,是指那些虽然其自身是非结构化的,但是经过一定的转化,我们依然可以清楚地看清其结构的数据,例如 HTML、XML 文件都属于半结构化的数据类型。总之,在大数据时代,非结构化数据所占比例最大,内容最为丰富繁杂,成为数据洪流中的主体部分。

从数据的价值来看,数据是对物理世界的信息记录,是对万事万物的数字映射。"数据是指描述事物的符号记录,是构成信息和知识的原始材料。"[②]随着人类社会的信息化程度不断提升,数字化生存逐渐成为生产生活的新常态,通过各种智能设备及感知传感系统生成的海量数据,犹如物理世界中的土地资源和工业时代的石油资源,成为信息社会的重要生产要素,成为各个国家竞相争夺的重要战略资源。以互联网经济为例,当前互联网经济中高度依赖的用户个人特征及行为方面的海量数据,已经被率先开采出来,大数据、人工智能等新技术的广泛应用,进一步激发了数据的潜在价值。数据已

---

① 林子雨.大数据导论:数据思维、数据能力和数据伦理(通识课版)[M].北京:高等教育出版社,2020:18.

② 梅宏.大数据导论[M].北京:高等教育出版社,2018:1.

然成为数字时代必不可少的生产要素，是互联网企业提供虚拟产品或服务所必需的生产资源。正如舍恩伯格等在《大数据时代:生活、工作与思维的大变革》一书中所言:"数据已经成为一种商业资本,一项重要的经济投入,可以创造新的经济利益。"①当今时代,以共享经济、众筹模式、网络新零售、直播带货等为代表的网络经济新模式新业态不断涌现,逐渐成为推动我国经济转型、社会进步乃至影响思维变革的重要因素,进一步彰显了海量数据的力量和数据应用的价值。

从"数据"的概念界定来看,人们并未形成一个统一的认知,存在见仁见智的不同解读。《现代汉语词典》将数据定义为:"进行各种统计、计算、科学研究或技术设计等所依据的数值。"②有学者从广义与狭义两个层面对数据概念进行了阐释,认为:"广义的数据是指人类实践或科学技术活动过程中涉及的一切数字、图表、符号、公式、法则、规范、影像资料等……狭义的数据是指与生产实践和人类社会生活密切联系,基于一定的生产管理或社会目标,运用一定的科学技术手段获得的各类现象、事件、过程、交互关系的量化信息或可数字化表达的结果。"③还有学者对"数据"一词借助拆分法进行了解读,"所谓数据,就是具有根据的数字,它由'数'和'据'共同构成。所谓'数'就是数字,它能够更加精确地刻画现象,描述规律;而所谓'据'就是根据,也就是数据所刻画的对象或背景、语境,它让数据有了刻画的具体对象或指称对象"④。

就加强和改善我国社会主义意识形态建设的视角而言,本书认为从哲学认识论的整体性视域对数据进行概念界定具有更广泛的普适性和更丰富

---

① [英]维克托·迈尔·舍恩伯格,[英]肯尼思·库克耶.大数据时代:生活、工作与思维的大变革[M].盛杨燕,等译.杭州:浙江人民出版社,2013:8.

② 中国社会科学院语言研究所词典编辑室编.现代汉语词典[M].北京:商务印书馆,2016:1218.

③ 倪钢.数据本体的概念及意义解析[J].岭南学刊,2020(6):120.

④ 黄欣荣.大数据、数据化与科学划界[J].自然辩证法通讯,2018(5):120.

的包容性。由此,我们尝试这样来界定数据,所谓数据本质上指向人类认识世界的主体自觉和改造世界的实践活动,是一种对事物和现象进行数字化表征的逻辑语言,是对万事万物的符号记录。"数据就是用以表征现象、提供论证的特殊的客观存在,对数据的分析可以获得对事物的认识。"①数据具有多源、异构、分散、多模态的显著特征,其涵盖了统计、观测、调查、分析、计算、文献、实验等实践过程中可以进行量化和数字化表征的数字、符号、公式、图表、模型、规范、音频、视频等诸多形式。尤其是在信息社会发展的新阶段,数据作为人类经济社会发展的数字化表征,是一种有待高度重视并亟须充分开发的生产要素,是推动经济转型、社会进步、民生改善、思维变革的重要资源。

(二)大数据的概念界定

大数据是信息技术及其广泛应用发展到一定阶段的必然结果。从人类文明之初的"结绳记事"到各种文字发明后的"文以载道",再到近现代科学的"数据建模",数据一直与人类社会的发展进步携手同行。特别是以电子计算机为代表的现代信息技术出现以后,人类掌握数据、存储数据和处理数据的能力获得空前提升和高速发展。当今时代,信息技术及其在社会经济生活等各方面的广泛应用推动数据成为继土地、能源之后的第三大战略资源。在大数据时代,一个国家所拥有的数据规模及数据采集、分析与应用的能力构成其综合国力的重要内容,有学者甚至将其视为国家主权的最新构成要件。"一个国家在网络空间的数据主权将是继海、陆、空、天之后另一个大国博弈的空间。"②

作为一个明确概念,大数据首先发端于计算科学,之后扩散至科学和商

---

① 董春雨,薛永红.大数据哲学:从机器崛起到认识方法的变革[M].北京.中国社会科学出版社,2021:32.

② 李国杰,程学旗.大数据研究:未来科技及经济社会发展的重大战略领域——大数据的研究现状与科学思考[J].中国科学院院刊,2012(6):649.

业领域,并逐渐成为引发人类社会变革的数据革命。1998 年,美国高性能计算公司(SGI)的首席科学家约翰·马西(John Mashey)在一次国际会议的报告中强调,数据规模的快速增长必将带来数据难理解、难获取、难处理和难组织的严峻挑战,并用"BigData"(大数据)来描述上述挑战,引发了计算机领域对大数据的初步思考。2007 年,数据库领域的代表人物吉姆·格雷(Jim Gray)提出了"第四范式"的概念,认为伴随大数据时代的到来,数据密集型范式将成为继实验观察、理论推导和计算仿真之后人类探索未知、求解问题的一种新型科研范式。2008 年,*Nature* 出版了"Big Data"专刊,从互联网技术、网络经济学、超级计算、环境科学、生物医药等方面介绍了海量数据带来的机遇与挑战。2011 年,*Science* 推出了关于数据处理"Dealing with data"的专刊,集中探讨了数据洪流(Data Deluge)给人类生活带来的困境,同时指出如果数据洪流能被人类有效组织和科学利用, 其将对人类社会发展发挥巨大的推动作用。2012 年,ERCIM News(欧洲信息学与数学研究协会会刊)也推出了"Big Data"专刊,聚焦大数据时代的数据管理、数据密集型研究的创新技术等问题。2012 年,由剑桥大学的舍恩伯格和库克耶合著的《大数据时代》激发了国内的大数据热潮,其主张的"不是随机样本,而是全体样本""不是精确性,而是混杂性""不是因果关系,而是相关关系"更是引发了各界人士对大数据思维方式的热烈探讨。同年, 北京大学信息化与信息管理研究中心和北京大学CIO 班教务办公室联合主办了国内首届大数据应用论坛, 讨论了如何挖掘大数据价值和拓展大数据应用等问题。此外,国内外 IT 产业的头部企业积极开发自己的大数据产品和应用, 世界主要国家也纷纷将大数据上升为国家战略,大数据时代悄然而至。

虽然各界人士都在谈论大数据,但如何界定大数据,并未形成一致性的看法与共识。例如麦肯锡全球研究院(MGI)将大数据定义为"规模超过现有数据库工具获取、存储、管理和分析能力的数据集"①。全球知名的 IT 咨询公司高德纳(Gartner)认为:"大数据是在一个或多个维度上超出传统信息技术处理能力的极端信息管理和处理问题。"②美国国家科学基金会(NSF)则指出大数据是"由科学仪器、传感设备、互联网交易、电子邮件、音频视频软件、网络点击流等多种数据源生成的大规模、多元化、复杂、长期的分布式数据集"③。畅销 IT 书籍作者托马斯·埃尔则认为:"大数据是一门专注于对大量的、频繁产生于不同信息源的数据进行储存、处理和分析的学科。"④ "大数据之父"舍恩伯克认为:"大数据是一种技术,也是一种价值观、方法论。"⑤李国杰院士认为:"一般意义上,大数据是指无法在可容忍的时间内用传统 IT 技术和软硬件工具对其进行感知、获取、管理、处理和服务的数据集合。"⑥中国信息通信研究院认为应该将大数据视为一个综合体,建议从资源、技术与应用三个层次进行系统把握。"大数据是具有体量大、结构多样、时效强等特征的数据;处理大数据需采用新型计算架构和智能算法等新技术;大数据的应用强调以新的理念应用于辅助决策、发现新的知识,更强调在线闭环的业务流程优化。因此说,大数据不仅'大',而且'新',是新资源、新工具和新应用的综合体。"⑦

综上,本书认为大数据不仅是指因数据规模的海量化、数据类型的复杂

---

① Big data:The next frontier for innovation,competition,and productivity[EB/OL].https://www.mckinsey.com/business-functions/mckinsey-digital/our-insights/big-data-the-next-frontier-for-innovation.

② 转引自邓飞等.第三次工业革命:中国产业的历史性机遇[M].北京:中国发展出版社,2014:142.

③ HilbertM,Lopez P. The world's technological capacity to store,communicate,and compute information[J]. Science,2011,332,pp.60-65.

④ [美]托马斯·埃尔等.大数据导论[M].彭智勇,等译.北京:机械工业出版社,2017:3.

⑤ 寻找通往未来的钥匙[N].人民日报,2013-02-01(23).

⑥ 李国杰,程学旗.大数据研究:未来科技及经济社会发展的重大战略领域——大数据的研究现状与科学思考[J].中国科学院院刊,2012(6):648.

⑦ 工业和信息化部电信研究院.大数据白皮书(2014)[EB/OL].http://www.caict.ac.cn/kxyj/qwfb/bps/201804/P020151211378899999508.pdf.

化和数据链接的泛在化等而导致传统意义上以结构化数据库为代表的传统工具难以处理的数据集合,也是一种引领人类社会趋向信息化、数字化、智能化的战略资源和技术动能,更是一种强调"让数据发声""靠数据驱动"的科研范式、思维方式和价值观念。

(三)大数据的鲜明特征

尽管各界人士对何谓大数据观点不一,但在对大数据特征的认知上表现出普遍性的共识。大多数人认为大数据具有 4V 特征,即巨量性(volume)、多样性(variety)、高速性(velocity)、价值性(value)的鲜明特征。巨量性是指大数据的体量之"大"。依据 2011 年国际数据公司(IDC)的报告预测,2020 年全球数据量将会在原来基础上增加 50 倍。[①]《连线》(*Wired Magazine*)杂志创始人凯文·凯利认为到 2050 年全球数据量将达到惊人的 100 万 ZB[②],人类社会将迈入 Zeta 时代。多样性凸显了大数据具体来源、结构类型之"多"。从具体来源而言,大数据来源于以政府数据为主的社会数据,以传感设备为主的物理数据和以互联网及其应用为主的网络数据;从类型结构而言,除了以往结构性的数据库之外,以社交数据、网购记录、网络日志、视频图片、网络跟帖、网络搜索、PDF 和 WORD 文档等主要内容的非结构化数据逐渐成为大数据的主要来源。高速性凸显了数据生成和处理之"快"。"大数据往往以数据流的形式动态、快速地产生,具有很强的时效性,用户只有把握好对数据流的掌控才能有效利用这些数据。另外,数据自身的状态与价值也往往随时空变化而发生演变,数据的涌现特征明显。"[③]价值性则强调大数据的战略资源属性之"大",即通过数据处理和数据挖掘可以带来大价值。同时,大数据的价

---

① World's Data Will Grow By 50x in Next Decade,IDC Study Predicts[EB/OL].https://cacm.org/news/110124-worlds-data-will-grow-by-50x-in-next-decade-idc-study-predicts/fulltext.

② ZB(ZettaByte),计算机存储容量单位,1ZB 大约等于十万亿 GB.

③ 李国杰,程学旗.大数据研究:未来科技及经济社会发展的重大战略领域——大数据的研究现状与科学思考[J].中国科学院院刊,2012(6):648.

值性还强调其价值密度低的特性。大数据还是贫矿,具有"沙里淘金"的特征,需要下大力气从海量异质数据中挖掘出对不同主体有价值的极少量数据。

除了对大数据4V特征的共识外,社会各界对大数据的特征也提出了3V、5V甚至6V的观点。例如,2001年Meta集团的数据分析员道戈·莱尼(Moug Laney)首次总结了大数据的3V特征,即数据量大(Volume)、多样化(Variety)和高速度(Velocity)。[1]IBM则认为大数据具有Volume(大量)、Velocity(高速)、Variety(多样)、Value(低价值密度)、Veracity(真实性)的5V特征。驭势科技的CEO吴甘沙也提出了"大(Volume)杂(Variety)快(Velocity)真(Veracity)值(Value)"的5V特征。还有学者通过对上述观点的归纳和梳理,总结出了大数据的6V特征,即大量性(Volume)、多样性(Variety)、快速性(Velocity)、准确性(Veracity)、易变性(Variability)和复杂性(Complexity)。[2]总之,社会各界对大数据特征的总结和拓展不断丰富和深化及对大数据的认知程度,也成为我们正确看待和合理应用大数据的重要前提。

二、大数据时代的到来

马克思主义始终将科技视为推动人类历史前进的革命力量。马克思认为先进的科学技术是"历史的有力的杠杆""最高意义上的革命力量"。[3]历史和实践一再证明,每一次科学技术的重大进步都会引起人类生产、生活乃至思维方式的深刻变革。作为社会信息化发展的新阶段,大数据正在开启一场基于数据感知采集、储存管理和分析应用的技术变革和时代转型。2011年5

---

① Doug Laney. 3D Data Management:Controlling Data Volume,Velocity,and Variety.[EB/OL] https://blogs.gartner.com/doug-laney/files/2012/01/ad949-3D-Data-Management-Controlling-Data-Volume-Velocity-and-Variety.pdf.

② 张玉宏.品味大数据[M].北京:北京大学出版社,2016:135-137.

③ 马克思恩格斯全集(第19卷)[M].北京:人民出版社,1963:372.

月,麦肯锡全球研究院发布的《大数据:创新、竞争和生产力的下一个前沿》研究报告明确宣告了大数据时代的到来。"数据,已经渗透到当今每一个行业和业务职能领域,成为重要的生产因素。人们对于海量数据的挖掘和运用,预示着新一波生产率增长和消费者盈余浪潮的到来。"[①] 2012 年 3 月 22 日,美国政府宣布投资 2 亿美元促进大数据的创新发展,将引领大数据发展提升为国家战略。美国政府将大数据喻为"未来的新石油",认为一个国家拥有数据的规模、活性及解释运用的能力将成为衡量其综合国力的重要维度。未来,对数据的占有和控制甚至将成为一个国家继陆权、海权、空权之后的另一种涉及国家主权的崭新疆域。2012 年 7 月,作为"全球脉搏"项目的重要成果,联合国发布《大数据促发展:机遇与挑战》政务白皮书,同样认为大数据时代已然来临。该报告强调大数据对于联合国和世界各国政府而言,是一个难得的历史机遇,各国政府应积极利用大数据为人类造福。作为市场主体,国内外众多 IT 企业更是对大数据时代的来临寄予了极大的热情和极高的期望。例如,IBM 认为大数据分析软件将会成为引领该公司未来发展的业务增长极。IBM 执行总裁罗睿兰表示:"数据将成为一切行业当中决定胜负的根本因素,最终数据将成为人类至关重要的自然资源。"[②]

事实上,自 2009 年以来,有关大数据的并购案便层出不穷,并购数量和规模呈迅速上升的态势。"根据波士顿咨询集团的统计,2017 年全球数据类并购交易总金额达 6580 亿美元,为 2010 年的 2420 亿美元的 2.7 倍,占全球并购交易总金额的 24%。"[③]大数据的发展前景由此可见一斑。中国工程院院士、中国互联网协会理事长邬贺铨认为伴随世界数据量的不断激增,"大数据

---

① Big data:The next frontier for innovation,competition,and productivity[EB/OL].https://www.mckinsey.com/business-functions/mckinsey-digital/our-insights/big-data-the-next-frontier-for-innovation.

② 大数据,新的战略资源[N].浙江日报,2013-06-28(14).

③ 曾磊.大数据时代的并购[EB/OL].https://baijiahao.baidu.com/s?id=1684561932005806073&wfr=spider&for=pc.

时代到来了"①。大数据所带来的"数据驱动"及带动辐射效应更为明显,有力地推动了我国经济的数字化转型、治理的数字化提升、民生的数字化改善,正在深刻地改变这个国家和社会的面貌。

(一)大数据引领我国经济的数字化转型

从我国经济发展的数字化转型来看,大数据是助力我国经济高质量发展的新动能。改革开放以来,我国经济建设取得举世瞩目的伟大成就,尤其是以2010年我国经济总量首次超越日本,成为世界第二大经济体为重要标志,我国开启了从经济大国迈向经济强国的历史性跨越。然而,2008年由美国次贷危机引发的全球经济危机对我国经济发展进程造成严重冲击。当前,我国经济发展面临新常态、步入新阶段,需要贯彻新发展理念和构建新发展格局。上述中国经济一系列"新"特征要求我们必须把创新摆在更加突出的位置,改变传统意义上过于重视经济发展速度和体量的粗放型发展模式。任保平等认为:"大数据时代的到来,为推动中国经济增长方式转变提供了机遇,大数据时代数据是知识经济时代重要生产要素,成为经济运行中的关键性资源。"②以大数据为代表的互联网经济、数字经济正在成为驱动中国经济转型升级的新动能。

大数据时代的到来,对我国经济发展方式变革的影响是全方位的,创新作为第一驱动力的作用将更加明显。就要素结构而言,传统意义上的经济发展主要倚重土地、劳动、资本等物质要素的投入。在大数据时代,不断激增的海量数据将推动生产要素构成的变革和重塑,即逐渐形成"劳动力+土地+资本+技术(信息、知识)+数据"的新型结构。基于数据的感知、采集、分析、挖掘和应用等将催生许多新的经济业态。就生产模式而言,传统意义上大规模标准化的流水线式生产模式使得同质化的生产和服务面临饱和危机,其不仅

---

① 邬贺铨.大数据时代的发展趋势[J].广东科技,2015(17):31.
② 任保平,辛伟.大数据时代中国新常态经济增长路径与政策的转型[J].人文杂志,2015(4):32.

图5　我国数字经济占比和增速
资料来源:中国信息通信研究院发布《中国数字经济发展研究报告(2024年)》

导致产能过剩、利润下降、资源浪费的严重问题,也致使消费者个性化、丰富性、多元化的消费需求难以满足。数据驱动的新型生产模式"改变了传统的'需求—设计—制造—销售与服务'的生产模式,更具高效率和高柔性的生产模式成为未来趋势。其主要特征是精确生产、定制生产、开放式生产"①。从消费方式而言,传统意义上的消费方式主要是依托实体场所进行的线下消费活动,且消费者与生产者、供应商呈现截然不同的对立格局。大数据时代的到来,传统消费方式逐渐向线上转移并呈现线下与线上相融合的发展趋势。此外,企业在对消费者进行数据画像基础上实现精准营销,逐渐打破消费者与生产者、供应商等市场主体之间的原有界限,形成多元互动的新格局。总之,大数据已经成为引领中国经济实现信息化、数字化、智能化转型升级的重要动能。

(二)大数据助力我国治理的数字化升级

就我国政府治理的数字化升级而言,大数据是赋能国家治理体系和治理能力现代化的新工具。"习近平强调,要运用大数据提升国家治理现代化

---

① 吴振磊、李想.大数据时代我国新常态经济发展方式转型[J].人文杂志,2015(4):42.

水平。要建立健全大数据辅助科学决策和社会治理的机制,推进政府管理和社会治理模式创新,实现政府决策科学化、社会治理精准化、公共服务高效化。"①大数据技术及其广泛应用逐渐成为实现国家治理体系和治理能力现代化的技术动能。

大数据对国家治理的数字化升级,主要体现在两个方面:一方面,大数据助力国家治理结构的现代化。首先,大数据助推国家治理主体由碎片化向协同化的升级。传统意义上的国家治理碎片化问题很大程度上是由信息流通不畅和信息不对称而导致的,借助大数据的数据整合、挖掘和预测功能将使这一问题得到有效解决。"大数据在很大程度上改变了之前的信息不对称状态,化解了大量的潜在矛盾和冲突,使得国家治理主体之间的行动更加协同和和谐。"②其次,大数据助推国家层级结构由科层制向扁平化的转型。传统意义上国家治理的科层制结构存在运行成本高、效率低下、层层加码,以及代理异化等突出问题。大数据通过提升信息处理能力、缩短信息传递过程和减少对上级传递信息的路径依赖从而超越以行政文书为主的科层制结构,形成趋向扁平化、去中心的网络模式,进而将有效提升国家治理效能。最后,大数据驱动国家治理空间由黑箱走向透明。规范与优化权力的运行是国家治理现代化的必然要求。这就要求加大对权力的监督力度,打开权力运行的黑箱,使治理空间更为透明。对政府权力的监督与反监督总是存在激烈斗争,尤其是在监督权的独立性相对欠缺、监督能力相对有限,以及监督者缺少有效监督的情况下,权力运行的黑箱效应时有发生、屡禁不止。大数据通过提升监督的客观性、增强监督的系统性、实现监督的前瞻性,有效解决监督资源不足,减少人为干预等现存问题,从而使权力运行更加公开透明,提

---

① 审时度势精心谋划超前布局力争主动 实施国家大数据战略加快建设数字中国[N].人民日报,2017-12-10(01).

② 陈潭.国家治理的大数据赋能:向度与限度[J].中南大学(社会科学版),2021(5):134.

高政府监督效能。

另一方面,大数据对国家治理体系的技术赋能。首先,大数据有助于提升政府决策的科学化。传统政府决策存在"一把手"决策和"三拍决策"(拍脑门决定、拍胸脯保证、拍屁股走人)弊端,其导致政府决策一定程度上取决于小样本的总结调研乃至领导者的主观经验。"大数据时代,高效的信息集成技术和数据分析技术能够为更加科学的公共政策制定提供坚实的基础。"①其次,大数据有助于提升社会治理的精准化。作为国家治理的重要内容和必然要求, 提升社会治理效能是实现国家治理现代化的应有之义。就事实而言,我国社会治理面临治理客体面广量大、治理内容琐碎繁杂、治理资源相对紧张等困境,其导致传统意义上的社会治理存在措施不精准、效果不佳等突出问题。大数据时代,海量数据成为大众日常生活世界的数字化表征,借助数据分析工具可以全面及时了解大众所为所思所感。大数据在社会治理中的合理应用将不断提升其精准化程度,甚至实现民众需求的"私人订制"。最后,大数据有助于提升公共服务的高效化。公共服务具有非排他性的公益属性,容易形成高耗低效的"搭便车"问题。公共服务现代化既要关注公平与效率的问题,更要求把人本身放在核心位置。正如有学者强调,公共服务应"将公民置于首位,强调的重点不应该放在为政府这艘航船掌舵或是划桨上,而应该放在建立明显具有完整性和回应性的公共机构上"②。大数据时代,海量数据成为公共服务的数字化表征,政府可以依据公共服务的具体内容构建富有针对性的算法模型,根据不同对象提供个性化、精准化、高效化的社会公共服务。

(三)大数据促进我国民生的数字化改善

就我国民生的数字化改善而言, 大数据是新时代保障和改善民生的新

---

① 高小平.借助大数据科技力量寻求国家治理变革创新[J].中国行政管理,2015(10):12.

② [美]珍妮·V.登哈特,[美]罗伯特·B.登哈特.新公共服务:服务而不是掌舵[M].丁煌,译.北京:中国人民大学出版社,2004:21.

利器。基于我国经济社会发展历史方位的新变化,中国共产党对国内主要矛盾做出了新判断。在中国特色社会主义新时代,我国主要矛盾体现为人民日益增长的美好生活需要和不平衡不充分的发展之间的矛盾。因此,坚持以人民为中心的发展思想成为引领我国经济社会发展的根本立场和价值归宿。网信事业作为最具创新性的领域,在践行以人民为中心的发展思想中更应先行一步。正如习近平总书记指出:"网信事业要发展,必须贯彻以人民为中心的发展思想。"①大数据在保障和改善民生方面理应大有作为,通过技术赋能改善民生福祉。"要坚持以人民为中心的发展思想,推进'互联网+教育'、'互联网+医疗'、'互联网+文化'等,让百姓少跑腿、数据多跑路,不断提升公共服务均等化、普惠化、便捷化水平。要坚持问题导向,抓住民生领域的突出矛盾和问题,强化民生服务,弥补民生短板,推进教育、就业、社保、医药卫生、住房、交通等领域大数据普及应用,深度开发各类便民应用。要加强精准扶贫、生态环境领域的大数据运用,为打赢脱贫攻坚战助力,为加快改善生态环境助力。"②

　　为了顺应和引领大数据时代开启的技术革命和社会转型,党和政府从应对激烈的国际竞争、实现中华民族伟大复兴中国梦、推动中国特色社会主义现代化建设的战略高度对我国大数据发展进行顶层设计、总体部署与整体规划。自 2014 年"大数据"首次进入政府工作报告以来,大数据逐渐成为我国实施创新驱动发展战略的重要内容。2015 年国务院专门出台了《促进大数据发展行动纲要》,中国特色大数据发展战略正式提出。2017 年,习近平总书记在主持十九届中央政治局第二次集体学习时,专题研究大数据战略的

---

① 中共中央党史和文献研究院.习近平关于网络强国论述摘编[G].北京:中央文献出版社,2021:18.

② 中共中央党史和文献研究院.习近平关于网络强国论述摘编[G].北京:中央文献出版社,2021:22-23.

部署落实。2021年,十三届全国人大四次会议表决通过关于国民经济和社会发展第十四个五年规划和2035年远景目标纲要的决议进一步将"加快数字化发展建设数字中国"独立成章,明确将大数据列为七大数字经济重点产业之一。这是我国自《促进大数据发展行动纲要》颁布以来,对大数据发展做出的又一项重要战略部署,为以数据为核心的数字产业带来了新的发展契机。

总之,面对大数据日新月异的发展,党和政府积极引领我国大数据技术及其应用的健康发展,不断促进以数据为核心的数字经济又好又快发展,以"审时度势、精心谋划、超前布局、力争主动"的科学态度用好大数据、布局新时代,以数字中国战略推动网络强国、社会主义现代化强国建设。与此同时,我国社会主义意识形态建设在大数据时代也面临着新的机遇与挑战。对此,我们必须增强前瞻意识,提前谋划、主动作为,实现我国社会主义意识形态建设的与时俱进和创新发展。

三、大数据时代意识形态问题的三维解读

恩格斯指出:"每一历史时代的经济生产以及必然由此产生的社会结构,是该时代政治的和精神的历史的基础。"①意识形态工作这一"老话题"在大数据时代面临着"新问题"。只有正确看待大数据时代的意识形态问题,才能在大数据赋能我国社会主义意识形态建设中秉持辩证态度和保持清醒头脑。

(一)大数据价值观中的技术霸权倾向

大数据首先是一项新技术。从马克思主义的理论视野来看,技术与意识形态之间存在着密不可分、相辅相成的内在关联属性。一方面,技术作为生产力的重要组成部分,对推动社会变革、制度变迁和意识形态发展具有促进

---

① 马克思恩格斯文集(第二卷)[M].北京:人民出版社,2009:9.

作用。正如马克思所言："社会关系和生产力密切相联。随着新生产力的获得，人们改变自己的生产方式，随着生产方式即谋生的方式的改变，人们也就会改变自己的一切社会关系。手推磨产生的是封建主的社会，蒸汽磨产生的是工业资本家的社会。"①另一方面，意识形态建设也为促进技术进步创造必要的社会政治环境、理论指引和智力支撑等现实条件。就应然层面而言，在技术与意识形态之间理应保持适度的张力。但从现实来看，这个"适度"的张力总是难以把握的，技术的工具理性僭越其价值理性的现象时有发生，大数据技术也不例外。

尽管当下对何谓大数据的解读，不同机构、媒体、学者给出了见仁见智的答案，展现了大数据的多重面孔。毋庸置疑，伴随着计算机和互联网技术的更新迭代，人类社会正在经历着信息社会的数据化转型，我们所使用的智能手机、智能家居、社交媒体、各种传感器、穿戴设备等每时每刻都在生成与分享海量的数据，数据正在形塑乃至重构整个世界，大数据正在开启一场新的社会转型，大数据时代的浪潮已然扑面。面对这种趋势，有学者将视其为"新信息社会"。"在这个世界上，一切都是可以测量的，人们和你能想到的几乎所有设备都通过互联网全天候连接。这个由连接和传感器组成的网络产生了惊人数量的数据，并提供了令人着迷的新可能性，这些可能性合起来通常被称为大数据。"②在关于大数据的公众热议中，诸如大数据时代、大数据技术、大数据背景等话语传播愈发广泛，作为一个技术概念的大数据逐渐"破圈"，在公众心目中的认知度和接受度越来越高，人们愈发信任大数据、重视大数据、拥抱大数据，甚至乐观地认为大数据是我们这个社会全面转型的新工具，坊间一股技术乐观主义的倾向油然而生，技术解决论的观点扑面而

---

① 马克思恩格斯文集(第一卷)[M].北京:人民出版社,2009:602.

② Sander Klous and Nart Wielaard,We are big data:the future of the information society[M].Dordrecht:Atlantis Press,2016:XIV.

来。就价值观与意识形态的视角而言,我们在热情讴歌大数据时代的同时还应给予其必要的冷静审思。正如以社会批判理论著称的法兰克福学派所主张的那样,我们还应关注技术本身及其应用的意识形态维度,警惕大数据在价值观上的技术霸权倾向。正如哈贝马斯所言:"技术统治论的命题作为隐形意识形态,甚至可以渗透到非政治化的广大居民的意识中,并且可以使合法的力量得到发展。"①基于大数据技术的广泛应用,社会组织甚至个人都可以根据用户数据分析预测其政治态度和价值取向,从而提供精准化、个性化的意识形态信息推送服务,2016 年"剑桥分析"事件对美国总统大选的深度介入即为典型案例。大数据时代意识形态的技术操控将强化公众的政治偏好,影响公众的价值评判,甚至能够左右公众的意识形态倾向。

著名的技术哲学家刘易斯·芒福德在《技术与文明》《机器的神话》等著作中深入探讨了机械文明中人与技术之间的自由问题。他认为现代技术尤其是单一技术造就了一种高度权力化的复杂的大型机器——"巨机器"。就大数据技术而言,大数据作为当下一项具有巨大影响和广泛渗透的技术形式,如果任凭其工具理性不断扩张,而不对其价值理性采取必要规制与正确引导,导致工具理性与价值理性的严重失衡,乃至工具理性僭越价值理性的界限,那么,人类就很可能面临"数据巨机器"造成的灾难性后果。在大数据时代,基于大数据对社会转型的重大影响,有人提出"一切皆可量化"的极端主张,仿佛借助大数据技术的广泛应用,人类就拥有了认清世界、改变一切的神奇力量。"数据化对社会的影响全面而深远,数据成了一种新的资源,对新资源的推崇赋予数据和算法以权力和权威,最后内化为一种意识形态植根于大数据社会之中。"②我们可将这种技术化、科学化、定量化的大数据意

---

① [德]尤尔根·哈贝马斯.作为"意识形态"的技术与科学[M].李黎,等译.上海:学林出版社,1999:63.

② 李伦,黄关.数据主义与人本主义数据伦理[J].伦理学研究,2019(2):103.

识形态视为"数据主义"或者"数据崇拜",即那种主张数据至上,一切都应成为数据、一切都由数据说了算的技术霸权倾向。这种技术霸权倾向反映了数据资源化、权力化和意识形态化的趋势。

我国社会主义意识形态建设在借助大数据时应对其潜在的技术霸权倾向抱以必要的警惕,谨防被技术至上的价值观及藏身其后的资本逻辑所裹挟,避免意识形态的政治合理性、价值合理性被单纯的技术合理性所代替。因此,在大数据时代,我们应辩证认识大数据技术理性与价值理性的互动关系,引领大数据沿着正确的价值取向健康发展。尤其是对于与我国社会主义意识形态建设紧密相关的人文社科工作者而言,其并非大数据时代的局外人、旁观者,而应成为大数据时代的参与者、引领者。"人文社科学者则应当揭露'大数据时代'的意识形态本质,只有驱散了遮蔽大众双眼的云雾,他们才能从'美梦'中清醒,而不至于陷入惊醒后的梦魇。"①

(二)大数据认识论中的主体隐匿危机

"全部社会生活在本质上是实践的。"②现实的人则构成了社会实践的鲜活主体。"主体是人,客体是自然"③,"思想根本不能实现什么东西。为了实现思想,就要有使用实践力量的人"④。实践作为人们认识和改造世界的主客体之间的互动过程,充分彰显了人的主体性和能动性。"一般说来,主体既不是一个惰性物又不是一个整体人,也不是像惰性物或整体人那样静止或复杂的东西,而是一个现实实体的动力的、情感的、创造的和被创造的、统一的和被统一的方面,与之相对应的是对象或材料的方面。……因而,主体是由感觉过程构成并且包含这个过程的实体。我们把这些复杂的主体称为人,人通

---

① 吴维忆.云端的霸权——"大数据时代"的双重隐喻批判[J].探索与争鸣,2015(4):93.

② 马克思恩格斯选集(第一卷)[M].北京:人民出版社,2012:135.

③ 马克思恩格斯选集(第二卷)[M].北京:人民出版社,2012:685.

④ 马克思恩格斯全集(第2卷)[M].北京:人民出版社,1957:152.

过抽象的认识过程成为主体。"①作为实践主体,在理想状态下,人应是目的性与工具性的有机统一。正如康德所言:"人是目的,不是手段。"②在马克思主义看来,人本质上是一切社会关系的总和,是经济、技术、文化等各种社会历史因素建构性的复合主体。正如马克思所言:"工业的历史和工业的已经生成的对象性的存在,是一本打开了的关于人的本质力量的书。"③马克思认为在资本主义社会制度下机器、技术的资本主义应用不仅无法实现工人阶级的真正解放,相反,只能使无产阶级变为"异化的主体"。作为新一代信息技术的代表性成果,大数据技术正在成为助力人类社会转型的新动能。但是,同任何技术一样,大数据技术也具有利弊共存的"双刃剑"特征,其既可以充当普罗米修斯盗取的照亮人世间的圣火,也极有可能成为束缚和奴役人自身的一把新式的枷锁。大数据技术在促进经济社会发展的同时,也对人的主体地位提出了严峻挑战。

就哲学认识论而言,大数据可被视为实证主义在信息社会的新表征。在大数据时代,"一切皆可量化"的"数据化"趋向备受追捧,世间万物貌似最终都可以用 0 和 1 来表达和建构,其对人的主体地位形成严重冲击,导致人的主体性隐匿危机。"如果说传统的实证主义将主体的活动降格、贬低为按经验进行活动的人,主体的活动对于内在地说明认识过程已毫无意义,那么数据实证主义甚至取消了人的能动性,将其变成一种直观的态度,人在认识活动中越来越失去自己的意志。"④从科技的意识形态维度来看,人们对作为新型战略资源的大数据极端推崇,有可能助推大数据"权力化"的倾向,从而使其成为根植于信息社会之中的一种新型意识形态。以色列著名历史学家赫拉利在《未来简史》中概括了大数据时代三个典型特征,即人工智能、万物互

---

① [美]托马斯·E.希尔.现代知识论[M].刘大椿,等译.北京:中国人民大学出版社,1989:350.

② 周辅成.西方伦理学名著选辑(下卷)[M].北京:商务印书馆,1996:370.

③ 马克思恩格斯全集(第3卷)[M].北京:人民出版社,2002:306.

④ 郑召利,杨建伟.批判性大数据认识论[J].宁夏社会科学,2021(3):8.

联和算法为王。在他看来,大数据时代给人的发展蒙上了一层阴影,人类社会前景堪忧。这并非杞人忧天,大数据精准营销的"杀熟现象"、基于大数据和算法的智能媒体所营造的"信息茧房"困境、数据伦理中个人隐私难以确保的"透明人"景观、大数据基于对用户的"精准画像"而干扰其选择权利问题都预示着大数据时代人的主体地位有可能沦落的潜在危机。就本质而言,意识形态工作是做人的工作的。大数据时代,人的主体隐匿危机对我国社会主义意识形态建设提出了一项新的时代课题,亟须我们严肃对待并努力加以解决。

(三)大数据国际竞争的意识形态考量

综合实力是否强大是决定一国能否在激烈的国际竞争中抢占先机的关键所在。大而言之,一国综合实力主要由硬实力和软实力构成。硬实力主要指那些看得见、摸得着的显性的物质力量。由经济规模、军事力量、国土面积、人力资源、自然资源等实体因素形成的硬实力是一国实力之根基。而软实力则是指"一种通过让他人做他人自己想做的事情而获得预期结果的能力。这是一种通过吸引而非强迫获得预期目标的能力。……它在相当大的程度上取决于行为体试图传递的免费信息有多少说服力"①。由价值理念、社会制度、文化传统、治理能力、国民素质等构成的软实力则是影响一国实力的重要变量。硬实力和软实力相辅相成,共同成为衡量一国综合实力和国际地位的重要标识。伴随社会信息化的发展,尤其是信息对资本权力的冲击,美国政治学者罗伯特·基欧汉和约瑟夫·奈提出了"信息即权力"②的国家博弈论。当下,信息社会已然跃升为大数据时代,大数据正在成为影响一国综合

① [美]罗伯特·基欧汉,[美]约瑟夫·奈.权力与相互依赖[M].门洪华,译.北京:北京大学出版社,2003:263.
② [美]罗伯特·基欧汉,[美]约瑟夫·奈.权力与相互依赖[M].门洪华,译.北京:北京大学出版社,2003:263.

国力的新变量,我们可将其视为"大数据实力"(BD power)。一方面,大数据是国家实力的新内容,它既是一门创造财富的好生意,也是影响社会变革的新动能,是兼具硬实力与软实力的有机综合体;另一方面,大数据广泛赋能国家实力的其他构成要件,能够实现一国综合国力的技术倍增。"大数据实力在国家实力要素中的重要性举足轻重。它将成为特定历史阶段国家在国际博弈中的核心竞争力,是支撑一个国家国际地位的关键性的国家实力构成要素。"①

由上可知,大数据的技术创新和广泛应用不仅能够助力我国经济社会发展方式的数字转型,也成为一个涉及国家安全和主权维护的政治和意识形态的新问题,成为当今时代综合国力竞争的新焦点。"在某种程度上,网络空间对数据资源的控制与保障,成为表征国家力量消长的指针,成为大国政治的新竞技场。"②可以说,大数据已然成为事关党的执政地位、社会安定有序和国家长治久安的新变量。因此,不断提升大数据实力成为党和国家积极应对和主动引领信息时代新变化的必然选择。

基于抢占先机的战略谋划和顺应"数据治国"的治理现代化考量,西方发达国家纷纷将引领和促进大数据发展确立为本国的重要战略,以期在对大数据制高点的争夺继续巩固其优势地位。早在 2009 年,美国就开启了大数据网络安全战略,2012 年更是投入巨资进行大数据技术研发,并发布了对本国大数据发展加强顶层设计和政策引导的《联邦大数据研发战略计划》。2013 年,英国政府建立了全球第一个"开放数据研究所"。同年 6 月,日本政府发布《创建最尖端 IT 国家宣言》,决定实施以大数据为核心的 IT 国家战略,力争保持其全球领先地位。2013 年 8 月,澳大利亚政府发布了《公共服务

---

①　胡键.基于大数据的国家实力:内涵及其评估[J].中国社会科学,2018(6):187.

②　沈逸.网络时代的数据主权与国家安全:大数据时代认识和理解国际战略博弈的新态势[EB/OL].http://www.cac.gov.cn/2015–06/07/c_1115534981.htm.

大数据战略》,力求使该国在该领域跻身世界领先水平。2014年,欧盟出台数据驱动经济战略。同年,新加坡提出"智慧国2025"战略,积极建设数据地平线平台(RAHS)以期实现"数据治国"。就此,有学者认为:"西方发达国家实施的大数据战略,其本质在于利用大数据的资本和技术优势,对外输出资本主义意识形态,实现其国家战略。"①

总体而言,衡量一国大数据实力的标准主要有两个方面:一是从构成要素来看,其实力由数据、技术、企业和人才等因素决定;二是就运动机制而言,数据的收集、储存、管理、分析能力则直接决定了其实力强弱。当下,世界信息技术发展中"西强东弱"的整体格局尚未发生根本转变,不论从大数据的软硬件基础设施和关键核心技术而言还是从大数据的商业应用而言,我国都与西方发达国家存在较大差距。与西方数据强国相比,我国在技术层面的差距是显而易见的,就商业应用而言,我国也不占优势。西方发达国家凭借在大数据技术和应用上的相对优势乃至绝对垄断地位,不断强化其数据霸权,对我国数据主权和意识形态安全也形成严峻挑战。"事实证明,西方发达国家利用大数据技术优势,大量宣传其宗教信仰、生活方式、价值观念和制度理念,使得发展中国家和不发达国家的意识形态调控和导向面临巨大的文化殖民主义挑战。在这样的环境下,数据集库、数据管理和分析决定着国际竞争战线,拥有数据特权的国家将拥有驾驭全球意识形态领导权和话语权的能力。"②

---

① 付安玲,张耀灿.大数据助力网络意识形态治理及提升路径[J].马克思主义研究,2016(5):110.

② 曾庆娣.大数据的意识形态性及其创新逻辑[J].求实,2016(6):19.

第二章 大数据时代我国社会主义意识形态建设的基本问题

从大数据的微观视角分析我国社会主义意识形态建设的宏大命题，必然需要对大数据时代我国社会主义意识形态建设的基本问题进行深入阐释与系统把握。新时代我国社会主义意识形态建设不是凭空产生的，而是有其深厚的历史依据。以我国从进入社会主义社会到党的十八大之前为历史截面，通过梳理与总结我们党在不同历史时期领导我国社会主义意识形态建设的实践探索和理论创新能够为新时代加强和改善党的意识形态工作提供丰富的史论资源。在此基础上，通过深入探析大数据时代我国社会主义意识形态建设的特定内涵、鲜明特征及时代价值等基本问题有助于为本书的深入研究奠定坚实的理论基础。

一、新时代意识形态建设的史论依据解读

"每一时代的理论思维，包括我们这个时代的理论思维，都是一种历史

的产物,它在不同的时代具有完全不同的形式,同时具有完全不同的内容。"①
我们党领导社会主义意识形态建设的发展历程具有"既一脉相承又与时俱进"
的鲜明特征。新时代我国社会主义意识形态建设具有丰富而深厚的历史资
源。社会主义改造完成后,社会主义基本制度在我国初步确立,中国共产党
带领中国人民开启了社会主义建设新征程,我国社会主义意识形态建设的
发展历程也随之展开。从毛泽东到胡锦涛,我们党对社会主义意识形态建设
的探索历程和理论创新为新时代加强和改善党的意识形态工作提供了必要
的史论依据,值得我们系统梳理和深入挖掘。

(一)意识形态建设的开创奠基

"毛泽东是中国社会主义意识形态建设工作的开拓者和探索者,是这一
思想的集大成者。"②以毛泽东同志为主要代表的中国共产党人在领导中国
人民进行社会主义初步探索中开创了我国社会主义意识形态建设的先河,
形成了一系列具有奠基意义的理论成果,主要包括如下内容:

首先,明确了掌握意识形态领导权的根本原则。早在新民主主义革命时
期,毛泽东就高度强调意识形态领导权的重要性,认为:"掌握思想领导是掌
握一切领导的第一位。"③可以说,能否牢牢掌握意识形态的领导权是衡量一
个政党尤其是一个执政党是否具有执政合法性的重要标志。对此,1954年,
毛泽东在一届人大一次会议开幕词中明确指出:"领导我们事业的核心力量
是中国共产党。指导我们思想的理论基础是马克思列宁主义。"④这就为即将
开启的社会主义意识形态建设定下了根本基调。1957年,针对当时社会上出
现的偏离党的领导和社会主义方向的错误言行,毛泽东再次强调:"中国共

---

① 马克思恩格斯文集(第八卷)[M].北京:人民出版社,2009:436.
② 吴宏亮,丁毅.新中国初期毛泽东社会主义意识形态建设思想探微[J].前沿,2011(19):13.
③ 毛泽东文集(第二卷)[M].北京:人民出版社,1993:435.
④ 毛泽东文集(第六卷)[M].北京:人民出版社,1999:350.

产党是全中国人民的领导核心。没有这样一个核心,社会主义事业就不能胜利。"①为了巩固党对意识形态的领导权,毛泽东认为全党尤其是党的主要负责人要亲自抓意识形态工作,提出"各地党委的第一书记应该亲自出马来抓思想问题"②的明确要求。毛泽东还提出要造就一大批我们自己的教员、记者、文艺家、理论家等学习和运用马克思主义理论的人才队伍,并将其视为加强和改善社会主义意识形态建设的主力军。毛泽东认为这支队伍不能太少,还要不断扩大。此外,牢牢掌握党对意识形态工作的领导权,"单靠老祖宗是不行的",而要不断推进马克思主义中国化。为此,毛泽东提出"第二次结合"的历史使命,以期探索一条适合中国特色的社会主义建设之路。面对西方"和平演变"的战略阴谋,毛泽东强调全党要高度重视意识形态斗争。他认为以消灭私有制为主要任务的社会主义改造虽然取得了决定性胜利,但是"无产阶级和资产阶级之间在意识形态方面的谁胜谁负问题,还没有真正解决"③。对此,毛泽东提醒全党一定"要提高警惕",尤其要"教育青年人,教育干部,教育群众",重视并抵御资产阶级意识形态的侵蚀,确保意识形态领导权始终掌握在我们手中。

其次,形成了社会主义意识形态建设的基本内容。主要包括:一是,高度重视思想政治工作。重视并善于做好思想政治工作是我们党的一项光荣传统和政治优势。作为我们党思政工作的开创者,毛泽东在领导党和人民推进社会主义建设的实践中,对思政工作的基本问题做出了系统总结,为我国社会主义意识形态建设注入新内容。毛泽东以"生命线""灵魂""统帅"来比喻做好思政工作的极端重要性,将其视为"完成经济工作和技术工作的保证"④。毛泽东还从社会主义建设实践出发,系统阐释了做好思政工作的具体内容、

---

①　毛泽东文集(第七卷)[M].北京:人民出版社,1999:303.

②　毛泽东文集(第七卷)[M].北京:人民出版社,1999:282.

③　毛泽东文集(第七卷)[M].北京:人民出版社,1999:281.

④　毛泽东文集(第七卷)[M].北京:人民出版社,1999:351.

方式方法和根本原则等基本问题。二是，高度重视舆论宣传工作。舆论宣传工作是我国社会主义意识形态建设的重要内容，事关党的执政地位、国家的长治久安和社会的凝聚力、向心力。毛泽东深化了马克思主义关于舆论宣传工作"福祸论"的理解。"凡是要推翻一个政权，总要先造成舆论，总要先做意识形态方面的工作。革命的阶级是这样，反革命的阶级也是这样。"①毛泽东还高度重视党的新闻出版事业，将视其为舆论宣传工作的重要内容和主要阵地。毛泽东在同新闻出版界代表的谈话中强调了新闻出版的阶级性问题，他认为："在阶级消灭之前，不管通讯社或报纸的新闻，都有阶级性。"②同时，毛泽东认为舆论宣传工作应提倡生动活泼、通俗易懂的大众化风格，以更好地团结好人民群众。"文章写得通俗、亲切，由小讲到大，由近讲到远，引人入胜，这就很好。板起面孔办报不好。"③当时，报纸还是意识形态工作的重要载体，毛泽东强调："书记要亲自管报纸，亲自写文章。"④他要求对报纸上出现的有害言论要坚决反驳，社会上的歪风邪气一定要打下去。三是，提出"两为""双百"等一系列推动社会主义文化发展的基本方针。文化事业历来就是意识形态建设的重要领域，毛泽东基于文化与经济、政治的辩证关系，提出社会主义文化应该坚持"为社会主义服务，为人民服务"的价值取向和根本立场。针对当时一个时期内党内盛行的对文化界粗暴武断的政治干涉，对文化界人士不加区分地"打棍子""扣帽子""抓辫子"的不良倾向，毛泽东创造性地提出了"双百""双为"的基本方针，为调动文化界人士建设社会主义的积极性，繁荣社会主义文化提供了科学指南。

最后，总结了做好意识形态工作的科学方法。毛泽东在"以苏为鉴"的前

① 中共中央文献研究室.建国以来毛泽东文稿(第十册)[M].北京:中央文献出版社,1996:194.
② 毛泽东文集(第七卷)[M].北京:人民出版社,1999:263.
③ 毛泽东文集(第七卷)[M].北京:人民出版社,1999:263.
④ 毛泽东文集(第七卷)[M].北京:人民出版社,1999:197.

提下,努力探索具有时代特征和中国特色的意识形态建设科学方法,有效解决了意识形态工作难题。一是,以和风细雨为主,疾风骤雨为辅。针对社会主义改造完成后国内主要矛盾的根本变化,毛泽东认为疾风骤雨的斗争方式虽然还有保留的必要,但对于解决人民内部矛盾而言,应更多地采取民主说服的温和方式。二是,增强阵地意识,反对"庸俗的谦虚"。针对当时社会和思想界存在的先进的、中间的、落后的三个阵地。其中,中间派比例最大,先进的和落后的都在争夺对中间派的领导权。对此,毛泽东要求我们党要敢于争夺和占领意识形态阵地,要破除"不敢挺身而出,不敢想、不敢说、不敢做"式的"庸俗的谦虚",要多向"勇敢坚决,为正义而奋斗"的惠明和尚[1]学习。三是,名实相符,虚实结合。毛泽东认为意识形态建设必须与社会现实之间保持适度张力,既不能只图名而使意识形态工作丧失根基,也不能只为实而忽视意识形态的引领作用。毛泽东主张虚实结合,他认为:"不搞意识形态,光搞物质基础。只讲生产,不进行社会主义教育,结果增不了产。光搞社会主义思想教育,不搞增产,也要垮台。"[2]四是,反对恩赐作风,主张依靠群众和制度建设调动党和人民意识形态工作积极性。例如,在农村的社会主义教育运动中,毛泽东主张要依靠贫雇农并联合中农以"批判富裕中农的资本主义思想和个人主义思想"[3]。毛泽东还提出解决社会主义意识形态问题需在制度上下功夫,因为"人是服制度不服人的"[4],制度不同,人们的积极性也会不同。

　　当然,在我国社会主义建设初步探索的历史进程中,如何做好意识形态

---

　　① 惠明是古代戏剧《西厢记》中的一个人物。他是一个和尚,挺身而出给白马将军送信。毛泽东说,中国现在出一点惠明才好。(参见毛泽东年谱(一九四九— 一九七六)(第三卷)[M].北京:中央文献出版社,2013:356、321.)

　　② 中共中央文献研究室.毛泽东年谱(一九四九— 一九七六)(第三卷)[M].北京:中央文献出版社,2013:267.

　　③ 中共中央文献研究室.建国以来重要文献选编(第十册)[G].北京:中央文献出版社,1994:486.

　　④ 中共中央文献研究室.毛泽东年谱(一九四九— 一九七六)(第二卷)[M].北京:中央文献出版社,2013:529.

工作是一个逐步探索的过程。实事求是来讲,以毛泽东同志为主要代表的中国共产党人在加强和改善社会主义意识形态建设中也存在一些难以避免的局限与不足。究其原因,一方面是由当时严峻复杂的国内外环境所导致的,另一方面也与我们党缺少社会主义建设经验,对社会主义建设规律认识不清等主体因素有关。历史地看,作为党的意识形态工作开拓者和奠基人,毛泽东为我国社会主义意识形态建设提供了根本原则、主要内容和科学方法,其局限和不足也为后继者继续推进我国社会主义意识形态建设提供了重要的历史的经验与教训。

(二)意识形态建设的拨乱反正

"文化大革命"结束后,在党和国家面临何去何从的重大历史关头,以邓小平同志为主要代表的中国共产党人果断结束"以阶级斗争为纲",在推进党和国家工作重心时代转移的同时,以正确区别毛泽东思想与毛泽东晚年错误为契机,在坚决反对"两个凡是"错误方针的同时,积极引导全党全国人民关于真理标准问题的大讨论,恢复和发展了党的思想路线,实现了我国社会主义意识形态建设的拨乱反正。在改革开放和社会主义现代化建设新时期,以邓小平同志为主要代表的中国共产党人更是针对现代化建设面临的重大理论和现实问题提出了许多精辟而深刻的新观点新论断,开启了我国社会主义意识形态由"革命型"向"建设型"的时代转型,主要包括三个方面:

首先,提出要完整准确理解毛泽东思想,高度重视理论创新。邓小平在领导我国改革开放和现代化建设的实践中,高度重视科学理论的指导作用。这里所指的理论,不是从书本上照搬照抄的教条,而是在坚持马克思主义基本原理、方法和立场的基础上,结合中国国情和时代特征从实践中概括与提炼的新理论,即是说,是与时俱进的理论,是马克思主义中国化时代化的思想结晶。"文化大革命"结束后,面对"两个凡是"错误方针对党和人民的思想禁锢,邓小平明确指出要将毛泽东思想和毛泽东晚年错误相区分,要完整地准确地理解毛泽东思想,要在实践中坚持和发展毛泽东思想,并以此来指导新的实践。邓小平指出:"如果只是毛泽东同志讲过的才能做,那我们现在怎么办? 马克思主义要发展嘛! 毛泽东思想也要发展嘛!"①针对党的思想路线的拨乱反正,邓小平借助真理标准问题大讨论,进一步推动了全党和全国人民的思想大解放,为改革开放在实践中的展开创造了良好的思想基础和意识形态环境。针对当时相当一部分理论工作者刻意与现实保持距离,以免被"抓辫子""扣帽子""打棍子"的忧虑,邓小平提出要坚决执行"三不主义"的方针,解决理论工作者的后顾之忧,鼓励和支持理论工作者"一定要深入专业、深入实际,调查研究,知彼知己,力戒空谈。四个现代化靠空谈是化不出来的"②。同时,邓小平也要求党中央、各级党委高度重视理论工作,明确指出:"我们是一个马克思主义的大党,我们自己不重视马克思主义的研究,不按照实践的发展来推动马克思主义的前进,我们的工作还能够做得好吗?"③这一论断振聋发聩,今天依然具有强烈的启示意义。邓小平不仅要求理论工作者要积极进行理论创新,更以大无畏的思想勇气和政治胆略推动了马克思主义中国化时代化的历史进程。由此,邓小平理论也被视为中国特色社会主义理论体系的开篇之作。

其次,坚持四项基本原则,旗帜鲜明地反对资产阶级自由化。"文化大革命"结束后,党内国内很多人刻意回避"意识形态"这个概念,误以为"意识形态"是极左思潮的代名词。当时,党内在各种文件、讲话中也很少使用这个概念。正当此时,资产阶级自由化思潮却在向社会主义意识形态领域大举进攻,集中反映在经济思想、政治思想、法律思想、伦理、哲学、文艺等诸多领域,导致国内出现崇拜西方资产阶级国家的民主、自由,否定党的领导,否定

---

① 邓小平文选(第二卷)[M].北京:人民出版社,1994:128.

② 邓小平文选(第二卷)[M].北京:人民出版社,1994:181.

③ 邓小平文选(第二卷)[M].北京:人民出版社,1994:181.

社会主义的极端错误思潮,严重干扰了党心民心,影响了安定团结的政治局面,对以马克思主义为指导的社会主义意识形态形成强大冲击,对我国意识形态安全造成严重风险。对此,邓小平提出要坚持四项基本原则,旗帜鲜明地反对资产阶级自由化的根本要求。1979年3月,邓小平在党的理论工作务虚会上指出:"如果动摇了这四项基本原则中的任何一项,那就动摇了整个社会主义事业,整个现代化建设事业。"① 1986年,在党的十二届六中全会讨论《中共中央关于社会主义精神文明建设指导方针的决议(草案)》时,有一些领导同志提出不要把反对资产阶级自由化写入党的决议。对此,邓小平明确表示:"搞自由化就是要把我们引导到资本主义道路上去,所以我们用反对资产阶级自由化这个提法。"② 可以说,邓小平提出坚持四项基本原则,旗帜鲜明地反对资产阶级自由化的基本原则,为我国社会主义意识形态建设规定了根本的政治方向,提供了根本的政治保障。

最后,明确提出"社会主义精神文明建设"命题,丰富了社会主义意识形态建设的时代内涵。"把社会主义精神文明与意识形态建设相结合,通过精神文明建设,达到意识形态建设的目的,这是邓小平意识形态建设的一个创举。"③ 作为一个概念,"社会主义精神文明"最早是叶剑英于1979年9月29日在庆祝新中国成立30周年大会的讲话中提出的。同年10月30日,邓小平在中国第四次文代会祝词中强调:"我们要在建设高度物质文明的同时,提高全民族的科学文化水平,发展高尚的丰富多彩的文化生活,建设高度的社会主义精神文明。"④ 自此,"社会主义精神文明"广泛进入了大众视野和人民生活。邓小平还对"社会主义精神文明"做了内涵式的科学解读,"所谓精

---

① 邓小平文选(第二卷)[M].北京:人民出版社,1994:173.
② 邓小平文选(第三卷)[M].北京:人民出版社,1993:182.
③ 朱兆中.中国社会主义意识形态建设纵论[M].上海:上海人民出版社,2003:112.
④ 邓小平文选(第二卷)[M].北京:人民出版社,1994:208.

神文明,不但是指教育、科学、文化(这是完全必要的),而且是指共产主义的思想、理想、信念、道德、纪律,革命的立场和原则,人与人的同志式关系,等等。"①从某种程度而言,"精神文明"便构成了新时期我国社会主义意识形态建设的基本内容。1982年9月,党的十二大对社会主义精神文明建设主要任务进行了系统性的论述,标志着我们党对其已经有了高度的认同。1986年9月,党的十二届六中全会讨论通过的《中共中央关于社会主义精神文明建设指导方针的决议》全面系统地阐释了精神文明建设的战略地位、指导方针、根本任务和主要内容等一系列基本问题。1992年初,邓小平南方谈话是推进社会主义精神文明建设的又一座重要里程碑。在谈话中,邓小平提出了一系列"两手抓"的思想,指明建设有中国特色的社会主义是全面发展、全面进步的社会。围绕精神文明建设,党和国家提出在思想战线上反对精神污染、在教育领域提出"四有"新人的培育目标、在社会公德中提倡"五讲四美三热爱"群众性创建活动等,其对反对资产阶级自由化错误思潮、改善党的作风、培育良好社会风尚等发挥了重要的历史作用。

(三)意识形态建设的接续发展

党的十三届四中全会以后,以江泽民同志为主要代表的中国共产党人从变化着的世情国情党情出发,对加强和改善我国社会主义意识形态建设的战略地位、重要意义、主要任务、原则方法等基本问题作出了许多精辟而科学的新论述,提出了一系列新要求新举措,推进了我国社会主义意识形态建设的接续发展,主要体现在如下方面。

首先,高度重视社会主义意识形态建设的战略地位。江泽民在继承经典作家关于意识形态地位和作用的基础上, 总结改革开放前后我们党意识形态工作的经验教训,面对世纪之交我国现代化建设的复杂局面,指出:"我们

---

① 邓小平文选(第二卷)[M].北京:人民出版社,1994:367.

是辩证唯物主义者,既承认生产力在社会发展中的最终决定作用,毫不动摇地坚持以经济建设为中心,各项工作都要服从和服务于这个中心,无论遇到什么情况都不能动摇和影响这个中心;同时又充分肯定和重视精神对物质、社会意识对社会存在、上层建筑对经济基础、政治对经济的反作用。"[1]基于此,江泽民强调做好意识形态工作对于巩固党的执政地位、增强党和国家的团结,挫败西方敌对势力"西化""分化"图谋等的重要意义。意识形态作为政党的旗帜和灵魂,是一个政党区别于其他政党的显著标志。中国共产党从成立之日起,就把马克思主义写在自己的旗帜上,使之成为自己的信仰和灵魂。江泽民指出:"我们共产党人的根本政治信仰是社会主义和共产主义,世界观是马克思主义的辩证唯物主义和历史唯物主义,这是任何时候都丝毫不能动摇的。"[2]

为此,以江泽民同志为主要代表的党中央提出党要管党、从严治党的要求,在全党尤其干部群体中开展了"三讲"教育,着力解决党内腐败问题,进一步加强和巩固了党的领导。针对改革开放后党内和国内出现的拜金主义、享乐主义、极端个人主义,以及封建迷信思想的沉渣泛起、西方腐朽文化的大肆传播对党心民心的冲击、对社会主义意识形态主导地位的消解,江泽民强调要坚持以马克思主义为引领,加强党和人民的团结,提升中华民族的凝聚力和战斗力。"我们必须坚持用马克思列宁主义、毛泽东思想、邓小平理论,用爱国主义、集体主义、社会主义思想,作为凝聚和团结全党全国人民的坚强精神支柱,并确立建设有中国特色社会主义共同理想。"[3]东欧剧变的历史启示我们党一定要以高度的历史责任感和强烈的忧患意识做好意识形态工作。对此,江泽民强调:"我们党历来重视意识形态工作。这方面工作做得

---

① 江泽民文选(第三卷)[M].北京:人民出版社,2006:85.
② 江泽民文选(第二卷)[M].北京:人民出版社,2006:361.
③ 江泽民文选(第三卷)[M].北京:人民出版社,2006:199.

好不好,直接关系社会主义事业的成败。"①针对东欧剧变后西方世界和平演变的战略图谋,江泽民提醒全党务必谨防西方意识形态渗透,要看到"意识形态领域是和平演变和反和平演变斗争的重要领域"②,进而要求全党要强化意识形态斗争的意识和能力。

其次,把精神文明建设提到更加突出的地位。改革开放以来,尤其是我国在经济体制转型的探索过程中,加之受到对外开放的负面影响,以及我们党的思想政治工作有所放松和意识形态工作遭到忽视,我国思想文化领域出现了许多不容忽视的不良倾向,对我国现代化建设造成严重干扰。江泽民指出:"物质生活水平提高了,但'一切向钱看',追求高消费,追求眼前实惠而放弃远大理想,计较个人私利而不顾国家、民族整体利益,鄙薄自己的祖国和人民而崇洋媚外等思想倾向滋长了,甚至腐化堕落的不良风气发生了,建国初期就早已绝迹的种种丑恶现象再度出现了。"③江泽民重申了邓小平的"两手抓"思想,认为务必要纠正一手硬、一手软的问题。为此,江泽民多次强调社会主义是全面发展、全面进步的社会。"那种认为只要物质条件好了,精神文明自然而然就会好起来,而物质条件差,精神文明就不可能搞好的观点,是不正确的。"④1995年9月,在党的十四届五中全会上,江泽民明确阐释了"两个文明"的辩证关系和建设社会主义精神文明的基本原则,指出:"要把物质文明建设和精神文明建设作为统一的奋斗目标,始终不渝地坚持两手抓、两手都要硬。"⑤更为重要的是,江泽民在继承邓小平精神文明建设思想的基础上,使其与加强社会主义意识形态建设实现了有机结合,指出:"社会主义精神文明建设要以马列主义、毛泽东思想和邓小平同志建设有中

①　江泽民文选(第一卷)[M].北京:人民出版社,2006:160.

②　江泽民文选(第一卷)[M].北京:人民出版社,2006:160.

③　江泽民文选(第一卷)[M].北京:人民出版社,2006:60.

④　中共中央文献研究室.十四大以来重要文献选编(下)[G].北京:人民出版社,1999:2077.

⑤　江泽民文选(第一卷)[M].北京:人民出版社,2006:474.

国特色社会主义理论为指导"①"精神文明建设的内容很多,最根本的是用邓小平同志建设有中国特色社会主义理论武装全军"②等。江泽民提出要加强党对社会主义精神文明建设的领导和加强爱国主义教育,提出培育"四有"公民的根本目标和"以科学的理论武装人,以正确的舆论引导人、以高尚的精神塑造人,以优秀的作品鼓舞人"的主要任务。

最后,赋予社会主义意识形态建设以新的时代内涵。不断发展的社会主义现代化建设实践不断赋予我国社会主义意识形态建设以新的时代内涵。以江泽民同志为主要代表的党中央领导集体在继承前人的基础上提出了一系列创新性的思想、观点和要求。就理论创新而言,"重视理论建设和理论指导,是我们党的一个根本特点"③。以江泽民同志为主要代表的党中央领导集体结合新的时代特征和中国实际,在继承邓小平理论的基础上结合世纪之交世情国情党情的新变化创造性地提出了"三个代表"重要思想,与时俱进地推进了马克思主义中国化时代化的发展。就文化建设而言,江泽民将发展先进文化与社会主义精神文明统一起来,并在党的十五大报告首次提出了文化建设的基本纲领。同时,我们党还将"代表先进文化的前进方向"纳入"三个代表"重要思想之中,使其成为党的指导思想的重要部分。另外,江泽民还将发展先进文化提升到综合国力的高度来看待,将其视为综合国力的重要标志,进一步凸显了文化在治国理政中的重要地位。

在实践中,科教兴国、人才强国战略相继实施,文化体制改革拉开了帷幕,文化建设的阵地意识不断增强,优秀文化成果不断涌现。就加强和改进思想政治工作而言,江泽民重申了做好思政工作的重要性。"加强和改进新形势下党的思想政治工作,是全党的一件大事,也是宣传思想工作的重中之重。"④

---

① 中共中央政策研究室.江泽民论社会主义精神文明建设[M].北京:中央文献出版社,1999:25.

② 中共中央政策研究室.江泽民论社会主义精神文明建设[M].北京:中央文献出版社,1999:26.

③ 江泽民文选(第三卷)[M].北京:人民出版社,2006:333.

④ 毛泽东邓小平江泽民论思想政治工作[M].北京:中央党校出版社,2000:16-17.

他还着重强调了思政工作的人学向度,"党的思想政治工作,从根本上说就是做人的工作,做群众的工作,涉及人们的思想、观念、意识等领域,也就是人们的精神生活"①。在实践中,我们党通过加强党的思想路线教育、艰苦创业教育、马克思主义唯物论和无神论教育、民主法治和道路教育、以"四信"为内容的理想信念教育等创新和丰富了党的思想政治工作。就搞好新闻舆论工作而言,江泽民系统阐释了新闻舆论的党性原则、福祸导向、真实客观、注重效益、队伍建设和监督作用等具体内容,创造性地发展了马克思主义新闻舆论观。就发展哲学社会科学而言,江泽民高度重视哲学社会科学建设,将其视为党的光荣传统。他认为在改革开放新时期,发展哲学社会科学意义重大。江泽民强调:"哲学社会科学建设,是社会主义精神文明建设的重要组成部分,又是为推进社会主义社会物质文明、政治文明、精神文明建设服务的。"②江泽民认为我国的哲学社会科学队伍"要努力担负起认识世界、传承文明、创新理论、咨政育人、服务社会的职责"③。为贯彻落实上述指示,2004年初党中央专门颁发了《关于进一步繁荣发展哲学社会科学的意见》。这对我国"马工程"的实施和哲学社会科学建设具有全局性、根本性的意义,促进了我国哲学社会科学事业的与时俱进与不断发展。

(四)意识形态建设的适时创新

党的十六大以来,以胡锦涛同志为主要代表的中国共产党人基于进入新世纪后我国经济社会发展面临的新的阶段性特征,适时推进了我国社会主义意识形态建设的创新发展,提出了一系列新观点新论断新要求,其主要内容如下:

首先,提出了社会主义核心价值体系的重大命题。"社会主义核心价值

---

① 江泽民文选(第三卷)[M].北京:人民出版社,2006:76.

② 江泽民文选(第三卷)[M].北京:人民出版社,2006:491.

③ 江泽民文选(第三卷)[M].北京:人民出版社,2006:492.

体系是我国社会主义意识形态的本质体现，建设社会主义核心价值体系是我们党对社会主义核心价值目标认识的新飞跃。"① 2006 年党的十六届六中全会，基于构建社会主义和谐社会的现实需要，胡锦涛审时度势，创造性地提出"建设社会主义核心价值体系"的重大命题，指出："马克思主义指导思想，中国特色社会主义共同理想，以爱国主义为核心的民族精神和以改革创新为核心的时代精神，社会主义荣辱观，构成社会主义核心价值体系的基本内容。"②其后，胡锦涛在党的十七大报告中进一步提出了"建设社会主义核心价值体系，增强社会主义意识形态的吸引力和凝聚力"③的根本要求。社会主义核心价值体系成为我国社会主义意识形态的凝练表达和核心灵魂。针对新世纪新阶段，我国思想文化领域出现的多元多变多样的新情况，我们党提出要以社会主义核心价值体系引领和谐文化建设、有效整合多样化社会思潮的新任务。在现实策略上，我们党通过对社会主义核心价值观体系的理论阐释、内核凝练、媒体传播、宣传教育，采取各种方式和利用各种途径不断将其纳入国民教育体系和群众精神文明创建的全过程，最大程度实现社会大众的核心价值认同，不断使其转化为民众的自觉追求，力求实现"内化于心、外化于行"的培育效果。

其次，提出了提升国家文化软实力的时代使命。进入 21 世纪，伴随经济全球化的不断发展，不同文明之间的交流交融交锋日渐增强，文化软实力成为衡量一国综合实力的重要标志。提升国家文化软实力，建设文化强国成为社会主义现代化建设的必然要求。"当今时代，文化在综合国力竞争中的地位日益重要。谁占据了文化发展的制高点，谁就能够更好地在激烈的国际竞

① 王永贵.论我国现阶段社会主义意识形态建设的目标指向及实现机制[J].当代世界与社会主义,2009(1):75.

② 中共中央文献研究室.十六大以来重要文献选编(下)[G].北京:中央文献出版社,2008:661.

③ 胡锦涛.高举中国特色社会主义伟大旗帜 为夺取全面建设小康社会新胜利而奋斗——在中国共产党第十七次全国代表大会上的报告[M].北京:人民出版社,2007:34.

争中掌握主动权。"① 2007 年,胡锦涛在党的十七大报告中首次提出了"提高国家文化软实力"的时代任务。他指出:"当今时代,文化越来越成为民族凝聚力和创造力的重要源泉、越来越成为综合国力竞争的重要因素。"② 2011年 10 月,党的十七届六中全会通过了《中共中央关于深化文化体制改革 推动社会主义文化大发展大繁荣若干重大问题的决定》,进一步强调了提升国家文化软实力,建设文化强国的重大意义。"没有社会主义文化繁荣发展,就没有社会主义现代化。在新的历史起点上深化文化体制改革、推动社会主义文化大发展大繁荣,关系实现全面建设小康社会奋斗目标,关系坚持和发展中国特色社会主义,关系实现中华民族伟大复兴。"③这表明了我们党开始树立高度的文化自觉自信,体现了提升文化软实力在治国理政中的战略意义。

最后,提出了推进当代中国马克思主义大众化的战略思想。马克思主义是源自群众实践的科学理论,大众化是其鲜明特征和必然要求。列宁认为:"任何一个代表着未来的政党的第一个任务,都是说服大多数人民相信其纲领和策略的正确。"④党的十六届六中全会全面分析了我国发展面临的新形势和新任务,指出:"特别要看到,我国已进入改革发展的关键时期,经济体制深刻变革,社会结构深刻变动,利益格局深刻调整,思想观念深刻变化。"⑤我国在思想战线和文化领域出现多元多样多变的复杂态势,非马克思主义和马克思主义思潮对马克思主义在意识形态领域的指导地位形成了严重冲

①　中共中央文献研究室.十六大以来重要文献选编(下)[G].北京:中央文献出版社,2008:752.

②　胡锦涛.高举中国特色社会主义伟大旗帜 为夺取全面建设小康社会新胜利而奋斗——在中国共产党第十七次全国代表大会上的报告[M].北京:人民出版社,2007:33.

③　中共中央关于深化文化体制改革 推动社会主义文化大发展大繁荣若干重大问题的决定[R].北京:人民出版社,2011:7.

④　列宁专题文集.论社会主义[M].北京:人民出版社,2009:82.

⑤　中共中央关于构建社会主义和谐社会若干重大问题的决定[EB/OL].http://www.gov.cn/gov-web/gongbao/content/2006/content_453176.htm.

击。为了巩固全党全国人民共同的理想信念和思想基础,胡锦涛在党的十七大报告明确提出:"大力推进理论创新,不断赋予当代中国马克思主义鲜明的实践特色、民族特色、时代特色。开展中国特色社会主义理论体系宣传普及活动,推动当代中国马克思主义大众化。"①在实践中,以胡锦涛同志为主要代表的中国共产党人坚持以党的最新理论成果武装全党、教育人民,通过关注人民现实生活,激发马克思主义大众化的内在动力,借助大众传媒、纪念活动、重要节日等方式不断推进先进理论大众化,提升了先进理论的社会认同,巩固了党和国家的思想基础。

此外,以胡锦涛同志为主要代表的党中央领导集体坚持党管媒体原则,提出不断增强引导舆论的本领,掌握舆论工作的主动权的使命。针对宣传舆论阵地向互联网转移的时代趋势,更是强调:"高度重视互联网等新型传媒对社会舆论的影响,加快建立法律规范、行政监管、行业自律、技术保障相结合的管理体制,加强互联网宣传队伍建设,形成网上正面舆论的强势。"②以胡锦涛同志为主要代表的中国共产党人还提出要关注党员干部、未成年人、大学生等重点人群,做好新形势下的思想政治工作。

"历史是最好的教科书。对我们共产党人来说,中国革命历史是最好的营养剂。"③通过对我国进入社会主义到党的十八大之前这段历史时期,中国共产党人推进我国社会主义意识形态建设的历史进程与理论创新的回顾与总结,能够为更好地理解大数据时代我国社会主义意识形态建设的特定内涵、鲜明特征、现实价值等基本问题提供必要的历史资源与理论依据。

---

① 胡锦涛.高举中国特色社会主义伟大旗帜 为夺取全面建设小康社会新胜利而奋斗——在中国共产党第十七次全国代表大会上的报告[R].北京:人民出版社,2007:34.

② 中共中央文献研究室.十六大以来重要文献选编(中)[G].北京:中央文献出版社,2006:285.

③ 习近平.论中国共产党历史[M].北京:中央文献出版社,2021:24.

二、大数据时代意识形态建设的概念界定

大数据时代的到来赋予了我国社会主义意识形态建设新的特定内涵、鲜明特征和时代价值,这需要我们对其进行科学把握和深入解读。

(一)意识形态建设的概念阐释

自从法国哲学家特拉西明确提出"意识形态"概念伊始,学界关于何谓意识形态的争论便从未停息, 其也成为整个哲学社会科学领域中饱受争议的概念之一。甚至有学者认为意识形态概念"是 20 世纪西方思想史上内容最庞杂、意义最含混、性质最诡异、使用最频繁的范畴之一"[①]。总体而言,学界对意识形态概念的把握分为两种思路:一是意识形态概念发展史研究,二是意识形态概念界定范式研究。不论从哪种思路来看,意识形态概念并未在学界达成共识。[②]这也使得英国文化学者伊格尔顿感慨道:"有多少意识形态理论家,就有多少意识形态理论。"[③]学界对意识形态概念的解读之所以见仁见智,从根本上来看,是因为意识形态本身就是一种"因时因地的哲学"[④]。特定社会阶级和利益集团的意识形态建构方式和言说内容总是随着时代变迁而不断变化的,但无论其如何变化,传播和维护特定阶级、利益集团的利益和要求是其最终目的。

虽然人们对意识形态的概念界定无法形成一种普遍性的共识, 但本书认为由马克思开创的意识形态研究范式对于我们正确把握意识形态概念具

---

① 季广茂.意识形态[M].桂林:广西师范大学出版社,2005:1.

② 谭兴林.意识形态概念界定范式研究综述[J].社会科学动态,2018(8):57-62.

③ [英]特里·伊格尔顿.历史中的政治、哲学、爱欲[M].马海良,译.北京:中国社会科学出版社,1999:94.

④ "因时因地的哲学"(Positional Philosophy)是塞缪尔·亨廷顿用以表述保守主义的说法,也适应于意识形态概念的性质。See Huntington,S.P,Conservatism as an Ideology,American Political Science Review,1957(2).

有重要的指导意义。马克思主义意识形态理论以其深邃透彻的理论学说为意识形态研究提供了兼具真理性与价值性的核心范畴、思维方式和研究范式。本书坚持以经典作家关于意识形态的基本认知为理论基础,尝试对意识形态概念做如下界定:意识形态是指以反映特定社会阶级或者利益集团的利益和要求为根本目的,以维护或者反对特定社会的经济基础、政治制度、文化形态等为主要诉求,以政治、法律、哲学、宗教、道德、文学、艺术等为表现形式,是一种系统化、理论化的政治信仰、理论体系和价值观念。

进言之,社会主义意识形态集中体现了无产阶级的阶级立场和广大人民群众的根本利益,是社会主义经济基础和政治实践的观念反映和思想确认,构成了社会主义观念上层建筑,是维护和巩固社会主义制度的政治信仰、理论体系和价值观念。本质而言,社会主义意识形态是马克思主义意识形态的当代发展形态,是无产阶级领导意识、革命意识、建设意识的有机统一。以马克思主义为指导的社会主义意识形态除了具备相对独立性、历史继承性和历史能动性等意识形态一般特征之外,更加彰显了人民性、科学性、实践性的鲜明特征。从另一个维度而言,作为一种"因时因地的哲学",意识形态一经诞生便存在着一个与时俱进、不断发展的建设问题。正如马克思所言:"各个时代的社会意识,尽管形形色色、千差万别,总是在一定的共同的形态中演进的。"①所谓意识形态建设,就是特定社会阶级、利益集团为了更充分地论证自己的价值观念、经济政治目标和社会制度的合理性而进行的理论创新和宣传教育。就我国社会主义意识形态而言,诚如毛泽东所言,十月革命一声炮响给我们送来了马列主义。中国共产党一经诞生,就开始将马克思主义经典作家的意识形态理论与中国实际、中华优秀传统文化相结合,在不断推进马克思主义中国化时代化的历程中实现了社会主义意识形态的与时俱进和创新发展。

---

① 马克思恩格斯全集(第 4 卷)[M].北京:人民出版社,1958:489.

综述,本书认为对于我国社会主义意识形态建设的概念可以做如下界定:指在我国社会主义制度下,无产阶级及其政党在其领导下的国家政权,坚持以维护最广大人民群众根本利益为政治立场和价值取向, 通过各种方式和途径巩固马克思主义在意识形态领域的指导地位和巩固全党全国人民共同思想基础的理论创新和宣教活动。

(二)大数据时代意识形态建设的特定内涵

马克思认为:"火药、指南针、印刷术——这是预告资产阶级社会到来的三大发明。火药把骑士阶层炸得粉碎,指南针打开了世界市场并建立了殖民地,而印刷术则变成新教的工具。"[①]在人类历史的发展进程中,科学技术的创新和应用不断成为助推社会进步的强大驱动力。早在20世纪80年代,美国未来学家托夫勒在《第三次浪潮》中便将大数据称为信息社会中"第三次浪潮的华彩乐章",预言了大数据时代的未来前景。他在书中写道:"消费者面对着来势汹汹的掌上型电子计算机、电子表、电子游戏机,但这些只是商店行销产品中最微不足道的。农业用小型、廉价的气象和土壤侦测器,佩戴在普通衣服上的超小型医学仪器可以测量心跳和血压,这些电子设备已进入了明日世界。"[②]当前,随着大数据技术在各行各业的广泛应用,其所带来的变革与日俱增、影响日益深远,大数据时代悄然而至。在大数据时代,数据成为一种事关国家发展大局的战略性资源,对此,习近平总书记强调:"谁掌握了大数据技术,谁就掌握了发展的资源和主动权。"[③]大数据作为信息社会发展的新阶段,已经广泛渗透并深刻影响国家治理、社会生活、经济活动乃至思维意识等诸多领域。顺应信息时代发展的新趋势,抓住大数据发展机遇,对于提升我国在数字时代的核心竞争力和促进经济社会发展具有重要意义。

---

① 马克思恩格斯文集(第八卷)[M].北京:人民出版社,2009:338.

② [美]托夫勒.第三次浪潮[M].黄明坚,译.北京:中信出版社,2006:91.

③ 中共中央文献研究室.习近平关于科技创新论述摘编[G].北京:中央文献出版社,2016:76.

毋庸置疑,作为前沿技术和国家战略,大数据也逐渐成为赋能我国社会主义意识形态建设的时代环境、技术背景和发展动能。本书认为将大数据合理嵌入我国社会主义意识形态建设,既是顺应大数据时代趋势的具体体现,也彰显了我国社会主义意识形态建设不断创新的内在要求。正如有学者指出:"面向未来研究,或可从大数据、内容生产、全球治理、人类命运共同体等方面入手,继续深入挖掘意识形态概念内涵的不同阐述范式及其样态,将会发展出更多具有中国话语诠释力的研究经验,从而推动新时代中国特色社会主义意识形态话语体系的有序建构。"①综上,本书认为所谓"大数据时代我国社会主义意识形态建设",就是指党和国家基于积极顺应和主动引领大数据时代的发展需要,通过将大数据技术及其应用有机嵌入我国社会主义意识形态理论创新与宣教实践的全过程,从而不断推进我国社会主义意识形态建设的理念更新、方法创新、内容优化、效能提升,不断提高我国社会主义意识形态建设的时代化、科学化、信息化和实效化水平,进而不断提升我国主流意识形态引领力、凝聚力和吸引力的理论与实践。

三、大数据时代意识形态建设的鲜明特征

当今时代,新一代信息技术蓬勃发展,信息化、数字化、智能化的时代趋势更为明显。对此,习近平总书记提出要"更加重视运用人工智能、互联网、大数据等现代信息技术手段提升治理能力和治理现代化水平"②的重要论断。这不仅为推进我国治理现代化开启了一条技术赋能的崭新路径,也为加强

---

① 杨章文."观念的秩序":"意识形态"概念的分歧、嬗变与马克思主义重构[J].中国地质大学学报(社会科学版),2020(5):23.
② 习近平.关于《中共中央关于坚持和完善中国特色社会主义制度 推进国家治理体系和治理能力现代化若干重大问题的决定》的说明[N].人民日报,2019-11-06(01).

和改善我国社会主义意识形态建设提出了新的时代课题。大数据时代我国社会主义意识形态建设不是大数据与意识形态工作的简单组合或者生硬相加,而是具有内在关联与有机耦合的融合过程,呈现鲜明的时代特征。

（一）意识形态建设内容的数据化

《大数据时代:生活、工作与思维的大变革》的作者舍恩伯格和库克耶以一种历史主义的眼光回顾了人类计算和记录的发展历程, 认为量化一切是数据化的核心。他们认为数据化是"指一种把现象转变为可制表分析的量化形式的过程"[①]。数据化与数字化并非同一概念,而是相互区别的,前者更侧重对信息的挖掘和应用,而后者更为关注信息的转化方式。他们认为:"信息技术变革随处可见,但是如今的信息技术变革的重点在'T'(技术)上,而不是在'I'(信息)上。现在,我们是时候把聚光灯打向'I',开始关注信息本身了。"[②]由此观之,我国社会主义意识形态建设内容的数据化就是指在"量化一切"的大数据时代,意识形态工作不仅要关注火热的现实生活世界,还应关注更为宽旷的虚拟数字空间。正如中国工程院院士邬贺铨所言:"我们现在进入一个'大智物移云'——大数据、智能化、物联网、移动互联网、云计算——的时代,一个计算无处不在、软件定义一切、网络包容万物、连接随手可及、宽带永无止境、智慧点亮未来的时代。"[③]面对这一时代潮流,习近平强调:"善于获取数据、分析数据、运用数据,是领导干部做好工作的基本功。各级领导干部要加强学习,懂得大数据,用好大数据,增强利用数据推进各项工作的本领,不断提高对大数据发展规律的把握能力,使大数据在各项工作

[①]　[英]维克托·迈尔·舍恩伯格,[英]肯尼思·库克耶.大数据时代:生活、工作与思维的大变革[M].盛杨燕,等译.杭州:浙江人民出版社,2013:104.

[②]　[英]维克托·迈尔·舍恩伯格,[英]肯尼思·库克耶.大数据时代:生活、工作与思维的大变革[M].盛杨燕,等译.杭州:浙江人民出版社,2013:104—105.

[③]　邬贺铨院士:"大智物移云"时代来临[EB/OL].https://news.sciencenet.cn/htmlnews/2017/3/371416.shtm.

中发挥更大作用。"①这也是对我国社会主义意识形态建设和意识形态工作者提出的时代命题。在大数据时代,意识形态工作者应主动了解大数据、尝试应用大数据,从而不断培育自身的数据素养和数据思维,提升数据收集、储存、分析和应用的能力,在传承好"动之以情、晓之以理"工作方式的同时,学会"靠数据说话""依数据论证""用数据驱动"的新思维和新方式。大数据时代,我国社会主义意识形态建设更应该主动开发应用专业化的数据库和借助多样化的智能平台,将承载社会主义意识形态丰富内容的海量文献、经典故事、代表人物、典型做法、宣教模式等实现网络化、数字化、智能化的时代转型。

(二)意识形态建设过程的智能化

大数据时代,海量数据只是具有巨大潜在价值的生产要素,要想真正发挥数据的效能,还需要借助强大算力和智能算法来实现。因此大数据时代我国社会主义意识形态建设过程逐渐呈现智能化的特征。这主要体现在两个方面:一方面,内容生产的智能化。传统意义上的意识形态内容生产主要是由意识形态阶层来完成的,即专门从事意识形态生产的专业化的人才队伍。马克思恩格斯从社会分工的视角将这一群体视为"意识形态家",认为:"分工也以精神劳动和物质劳动的分工的形式在统治阶级中间表现出来,因此在这个阶级内部,一部分人是作为该阶级的思想家出现的,他们是这一阶级的积极的、有概括能力的意识形态家,他们把编造这一阶级关于自身的幻想当做主要的谋生之道。"②在大数据时代,伴随信息生成的智能化程度不断提升,"人机协同"将成为未来意识形态内容生产的发展趋势。以媒体信息生产为例,当下新闻生产和发布的自动化、智能化水平日益提升,大数据新闻、机器人写作等逐渐成为媒体信息发布的重要形式。大数据时代,涌现了腾讯财经

---

① 审时度势精心谋划超前布局力争主动 实施国家大数据战略加快建设数字中国[N].人民日报,2017-12-10(01).

② 马克思恩格斯文集(第一卷)[M].北京:人民出版社,2009:551.

的 Dream Writer、今日头条的"张小明"、第一财经的"DT 稿王"、《人民日报》的"小融"、新华社的"快笔小新"等写作机器人,其提升了信息生产的效率和推动了新闻生产流程的重塑,也在一定程度上改变了我们对"意识形态家"的传统认知。

另一方面,内容发布的智能化。伴随大数据时代的来临,算法逐渐从"幕后"走向"台前",深度嵌入社会生活诸领域,人类开始进入"算法社会"。有学者基于当下算法对社会生活的广泛介入,将其视为"多元传递模式下的一种技术制度和文化实践"①。就传媒领域而言,随着以"三微一端"为代表的新媒体、智媒体不断涌现,以今日头条、一点资讯等为代表的聚合类平台迅速崛起,算法推荐已成为信息分发的重要模式。算法推荐通过对场景、内容、用户偏好和平台优先级的权重分配和综合分析,借助画像与分发以提升信息的流通和消费,利用反馈与修正以实现信息的引导和调控,有效解决了信息超载时代信息与人如何实现精准匹配的难题,引领了信息传播方式的新变革。"仰仗智能算法技术,传统'一刀切'式的信息推送模式将被'个性化'的推送模式所淘汰和取缔,意识形态的传播模式迎来了新变化。"②

（三）意识形态建设载体的平台化

在大数据时代,媒体的平台化趋势更为凸显,其也导致我国社会主义意识形态建设的载体呈现新的时代特征。2014 年 2 月 7 日,社交网站 Sulia 的CEO 乔森纳·格里克在 Recode 网站发表《平台媒体的崛起》一文中首创了"平台媒体"概念。格里克认为一种兼具平台(platform)和出版商(publisher)特性的网络平台将不断崛起。"平台型媒体的本质是一个开放性和社会性的服务平台,用 Twitter(推特)CEO 迪克·科斯特罗的话来说就是:'我们要为我们的用户在组织内容方面提供更好的服务。我们不仅要按照时间顺序提供

---

① 孙萍,刘瑞生.算法革命:传播空间与话语关系的重构[J].社会科学战线,2018(10):185.

② 范洁,张志丹.人工智能时代意识形态工作面临的机遇与挑战[J].南通大学学报(社会科学版),2020(5):2.

最快最新的内容,还要按照话题、主题、专题来组织内容。'"①媒体的平台化趋势对于加强和改善我国社会主义意识形态建设载体而言,无疑具有重要的时代价值,其有助于"为现存的不同意识形态搭建交流互动的对话平台,从而彻底改变传统意识形态'自上而下'教条独白式的交流方式,完成其由'单向灌输'向'双向互动'再到'多方对话'的转变,是维护国家主流意识形态安全的重要工作。"②

大数据时代,基于算法推荐的平台媒体正在崛起,信息传播生态和传播格局正在被重塑,信息传播方式呈现"平台优先"的鲜明态势。这主要体现在两个方面:一方面,基于算法推荐的平台媒体成为信息推送的主要平台。"今日头条等11家新闻客户端聚集95%以上信息量和网民流量,可产生百倍甚至千倍于传统媒体的影响力。随着此类App的普及,用户不再像以前一样关注新闻内容的来源,主流媒体的品牌效应日益丧失。"③与平台媒体相比,以党报、党刊、党台、党网为代表的主流媒体受资金、人才、体制等因素制约,面临受众流失、阵地边缘、影响弱化的传播窘境。另一方面,"平台优先"还体现在信息内容的平台优先推荐。例如,"今日头条每天阅读5.1亿,头条号贡献的阅读数3.7亿,占比73%。头条号每天贡献3.2万篇文章,却仅占文章总数30%~40%"④。总之,媒体平台化、智能化的趋势对我国社会主义意识形态建设的载体创新提供了新机遇与新思路。

(四)意识形态建设方式的视觉化

伴随大数据时代的到来,"加持网络媒介的技术赋权以及人们对视觉图

---

① 喻国明,焦建,张鑫."平台型媒体"的缘起、理论与操作关键[J].中国人民大学学报,2015(6):123.

② 王岩,王翼.论我国意识形态安全对话平台的建设及其重要意义[J].马克思主义研究,2016(5):77.

③ 邓杭.试论算法推荐对网络空间价值引导的重塑[J].传媒评论,2019(1):42.

④ 徐宁.从内容集散地到内容生产源,今日头条不再只是"搬运工"[EB/OL].https://36kr.com/p/5037178.

像的崇拜和狂欢，我们逐渐进入了'读图时代'"①。形式各异、内容丰富、直观感性的图像成为人们把握日常生活世界的重要方式和认知媒介，图像叙事逐渐成为意识形态的重要叙事方式，我国社会主义意识形态建设的传播方式呈现"视觉转向"的新特征。这一新特征与大数据可视化技术及应用不谋而合。俗话说"一图胜千言"。"数据可视化是将抽象的'数据'以可见的形式表现出来，帮助人理解数据。现代可视化利用计算机将数据转换成图形或图像在屏幕上显示出来，并进行交互处理。它涉及计算机图形学、图像处理、计算机视觉、计算机辅助设计等多个领域，成为研究数据表示、数据处理、决策分析等一系列问题的综合技术。"②图像信息以其简明直观、栩栩如生、通俗娱乐的感性特征更加契合现代社会高强度、快节奏、碎片化的生活格调。"读图时代"的到来，使得视觉文化逐渐成为文化与意识形态的主要呈现方式，而以宏大叙事、严肃权威、理性抽象为特征，以理论化、文字化、平面化为主的传统意识形态呈现方式遭遇严峻挑战。大数据时代我国社会主义意识形态建设可以借助可视化技术及广泛应用，通过类型多样、丰富多彩的图示、表格、音视频创新其表达方式，借助 VR、AR、MR 等先进技术增强受众"沉浸式"体验。顺应大数据时代的视觉转向，我国社会主义意识形态应将抽象深奥、晦涩难懂的理论转化为感性直观、鲜活生动的图像表达，实现意识形态呈现方式由"平面化"向"立体化"的时代转型。

四、大数据赋能意识形态建设的现实价值

实践发展无止境，理论创新不停歇。不断提升我国社会主义意识形态的引领力、凝聚力和吸引力，增强我国社会主义意识形态建设实效是一个永恒

---

①　罗红杰.话语·图像·数据：思想政治教育现代化的着力点[J].湖北社会科学,2019(10):151.

②　沈恩亚.大数据可视化技术及应用[J].科技导报,2020(3):70.

的时代课题。大数据时代的到来为回应和解答这一时代课题提供了新的时代背景与技术因素,大数据成为赋能我国社会主义意识形态建设的新动能。

(一)有利于提升意识形态的引领力

"统治阶级的思想在每一时代都是占统治地位的思想。这就是说,一个阶级是社会上占统治地位的物质力量,同时也是社会上占统治地位的精神力量。支配着物质生产资料的阶级,同时也支配着精神生产资料,因此,那些没有精神生产资料的人的思想,一般地是隶属于这个阶级的。"①经典作家所谓的"统治地位的思想"指的就是一个社会的主流意识形态。就当代中国而言,党的领导地位和社会主义制度属性决定了以马克思主义为指导的社会主义意识形态便是我国的主流意识形态。"当前,尽管意识形态建设和宣传思想工作的环境、对象、范围、方式都发生了很大变化,但'两个巩固'的根本任务没有变,主流意识形态引领的功能没有变,也不应该变。"②尤其当中国特色社会主义进入新时代,我国社会主义意识形态建设面临复杂多变的国内外环境,社会大众的价值观念和理想信念呈现多元多样多变的复杂态势,如何充分彰显马克思主义在思想文化领域中的主导地位,不断提升我国社会主义意识形态引领力便成为一项重要的时代课题。社会主义意识形态引领力是指以马克思主义为指导的主流意识形态在党的领导下,依靠自身理论魅力,借助各种方式和手段引领其他非主流意识形态的强大能力。习近平总书记指出:"马克思主义第一次站在人民的立场探求人类自由解放的道路,以科学的理论为最终建立一个没有压迫、没有剥削、人人平等、人人自由的理想社会指明了方向。"③可以说,以马克思主义为指导的社会主义意识形态具有实践性、人民性和科学性的鲜明特征,其自身具有彰显意识形态引领

---

① 马克思恩格斯文集(第一卷)[M].北京:人民出版社,2009:550.

② 王永贵.不断提升主流意识形态引领力的新理念[J].江苏社会科学,2013(6):7.

③ 习近平.在纪念马克思诞辰200周年大会上的讲话[R].北京:人民出版社,2018:8.

力的应然性和必然性。

当前,意识形态阵地正在经历从传统现实场域向数字虚拟场域的时代转场,互联网已经成为影响我们党长期执政的最大变量。"网络已是当前意识形态斗争的最前沿。"①面对社会信息化、网络化、数字化、智能化的发展趋势,传统的意识形态建设不论从理念还是手段上都没有很好地适应并积极引领网络空间意识形态建设的时代要求。大数据时代的到来为提升我国社会主义意识形态引领力提供了新的技术动能和方式手段。从现实而言,各级政府是掌握数据最多的主体,"要运用现代信息技术,推进政务信息联通共用,提高政务服务信息化、智能化、精准化、便利化水平,让群众少跑腿"②,通过推进"让群众少跑腿、信息多跑路"的党务政务信息化建设不断增强广大人民群众的获得感、幸福感和安全感,为提升意识形态引领力奠定实践基础。各类市场主体在生产、流通、营销等过程中也会产生大量数据,企业数据也构成了大数据的重要来源。这就需要从统筹发展和安全的前提下,"充分发挥海量数据和丰富应用场景优势,促进数字技术与实体经济深度融合,赋能传统产业转型升级,催生新产业新业态新模式,不断做强做优做大我国数字经济"③,从而为提升意识形态引领力提供物质前提。针对以社交媒体为主的网络大数据,可以充分发挥大数据在海量数据收集汇总、存储管理和分析应用中的技术优势,"尤其是针对社会突发事件,信息传播快,数据流动大,必须利用大数据随时随地掌控最新事件动向的数据信息。通过大数据与网络平台的结合共享,能够第一时间捕捉到有效数据,保证信息的及时性,从而为在海量数据中识别兴趣点打下基础,有力提升主流意识形态的引领力"④。

① 习近平.论党的宣传思想工作[M].北京:中央文献出版社,2020:22.

② 中共中央党史和文献研究室.习近平关于网络强国论述摘编[G].北京:中央文献出版社,2021:27.

③ 把握数字经济发展趋势和规律 推动我国数字经济健康发展[N].光明日报,2021-10-12(01).

④ 罗丽琳,蒲清平,黄燕.大数据提升网络主流意识形态引领力研究[J].重庆大学学报(社会科学版),网络首发:2020-09-09.

（二）有利于增强意识形态的凝聚力

"凝聚力是一个民族、国家或特定人群作为共同体团结凝聚、开展共同行动所展示的指标性力量。凝聚力常常是以认同为基础、以共同目标为指向、以思想和行动的一致性为标志而生发并散发出的力量。"①意识形态凝聚力是指一个国家和民族心往一处想、劲往一处使的聚合力、向心力，彰显了其凝聚社会共识的能力和水平，本质上反映的是其社会认同度。社会主义意识形态凝聚力是指我国主流意识形态在赢得人民群众接受和认同的基础上而产生的凝聚作用和统摄效果。从应然状态来看，社会主义意识形态理应具有强大的凝聚力。就根本而言，这是由作为其主体内容的马克思主义的实践性、人民性、先进性等理论特质所决定的。然而，就现实情况而言，在复杂的国内外境遇下，西方资产阶级意识形态的渗透和冲击、主要矛盾转化带来的诸多新问题、多样化社会思潮催生的多元价值观等对于凝聚全党全国人民的思想共识带来了严峻挑战。因此，党的十八以来，以习近平同志为核心的党中央将提升凝聚力视为加强和改善我国社会主义意识形态建设的重要课题乃至中心环节。正如习近平总书记强调："中国特色社会主义进入新时代，必须把统一思想、凝聚力量作为宣传思想工作的中心环节。"②

马克思恩格斯在《德意志意识形态》中强调："我们的出发点是从事实际活动的人，而且从他们的现实生活过程中还可以描绘出这一生活过程在意识形态上的反射和反响的发展。"③对于我国社会主义意识形态建设而言，一方面，改革开放以来，伴随我国经济基础和社会结构的深刻变革，使得意识形态多样化成为必然态势；另一方面，社会主义初级阶段的基本国情和复杂多变的发展环境决定了当前党和国家还不能很好地满足人民群众对美好生

---

① 宇文利.中国人民凝聚力的核心内涵与主要表现[J].人民论坛，2020(28):20.

② 习近平.论党的宣传思想工作[M].北京:中央文献出版社，2020:338.

③ 马克思恩格斯文集(第一卷)[M].北京:人民出版社，2009:525.

活的向往,因而我国在发展中呈现社会分配不均、贫富差距较大、理想信仰模糊等突出问题,这使得意识形态多元化态势更为明显。上述发展中的问题对马克思主义在意识形态领域的主导地位提出了严峻挑战, 弱化了全党和全国人民共同的思想基础。大数据时代的到来,在推动人类社会呈现数据化态势的同时也深深影响着意识形态领域。"今天,与意识形态相关的数据是多种多样而数量庞大的。每天发行的报纸,发表的文章,网页刊登的新闻、图片、视频以及人们发表的各种见解、意见、评论等,都承载着一定的意识形态内涵,都可转化为意识形态数据。"[1]大数据凭借其规模性、多样性、及时性、价值性、精准性等鲜明特征为准确识别和科学引领多样化社会思潮,在多元价值观基础上凝聚社会共识,进而为提升我国社会主义意识形态凝聚力提供了海量的数据支撑、先进的技术支持和革命性的思维方式。在数据化生存的时代境遇中,我们可以借助大数据技术,通过对所有与意识形态相关的信息进行数据化处理,实现海量数据的采集、储存、分析、整合及应用,通过洞察现实问题、监测社情民意、研判社会舆情,从而为更好地整合社会意识服务。

(三)有利于提升意识形态的吸引力

就词语本身的含义而言,"吸引"是指"把别的物体、力量或别人的注意力引到自己这方面来"[2]。进言之,吸引力是指把人或者事物引到自己这方面的强大力量。从某种程度而言,吸引力可与软实力互通,二者都强调依靠自身的强大力量对他者所产生的吸引效应。所谓意识形态吸引力便是指一个政党或者国家所提倡的意识形态凭借其强大的理论魅力和价值观念在引领大众、凝聚人心过程中体现出来的亲和力、感染力、同化力。对于以马克思主义为指导的社会主义意识形态而言, 无疑是具有强大吸引力的理论体系和

---

[1]　邱启照.大数据时代意识形态领导权建设[J].中共福建省委党校学报,2016(11):104.

[2]　中国社会科学院语言研究所词典编辑室.现代汉语词典(第 7 版)[M].北京:商务印书馆,2016:1398.

价值观念。正如习近平总书记所言："在人类思想史上，就科学性、真理性、影响力、传播面而言，没有一种思想理论能达到马克思主义的高度，也没有一种学说能够像马克思主义那样对世界产生了如此巨大的影响。这体现了马克思主义的巨大真理威力和强大生命力，表明马克思主义对人类认识世界、改造世界、推动社会进步仍然具有不可代替的作用。"①马克思主义始终站在人民立场上，秉持科学的世界观和方法论，立足鲜活的社会实践，在批判旧世界中创造新世界，成为指引人类谋求自身解放的理论指南，彰显着永恒的真理光芒，构成了社会主义意识形态吸引力的根本来源。进言之，提升社会主义意识形态吸引力需要不断推进理论大众化，使来自群众实践的先进理论转化为指导群众更好地认识和改造世界的思想武器。

大数据时代的到来为改善我国传统的意识形态宣教和传播模式提供了现实可能，从而为不断提升社会主义意识形态吸引力，让理论真正掌握群众提供了新的技术条件。以"灌输论"为指导，传统意义上我国社会主义意识形态宣教和传播模式较为僵化死板。针对20世纪初各种资产阶级思想和修正主义思潮对俄国革命运动的渗透和干扰，列宁在社会主义意识形态发展史中明确提出了"灌输论"的要求。本书认为在当今时代"灌输"理念仍然没有过时。就发展视角而言，"灌输"方式应不断革新，因为只有彰显时代特征的"灌输"方式才能更好地为提升意识形态吸引力服务。当今时代，以大数据、人工智能为代表的新一代信息技术正在引领意识形态宣教和传播模式的时代转型。"大数据时代，人们正在普遍感受信息技术带来的便捷和快感，倘若仍旧采用枯燥的说教方式、言传方式宣传理论，不仅人们不愿意接受这种脱离时代进步的意识形态宣传路径，还会导致人们对意识形态理论的厌倦与疲惫。"②因而，充分利用大数据规模大、类型多、速度快、价值高的技术优势，

---

① 习近平谈治国理政(第二卷)[M].北京:外文出版社,2017:65.
② 郑洁.大数据时代我国意识形态安全面临的机遇、挑战与对策[J].教学与研究,2017(11):64.

顺应大数据全样本、模糊性、相关关系的思维变革,借助大数据敏捷灵活、丰富多样、新颖时尚的呈现方式,推动我国社会主义意识形态宣教传播的模式更新、范围扩大、效果提升,进而不断增强主流意识形态的亲和力、感染力和吸引力。

总之,作为一种技术手段,大数据本身也存在"双刃剑"的技术属性。对于社会主义意识形态建设而言,一方面,我们应主动顺应大数据时代开启的时代变革,推动我国社会主义意识形态建设的创新发展,不断提升意识形态引领力、凝聚力和吸引力;另一方面,我们还应在清醒认识大数据的技术局限及可能导致的风险挑战基础上,充分发挥主流意识形态"举旗定向"的重要作用,规制和引领我国大数据发展的价值取向,促进大数据技术更好地为党和人民服务,在我国各项工作中发挥更大的积极作用。

第三章　大数据嵌入我国社会主义意识形态建设的理论透视

合理利用大数据加强和改善我国社会主义意识形态建设需要深入分析大数据与我国社会主义意识形态建设的内在关联性问题，即明晰大数据赋能我国社会主义意识形态建设"何以可能"的理论前提。本书认为大数据嵌入我国社会主义意识形态建设具有理论上的可能性。一方面，通过系统梳理马克思主义关于科技与意识形态内在关联的相关论述，辩证认识西方学界在该问题上的两种传统倾向及客观看待当前海外学者对于数字资本主义的意识形态批判，为大数据嵌入我国社会主义意识形态建设探寻丰富的理论资源。另一方面，通过归纳与总结习近平总书记关于大数据和新时代意识形态工作的重要论述，为大数据嵌入我国社会主义意识形态建设提供根本性的理论指南。大数据的技术特征与我国社会主义意识形态人民性、科学性与实践性的鲜明属性相互激荡，彼此交融，进一步彰显了大数据嵌入我国社会主义意识形态建设的理论契合。

一、大数据嵌入意识形态建设的理论资源

恩格斯强调："同任何新的学说一样，它必须首先从已有的思想材料出发，虽然它的根子深深扎在经济的事实中。"①大数据嵌入我国社会主义意识形态建设具有丰富的理论资源，主要表现为：

（一）马克思主义关于科技与意识形态的内在关联论析

"关联性是指在特定系统中存在着两个或以上既有独立性又有相关性的变量要素之间相互影响、相互作用的属性。"②马克思主义认为科技与意识形态之间存在相互影响、相互作用的内在关联属性。一方面，二者因反映对象、基本功能和本质属性各有侧重，故存在明显区别。就反映对象而言，科技主要面向客观世界，意识形态则侧重对人类社会复杂现象、纷繁关系的理解和把握。就基本功能而言，科技致力于追求世间万物的"实然"状态，以求真为主要目标，工具理性特征明显。而意识形态则更多地关注人类社会的"应然"追求，强调对善恶、美丑等进行价值判断，价值理性较为突出。从本质属性而言，科技是生产力的必要内容，而意识形态则是思想上层建筑的重要构成。另一方面，由对立统一的基本规律可知，科技与意识形态之间又存在着密不可分的互动关系。"马克思和恩格斯虽然把（自然）科学和技术作为生产力的要素而与意识形态对立起来，但是，他们丝毫也不否认自然科学与意识形态之间的密切关系。"③如何科学认识二者间的内在关联，需要我们以马克思主义的理论视角进行深入系统的理性审视。

---

① 马克思恩格斯文集(第九卷)[M].北京:人民出版社,2009:19.
② 樊瑞科.大众文化视域下当代中国社会主义意识形态建设研究[M].北京:人民出版社,2021:87.
③ 俞吾金.意识形态论(修订版)[M].北京:人民出版社,2009:146.

1.科技是助推意识形态变革的重要动力

在马克思主义看来，作为思想上层建筑的意识形态本身没有独立的历史。一定社会的意识形态归根结底是由该社会生产力的发展水平和生产关系所决定的。"人们在自己生活的社会生产中发生一定的、必然的、不以他们的意志为转移的关系，即同他们的物质生产力的一定发展阶段相适合的生产关系。这些生产关系的总和构成社会的经济结构，即有法律的和政治的上层建筑竖立其上并有一定的社会意识形式与之相适应的现实基础。"①科技作为生产力的重要内容，自然对特定社会意识形态的具体内容和作用发挥提供强大动能。

首先，科技赋能意识形态变革。科学技术作为生产力的内在构成，对特定生产关系及奠基其上的上层建筑发挥积极的能动作用。马克思认为："手推磨产生的是封建主的社会，蒸汽磨产生的是工业资本家的社会。人们按照自己的物质生产率建立相应的社会关系，正是这些人又按照自己的社会关系创造了相应的原理、观念和范畴。"②其次，科技丰富意识形态内容。科技的进步不断驱动社会经济基础和政治上层建筑的变革，进而导致该社会的意识形态领域发生连锁反应。例如恩格斯针对当时资产阶级思想家通过歪曲利用自然科学最新成果以影响社会政治、道德、哲学等上层建筑领域，极力为资本主义制度作辩护，结果导致形而上的思维方式泛滥问题，通过《自然辩证法》等著作对这种唯心主义倾向进行了辩证唯物主义的深刻揭批。最后，科技强化意识形态功能。一方面，科技可以成为服务于特定社会阶级或利益集团的工具。例如，马克思认为在资本主义大工业生产模式下，理应减轻工人阶级劳动强度和缩减劳动时间的机器结果逐渐异化为控制和奴役工

---

① 马克思恩格斯选集(第一卷)[M].北京:人民出版社,1972:10.
② 马克思恩格斯文集(第一卷)[M].北京:人民出版社,2009:602-603.

人阶级的新枷锁。马克思对"机器的资本主义应用"①进行了深刻的意识形态批判。从意识形态维度来看,这一观点深刻揭示了在资本主义制度下,受资本逻辑支配的科学技术充当了资本家剥削和压榨工人阶级的帮凶,成为维护和巩固资产阶级统治的新工具。另一方面,科技对意识形态功能的强化功能还体现在其对生产关系的变革意义上。"火药把骑士阶层炸得粉碎,指南针打开了世界市场并建立了殖民地,而印刷术则变成新教的工具,总的来说变成科学复兴的手段,变成对精神发展创造必要前提的最强大的杠杆。"②马克思认为以火药、指南针和印刷术为代表的科学技术加速了资本主义生产方式的到来,成为资本主义制度及资产阶级意识形态的"助产婆"。

2.意识形态对科技发展具有能动反作用

马克思主义认为社会存在决定社会意识,社会意识对社会存在具有能动的反作用,二者具有不可分离的内在关联性。作为思想上层建筑的意识形态对科技发展也具有能动的反作用。在意识形态诸多具体领域中,作为主体内容的政治与道德对科技的反作用更为明显。

一方面,政治对科技的反作用。作为意识形态的主要内容,政治普遍存在于任何社会和国家,其对科技发展既可以提供政治保障也可能会成为制约因素。在很大程度上,特定社会制度、政治环境和基于其上的统治阶级政治意识形态能够决定科技发展的前途命运,全方位影响甚至支配科技实践活动。科技政策的制定、科技人才的培养、科研活动的进行、科技成果的应用等科技发展的具体环节都与特定的社会制度和政治环境密切相关。例如,在影响科技人员成长成才的社会环境中,政治因素就是重要内容。政治立场、政治原则、政治规范影响科技人员的探索行为,政治意图则通过科技人员的接受认同发挥其指导意义。科学研究貌似与政治保持必要的距离,但实则不

---

① 马克思恩格斯全集(第 44 卷)[M].北京:人民出版社,2001:508.

② 马克思恩格斯文集(第八卷)[M].北京:人民出版社,2009:338.

然。例如,二战期间英国政坛的党派纷争便影响着科学判断。牛津大学物理学家弗里德里希·林德曼与帝国理工学院化学家亨利·逖扎德的党派分歧为科学界涂上政治色彩。两位学者在英国都是位高权重的科学家。作为丘吉尔的顾问,林德曼主张轰炸德国市民。逖扎德是工党的顾问,他认为可以通过投资雷达这门新科学以抵抗纳粹德国的空战。每个人都提供印证其观点的相关数据。结果,还是政治说了算。当工党主政时,逖扎德的观点占据上风。然后,当保守党执政时,林德曼则又变成了碰不得的人物。科学界的争论背后折射着政治的党派之争。从工具理性层面来看,科技本身没有意识形态属性,但其与不同的社会制度相结合,便具有了意识形态作用和价值理性的功能。正如马克思所言:"利用机器的方式和机器本身完全是两回事。"①在资本主义制度下,本来应该将工人阶级从繁重的劳动中解放出来的机器却变成了资本家压迫和剥削工人的新武器。反之,在社会主义条件下,科技的发展将从真正意义上助力人们获得自由全面的发展。正如恩格斯在《共产主义原理》中指出:"大工业及其所引起的生产无限扩大的可能性,使人们能够建立这样一种社会制度,在这种社会制度下,一切生活必需品都将生产得很多,使每一个社会成员都能够完全自由地发展和发挥他的全部力量和才能。"②1959年底和1960年初,毛泽东在读苏联《政治经济学》教科书时也曾强调社会主义提高劳动生产率要靠"技术加政治"。

另一方面,道德对科技的反作用。1872年3月,马克思在为《资本论》撰写法文版序言中坦言:"在科学上没有平坦的大道,只有不畏劳苦沿着陡峭山路攀登的人,才有希望达到光辉的顶点。"③科技进步不仅由冰冷的技术逻辑和理性思维所决定,也受道德意志和感性思维所影响。归根结底在意义上,

---

① 马克思恩格斯选集(第四卷)[M].北京:人民出版社,2012:412.
② 马克思恩格斯选集(第一卷)[M].北京:人民出版社,2012:302.
③ 马克思恩格斯文集(第五卷)[M].北京:人民出版社,2009:24.

一定社会的道德规范是由该社会的经济基础所决定。但与此同时，它也深受该社会政治制度和历史文化传统的影响。特定社会的道德规范、价值观念对科技发展具有导向作用，其不仅影响科技发展的价值判断，而且形塑了科技人员的职业伦理和意志品质，从而直接影响科技的创新发展和现实应用。在资本主义社会中，资本逻辑催生金钱至上的道德伦理与价值观念，科技实践活动本身不再为一种追求真理的冲动所牵引，当科技实践活动单纯被金钱左右时，科技人员将被致富的欲望所蒙蔽，他们之间的残酷竞争和不择手段的失德行为也就不足为奇了。正如马克思所言："由于自然科学被资本用做致富手段，从而科学本身也成为那些发展科学的人的致富手段，所以，搞科学的人为了探索科学的实际应用而互相竞争。"[①]恩格斯则为科技进步指明了根本的道德要求，明确指出："科学越是毫无顾忌和大公无私，它就越符合工人的利益和愿望。"[②]在中国特色社会主义制度环境中，通过对我国传承已久的丰富而厚重的价值观念、道德要求、日常规范进行适时扬弃，不断总结提炼我国科技工作者奋斗历程所彰显的精神品质，对弘扬科学精神、促进科技事业的发展无疑具有重要的现实意义。

(二)西方学者看待科技与意识形态关联性的两种倾向

众所周知，"意识形态"的概念是 1796 年由法国思想家特拉西在《意识形态原理》一书中最早明确提出并正式使用的。特拉西创设"意识形态"的概念，目的在于创建一门中性化的"观念的科学"。但特拉西的主张遭到一心称帝的拿破仑的强烈反对，且被拿破仑视为"不切实际的空想家"，其创设的"意识形态"概念也被赋予了"抽象的幻想"的贬义色彩。可以说，"科技与意识形态的关系是西方自近代科学产生以来就争论不休的话题。在意识形态史上，除法兰克福学派之外，绝大多数思想家都把科技与意识形态的对立作

---

① 马克思恩格斯文集(第八卷)[M].北京:人民出版社,2009:359.

② 马克思恩格斯选集(第四卷)[M].北京:人民出版社,2012:265.

为基本出发点"①。由此观之,西方学界对二者关联性的理解呈现"对立论"与"等同论"两种截然不同的传统倾向。

1.科技与意识形态的对立论

从本质属性而言,科技与意识形态具有明显的区别。可以说,二者属于不同的问题域。西方传统的"对立论"认为科技是对客观世界真实性的追求与探索,反映的是不以人的意志为转移的客观规律和真理性的知识体系,是解决现实问题提供科学方法和可行方案,无阶级性可言。意识形态则具有鲜明的阶级属性,是激烈的阶级斗争的体现和产物,是遮蔽、歪曲现实世界和社会关系、为特定阶级利益服务的虚假意识。在马克思主义看来,这种"对立论"忽视了科技与意识形态的内在关联,形成了典型的"价值中立说"。

例如,以孔德为代表的实证主义学派就主张科技与意识形态的截然不同和相互对立。孔德认为一切科学知识必须建立在来自观察和实验的经验事实基础上,经验是知识的唯一来源。他将人类智力、科学和社会的发展分为三个阶段:前两个阶段分别是宗教神学和形而上学,只有到了第三个阶段,即未来社会将是实证的社会,科学来自实证。法国哲学家阿尔都塞提出:"意识形态作为表象体系之所以不同于科学,是因为在意识形态中,实践——社会的职能比理论的职能(即认识的职能)更重要得多。"②在阿尔都塞看来,意识形态就是承载阶级利益的表象体系,主要通过学校教育、宗教活动、大众传媒等"意识形态国家机器"强加于人。此外,阿尔都塞认为马克思的思想历程中存在一个"认识论断裂"问题。他使用"断裂"一词,意在强调马克思意识形态理论前后之间的质的区别。"据马克思自己说,这个断裂的位置就在他生前没有发表过的、用于批判他过去的哲学(意识形态)信仰的那部著作:

---

① 刘英杰.作为意识形态的科学技术[M].北京:商务印书馆,2011:28.

② [法]路易·阿尔都塞.保卫马克思[M].顾良,译.北京:商务印书馆,2010:227-228.

《德意志意识形态》。"①他认为"这种'认识论断裂'把马克思的思想分成两大阶段:1845年断裂前是'意识形态'阶段,1845断裂后是'科学'阶段"②。阿尔都塞认为当时西方学界对马克思早期著作的追捧导致了对马克思主义过度人道化的理论解读,这与作为历史科学的马克思主义是背道而驰的。因此,他认为自己有责任"保卫马克思"。但实际上,由于他没有真正理解马克思意识形态理论的历史发展脉络,结果适得其反,客观上制造了"两个马克思"的对立,最终以"保卫马克思"的名义走上了反马克思主义的歧途。如有学者指出:"这种对立是不存在的。相反,马克思的劳动实践概念真正揭示了整个世界,包括自然界、人类社会和人自身,是如何相互作用协同发展的。它既体现了人道主义,也体现了科学理性,是二者的结合。这是马克思对人类哲学思想的伟大贡献。阿尔都塞重新把二者割裂开来,是真正的'倒退'。"③

二战后,伴随两极格局的形成和冷战大幕的开启,20世纪五六十年代西方理论界围绕着科技与意识形态的关系问题展开激烈讨论,其中以雷蒙·阿隆、李普赛特、丹尼尔·贝尔等人为代表的右翼知识分子所倡导的"意识形态终结论"成为当时的主流观点。这种观点认为传统意义上作为革命激情和虚假意识的意识形态已经终结, 取而代之的将是以实证主义为指导的社会科学研究,并试图将意识形态与科学进行严格区分,甚至将二者对立起来。就科技与意识形态的关联而言,"意识形态终结论"认为在晚期资本主义社会中意识形态的地位和作用已被"价值中立"的科学技术所取代,有意无意制造了二者的对立。正如米尔斯所言:"自由主义者高调祭出意识形态终结论,

---

① ［法］路易·阿尔都塞.保卫马克思[M].顾良,译.北京,商务印书馆,2010:15.

② ［法］路易·阿尔都塞.保卫马克思[M].顾良,译.北京,商务印书馆,2010:16.

③ 安启念.阿尔都塞马克思哲学思想"认识论断裂说"批判[M].北京大学学报(哲学社会科学版),2016(1):25.

暗地里却偷运自己的意识形态,这种做法本身就是典型的意识形态。"①由此可知,这种论调与"技术统治论"思想在本质都是一样的,都试图通过制造科技与意识形态对立,在消解社会主义意识形态合理性的同时为资产阶级统治地位作辩护。"意识形态终结论者总是试图以实证的方法追求没有意识形态干扰的客观的社会科学,但实际上正是以这种方法掩盖了自己对现状的信仰,无法摆脱自身的意识形态性。"②

2.科技与意识形态的等同论

与"对立论"相反,以法兰克福学派为典型代表的西方学者认为在发达资本主义社会中科技本身就是意识形态,在看待科技与意识形态关系上形成了"等同论"倾向。作为该学派的鼻祖,霍克海默早在20世纪30年代就意识到了科技的意识形态功能,他在《科学及其危机札记》中明确写道:"不仅形而上学,而且它所批评的科学,皆为意识形态;后者之所以复如是,是因为它保留着一种阻碍它发现社会危机原因的形式。"③20世纪40年代,霍克海默与阿道尔诺合著了《启蒙辩证法》。这本书虽然尚未系统阐释科技与意识形态的关系问题,但是他们对启蒙精神的认真反思和对科技工具理性的深刻揭示实际上已触及对工业文明背景中科技的意识形态批判。在他们看来,科技进步并没有实现人的自由解放,反而使得以自由为名的"启蒙"退变为束缚人的"神话"。限于时代的局限性,他们在论述科技和意识形态的关系时还带有较明显的抽象色彩,更没有明确回答科技能够成为意识形态的原因等理论问题。20世纪60年代,以马尔库塞《单向度的人》的发表为标志,法兰克福学派对上述问题进行了更为深入的探索。马尔库塞在韦伯关于技术工

---

① 汪行福,俞吾金,张秀琴.意识形态星丛——西方马克思主义的意识形态理论及其最新发展态势[M].北京:人民出版社,2017:75.

② 张荣荣,程彪.作为一种意识形态的"意识形态终结论"[J].学术交流,2019(4):70.

③ [德]马克斯·霍克海默.批判理论[M].李小兵,译.重庆:重庆出版社,1989:5.

具理性批判的基础上进一步提出了"技术理性的概念,也许本身就是意识形态"的著名论断。在发达工业社会,统治阶级通过商品逻辑、技术操控、媒体宣传等不断消解人们内心中那种否定性、批判性、超越性的向度,使整个社会成为单向度的社会,生活其中的人也变成一味沉溺物质享乐、安于现状、不思进取的"单向度的人"。马尔库塞认为技术的解放力量在政治意图的渗透下逐渐退变为解放的桎梏,"政治意图已经渗透进处于不断进步的技术,技术的逻各斯被转变成依然存在的奴役状态的逻各斯"①。他认为破解科技意识形态化问题和实现对单向度社会的超越,需要激发新的感性、通过爱欲解放来克服工具理性对人的宰制,最终实现人的真正解放与自由。

1968 年,法兰克福学派第二代旗手尤尔根·哈贝马斯发表了《作为"意识形态"的技术与科学》的长文,全面系统地阐述了他的社会批判思想。哈贝马斯并不同意马尔库塞"技术的解放力量转而成了解放的桎梏"这一观点,借助庆祝马尔库塞诞辰 70 周年之际,撰写该文并对晚期资本主义社会中的科技与意识形态关系问题做了经典论述。哈贝马斯认为,19 世纪末 20 世纪初,科技对经济社会发展的推动作用愈发明显,已经成为晚期资本主义的"第一生产力"。"随着大规模的工业研究,科学、技术及其运用结成了一个体系。在这个过程中,工业研究是同国家委托的研究任务联系在一起的,而国家委托的任务首先促进了军事领域的科技的进步。科学情报资料从军事领域流回到民用商品生产部门。于是,技术和科学便成了第一位的生产力。"②此时,科技已不再属于传统意义上仅作为虚假意识的意识形态了,已逐渐演变为一种新型意识形态,变成了一种为统治阶级提供合法性辩护的重要力量。哈贝马斯指出:"第一位的生产力——国家掌管着的科技进步本身——已经成了

①　[美]赫伯特·马尔库塞.单向度的人[M].刘继,译.上海:上海译文出版社,2008:127.

②　[德]尤尔根·哈贝马斯.作为"意识形态"的技术与科学[M].李黎,等译.上海:学林出版社,1999:62.

(统治的)合法性的基础。"①传统意义上作为暴力机关的国家机器开启了向专家治理、技术精英治国的时代转型。面对科技发展导致的不良后果,哈贝马斯提出了"交往理性"理论,试图在生活世界的背景下构建不同层级、不同领域的公共领域从而实现不同主体之间的沟通和协商。但这一理念在自私自利的资本主义世界注定是无法实现的。在晚期资本主义世界,高度原子化的个体、代表不同利益集体的社会化组织、政府机关等在现实利益、价值观念与意识形态之间存在着激烈的斗争博弈,使得社会共识的构建难以成为现实。

法兰克福学派对科技与意识形态的内在关联进行了系统深入的理论思考,虽然"等同论"倾向失之偏颇,但其对工业文明以来科技逐渐异化成为维护资产阶级统治地位的新工具、技术进步导致对人的宰制和奴役等进行了深刻揭批,也为本研究提供了颇具启发性的理论范式和理论镜鉴。法兰克福学派提醒我们,在大数据时代,应该警惕那种"数据至上"的极端倾向,防止大数据的工具理性对其价值理性的僭越,在借助大数据技术加强和改善社会主义意识形态建设的同时也要警惕其可能带来的负面效应。辩证、全面认识大数据的正负效应才能更好地趋利避害,最大程度发挥大数据对意识形态建设的积极作用。

(三)当前海外学者对于数字资本主义的意识形态批判

伴随网络信息技术不断发展及其对生活世界的广泛渗透和深刻影响,人类社会逐渐步入信息时代。特别是跨入 21 世纪以来,以云计算、大数据、区块链、人工智能、量子技术等为代表的新一代信息技术与经济社会生活深度融合,人类社会网络化、数字化、智能化的发展趋势愈发明显。当前海外学者针对信息社会、数字时代的来临及其对资本主义社会所产生的变革效应,从不同视角进行了全方位的理论审视和深刻批判,为大数据时代我国社会

---

① [德]尤尔根·哈贝马斯.作为"意识形态"的技术与科学[M].李黎,等译.上海:学林出版社,1999:69.

主义意识形态建设提供了更为新鲜多元的理论成果、思维范式和研究视角，值得学习和借鉴。

当西方资本主义世界刚开始将网络技术应用于经济社会时，有学者就注意到了其潜在的变革作用。早在 20 世纪末，当人类社会的信息化进程刚开始起步时，美国传播学者曼纽尔·卡斯特就曾预测了社会交往的网络化转型趋势，并创制了"网络社会"这一概念。他认为："作为一种历史趋势，信息时代支配性功能与过程日益以网络组织起来。网络构建了我们社会的新社会形态……在网络中现身或缺席，以及每个网络相对于其他网络的动态关系，都是我们社会中支配与变迁的关键根源：因此，我们可以称这个社会为网络社会（the network society）。"①几乎与此同时，美国传播政治经济学家丹·席勒在《数字资本主义》中进一步提出了"数字资本主义"的明确概念。席勒强调了网络信息技术对当代资本主义制度的变革意义，指出："我之所以称这一新时代为数字资本主义，原因就在于此。数字资本主义的到来引发了社会与技术剧变。"②而大数据时代的到来，使得数据如同工业时代的石油，成为最具潜质的生产要素，尤其是在平台经济的推动下，资本主义社会正在经历从"金融资本主义转向数据资本时代"③的新趋势。对于何谓"数字资本主义"，约翰·B.福斯特和罗伯特·W.麦切斯尼则认为它是一种基于垄断金融资本、军工复合体和数字技术的监控式资本主义。④

数字资本主义作为资本主义社会的新变化，对当代资本主义社会产生了深刻影响。首先，数字资本主义加深了资本家对工人的剥削。大数据时代，

---

① ［美］曼纽尔·卡斯特.网络社会的崛起[M].夏铸九，等译.北京：社会科学文献出版社，2003：569.

② ［美］丹·席勒.数字资本主义.[M].杨立平，译.南昌：江西人民出版社，2001：12.

③ ［英］维克托·迈尔·舍恩伯格，［德］托马斯·拉姆什.数据资本时代[M].李晓霞，等译.北京：中信出版社，2018：13.

④ ［英］约翰·B.福斯特，［英］罗伯特·W.麦切斯尼.监控式资本主义：垄断金融资本、军工复合体和数字时代[J].刘顺，等译.国外社会科学，2015（1）：4.

资本对无产阶级的剥削实质并无根本变化,只是发生了新的形变。工人阶级在资本逻辑与数据逻辑的合谋中模糊了工作与休闲的界限,被奴役的程度不仅没有减弱,反而更为加深了。因而,达拉斯·史迈兹提出"受众商品"、特勒贝·舒尔茨提出"玩乐劳动"(playbor)①等概念形象地描述了这一现象。邱林川则用"i 奴隶"(i Slave)②指涉那种受数字平台操控的部分群体迷失于数字消费的极乐世界,不断丧失自主意识和判断能力的"伪自由"状态。

其次,数字资本主义也并没有带来真正的民主。在大数据时代,当代资本主义社会并没有因为信息技术的变革而成为真正自由民主的世界。数字用户借助各种社交媒体形成多元化的社交网络,在一定程度上扩大了程序民主的范围,提升了公民政治参与的程度。但从另一个方面看,大数据时代西方政治实践中同时出现了电子政务"数字鸿沟"现象不断扩大,利用数字技术操纵民意的工具性倾向更为凸显,网络民粹主义不断泛滥等时代症候。就此,有学者认为数字技术的应用并没有带来真正的民主。"实际上,人民仍然被排除在决策体系之外,现代政治主体出现了空缺。"③

最后,数字资本主义加深了人的异化和不自由。"大数据资本主义的兴起处在更广阔的社会、经济、政治、意识形态背景下。在经济上,资本主义国家经历了包括数据和通信在内的(几乎)所有东西的新自由主义的商品化和私有化;在政治上,已经出现了政府监视与大工业相结合的'监视—工业联合体'(surveillance-industrial complex),伴随着这一联合体而来的是宣扬监视技术将预防、侦破犯罪和恐怖主义活动的意识形态。监视性意识形态有助

---

①　TreborScholz, DigitalLabor: TheInternet as PlaygroundandFactory[M]. New York and London: Routledge, 2013.

②　Jack LinchuanQiu, Goodbye i Slave: A Manifesto for DigitalAbolition, Urbana[M]. IL: University of Illinois Press, 2016:111.

③　[美]约迪·迪安.数字资本主义与政治主体[J].张可旺,译.国外理论动态,2021(1):125.

于形成控制、散布恐慌、寻找替罪羊、相互猜忌竞争、个性化的文化氛围。"[1]大数据时代，平台媒体的智能算法通过推送极化信息影响用户的价值观和选择权，导致"信息茧房"和"过滤气泡"效应，用户在大数据的技术操纵下更加不自由。对此，福克斯坦言："脸书的主要劳动工具是平台本身及其人类用户的大脑。用户大脑的异化意味着有人试图传播意识形态，将脸书和其他企业平台描述为纯粹的积极因素，而没有负面影响。"[2]在关于未来数字资本主义的发展趋向问题上，日本学者森健和日户浩之认为其"取决于人类能够在何种程度上构建起后资本主义的世界，人类在数字化应用领域的不同价值观及文化，以及各国政治经济体制等因素"[3]。

总之，大数据作为推动经济社会转型的技术因素，对于一个国家的经济升级、社会进步、生活便捷、思维革新等具有重要的现实价值。面对大数据时代的现实境遇，社会主义意识形态建设应主动"与数偕行""借数决策""依数行事"，不断彰显主流意识形态的时代性、科学性和人民性，提升其引领力、凝聚力和吸引力。"他山之石，可以攻玉"，认真梳理和辩证认识西方学者关于科技与意识形态关系的理论思考、对数字资本主义的理性审视有利于我们全面认识大数据对我国社会主义意识形态建设的复杂影响，在趋利避害的基础上更好地发挥大数据技术的赋能作用。

---

① [英]克里斯蒂安·福克斯.大数据资本主义时代的马克思[J].罗铮，译.国外理论动态，2020（4）：12.

② Fuchs Christian，SebastianSevignani，"What is Digital Labour? What is Digital Work? What's their Difference? And why do these Questions Matter for Understanding Social Media?"Triplec：Communication，Capitalism&Critique，Vol.11，No.2，2013，p.258.

③ [日]此本臣吾编，[日]森健、日户浩之著.数字资本主义[M].野村综研(大连)科技有限公司，译.上海：复旦大学出版社，2020：8.

二、大数据嵌入意识形态建设的理论指南

党的十八大以来,以习近平同志为核心的党中央在积极顺应和主动引领我国大数据发展,加强和改善我国社会主义意识形态建设方面均提出了一系列新战略新论断新要求,为利用大数据加强和改善我国社会主义意识形态建设提供了根本性的理论指南。

(一)中国特色的大数据观

2012 年以来,以习近平同志为核心的党中央高度关注大数据的发展。习近平总书记在不同场合围绕大数据发展趋势、重要价值和战略部署等问题发表了一系列重要讲话,逐渐形成了具有中国特色的大数据观,为将大数据合理嵌入我国社会主义意识形态建设提供了重要的理论依据。

1.“大数据是信息化发展的新阶段”的趋势论

习近平总书记坚持马克思主义的科技观,将科技视为推动经济社会发展的变革力量。从一定意义来看,人类社会发展史就是一部科技进步史。“从社会发展史看,人类经历了农业革命、工业革命,正在经历信息革命。……信息革命则增强了人类脑力,带来生产力又一次质的飞跃,对国际政治、经济、文化、社会、生态、军事等领域发展产生了深刻影响。”[①]从 2010 年开始,美国率先将发展大数据上升为国家战略,建立了一系列相关机构和发布了大量相关战略性文件和法令。日本、韩国、英国、法国、新加坡等发达国家紧随其后,纷纷制定各自应对和引领大数据时代的国家战略。围绕海量数据与大数据分析应用的国际竞争日趋激烈,大数据作为新型战略资源的地位日渐彰显。

面对这一新的时代机遇,2012 年 12 月,习近平总书记在考察腾讯公司

---

① 习近平总书记在网络安全和信息化工作座谈会上的讲话[EB/OL].http://www.cac.gov.cn/2016-04/25/c_1118731366.htm.

数据平台建设时初步提出可以探索运用海量数据加强社会治理的新观点，指出："我看到你们做的工作都是很重要的，比如在这样的海量信息中，你们占有了最充分的数据，然后可以做出最客观、精准的分析。这方面对政府提供的建议是很有价值的。"① 2013年7月，习近平总书记在中国科学院的考察活动中强调如同工业时代的石油资源，浩瀚的数据海洋蕴含着巨大的商机和生产力。2014年2月，习近平在中央网络安全和信息化领导小组第一次会议上从提升国际竞争能力，增强国家软实力的视角强调了掌握信息资源的时代价值，指出："信息资源日益成为重要生产要素和社会财富，信息掌握的多寡成为国家软实力和竞争力的重要标志。"② 2015年6月，习近平总书记在考察贵阳大数据应用显示中心时进一步提出"我国大数据采集和应用刚刚起步，要加强研究，加大投入，力争走在世界前列"③的时代课题。2015年8月19日，国务院常务会议通过了《促进大数据发展行动纲要》，随后于8月31日正式印发了《促进大数据发展行动纲要》，标志着我国大数据战略的正式开启。2015年12月，习近平总书记在第二届世界互联网大会上指出"要大力实施网络强国战略、国家大数据战略、'互联网+'行动计划"④。2017年底，习近平总书记在第十九届中央政治局第二次集体学习时就事关我国大数据发展的一系列基本问题进行了系统部署。总之，面对日渐勃兴的大数据时代，习近平总书记做出了"大数据是信息化发展的新阶段"的重大论断。这一论断集中体现了以物联网、云计算、区块链、人工智能为代表的大数据时代对当今世界产生的深刻影响，反映了以习近平同志为核心的党中央对信息时代的新技术、新趋势、新潮流的敏锐观察、积极应对和主动引领的能力和水平。

---

① 习近平考察腾讯公司笑问马化腾微博粉丝多少[EB/OL].https://www.chinanews.com/gn/2012/12-14/4409613.shtml.

② 总体布局统筹各方创新发展 努力把我国建设成为网络强国[N].人民日报，2014-02-28(01).

③ 看清形势适应趋势发挥优势 善于运用辩证思维谋划发展[N].人民日报，2015-06-19(01).

④ 在第二届世界互联网大会开幕式上的讲话[N].人民日报，2015-12-17(02).

2."谁掌握了大数据技术,谁就掌握了发展的资源和主动权"的价值论

2013 年,习近平总书记在中国科学院考察工作时强调:"谁掌握了大数据技术,谁就掌握了发展的资源和主动权。"① 2019 年 5 月,习近平总书记向中国国际大数据产业博览会致贺信,强调:"当前,以互联网、大数据、人工智能为代表的新一代信息技术蓬勃发展,对各国经济发展、社会进步、人民生活带来重大而深远的影响。"②习近平总书记着重从经济转型、治理升级、民生改善、国家安全等方面强调了大数据的赋能作用。

首先,大数据不断提高我国经济的信息化、数字化和智能化水平,从而为引领经济高质量发展提供新动能。2018 年 1 月,习近平总书记在主持十九届中央政治局第三次集体学习时,对建设现代化经济体系提出了一系列新要求,强调:"要深化供给侧结构性改革,加快发展先进制造业,推动互联网、大数据、人工智能同实体经济深度融合。"③ 2018 年 4 月,习近平总书记在全国网信工作会议上进一步强调:"要发展数字经济,加快推动数字产业化,要推动产业数字化,要推动互联网、大数据、人工智能和实体经济深度融合,加快制造业、农业、服务业数字化、网络化、智能化。"④次日,他在致首届数字中国建设峰会的贺信中明确提出"加快数字中国建设"⑤的新理念。

其次,大数据赋能我国治理体系和治理能力现代化,是提升国家治理效能的新工具。"我们提出推进国家治理体系和治理能力现代化,信息是国家治理的重要依据,要发挥其在这个进程中的重要作用。……更好用信息化手

---

① 中共中央文献研究室.习近平关于科技创新论述摘编[G].北京:中央文献出版社,2016:76.

② 习近平向 2019 年中国国际大数据产业博览会致贺信[EB/OL].http://www.gov.cn/xinwen/2019-05/26/content_5394881.htm.

③ 深刻认识建设现代化经济体系重要性 推动我国经济发展焕发新活力迈上新台阶[N].人民日报,2018-02 -01(01).

④ 敏锐抓住信息化发展历史机遇 自主创新推进网络强国建设[N].人民日报,2018-04-22(01).

⑤ 习近平致首届数字中国建设峰会的贺信[EB/OL].http://www.xinhuanet.com/politics/leaders/2018-04/22/c_1122722225.htm.

段感知社会态势、畅通沟通渠道、辅助科学决策。"①再次,大数据是保障和改善民生、增进人民福祉的新技术和新手段。习近平总书记强调我国网信事业要体现以人民为中心的发展思想,大数据发展也不例外。他认为:"大数据在保障和改善民生方面大有作为。要坚持以人民为中心的发展思想,推进'互联网+教育'、'互联网+医疗'、'互联网+文化'等,让百姓少跑腿、数据多跑路,不断提升公共服务均等化、普惠化、便捷化水平。"②

最后,大数据时代要关注我国数据安全,捍卫我国数据主权。习近平总书记指出:"一些涉及国家利益、国家安全的数据,很多掌握在互联网企业手里,企业要保证这些数据安全。企业要重视数据安全。"③他还强调:"要切实保障国家数据安全。要加强关键信息基础设施安全保护,强化国家关键数据资源保护能力,增强数据安全预警和溯源能力"④。上述论断体现了习近平总书记对维护数据安全和数据主权的深入思考。

3."审时度势、精心谋划、超前布局、力争主动"的战略论

"大数据发展日新月异,我们应该审时度势、精心谋划、超前布局、力争主动,深入了解大数据发展现状和趋势及其对经济社会发展的影响,分析我国大数据发展取得的成绩和存在的问题,推动实施国家大数据战略。"⑤为顺应和引领大数据技术和产业发展,习近平总书记从战略目标、战略任务和战略体系三个方面制定了体现时代要求、符合中国国情的大数据战略。

---

① 习近平总书记在网络安全和信息化工作座谈会上的讲话[EB/OL].http://www.cac.gov.cn/2016-04/25/c_1118731366.htm.

② 审时度势精心谋划超前布局力争主动 实施国家大数据战略加快建设数字中国[N].人民日报,2017-12-10(01).

③ 习近平总书记在网络安全和信息化工作座谈会上的讲话[EB/OL].http://www.cac.gov.cn/2016-04/25/c_1118731366.htm.

④ 审时度势精心谋划超前布局力争主动 实施国家大数据战略加快建设数字中国[N].人民日报,2017-12-10(01).

⑤ 审时度势精心谋划超前布局力争主动 实施国家大数据战略加快建设数字中国[N].人民日报,2017-12-10(01).

首先，将大数据驱动创新发展确定为战略目标，提出"六要"目标。这就是要推动大数据技术产业创新发展，要构建以数据为关键要素的数字经济，要运用大数据提升国家治理现代化水平，要运用大数据促进保障和改善民生，要切实保障国家数据安全，还有各级领导干部要加强学习，懂得大数据，用好大数据，增强利用数据推进各项工作的本领。①

其次，将补齐大数据发展中的短板视为战略任务，提出"五个着重"的解决思路。这就是要着重解决大数据的基础设施相对薄弱问题，着重解决制约我国大数据发展的体制机制问题，着重解决"卡脖子"技术的自主创新难题，着重解决大数据战略全领域、全方位推进的难题，着重解决大数据在各领域的应用难题。

最后，构建一体化的国家大数据战略体系。习近平总书记发表的关于大数据的系列重要讲话和国务院印发的《促进国家大数据发展行动纲要》等政府文件提出构建"六位一体"的战略体系，即构建大数据开放共享体系、技术创新体系、人才培养体系、平台建设体系、发展保障体系、国际合作体系等。

总之，党的十八大以来，面对大数据时代的发展趋势，以习近平同志为核心的党中央立足信息技术发展前沿，审时度势、积极应对，辩证看待大数据给我国经济社会发展带来的机遇和挑战，将大数据视为治国理政的技术手段与重要资源，把发展大数据提升为国家战略，提出建设网络强国、数字中国的战略任务，以期更好地解决大数据赋能我国各项事业创新发展的时代课题。作为党的一项极端重要的工作，我国社会主义意识形态建设更应主动接触大数据、认识大数据、应用大数据、引领大数据，从而不断更新建设理念、丰富建设内容和创新建设路径，实现党的意识形态工作提质增效。

---

① 审时度势精心谋划超前布局力争主动 实施国家大数据战略加快建设数字中国[N].人民日报,2017–12–10(01).

（二）新时代意识形态建设的守正创新

伴随着中国特色社会主义进入新时代，以习近平同志为核心的党中央在传承我们党高度重视意识形态工作优良传统的基础上，结合国际国内新的时代境遇，不断推进我国社会主义意识形态建设的守正创新。习近平总书记明确作出了"党的意识形态工作是一项极端重要的工作"的崭新论断，围绕新时代我国社会主义意识形态建设的战略意义、战略内容及战略举措，形成了内容丰富、系统完备的新时代社会主义意识形态建设思想。这为大数据时代我国社会主义意识形态建设提供了根本性的理论指南，其主要内容如下：

1.突出了新时代意识形态建设的战略意义

高度重视意识形态工作是我们党的一个光荣传统。党的十八大以来，尤其是在"8·19"重要讲话中，习近平总书记在党史上首次明确作出了"经济建设是党的中心工作，意识形态工作是党的一项极端重要的工作"[①]的崭新论断，提出了"两个巩固"的时代要求，认为"宣传思想工作就是要巩固马克思主义在意识形态领域的指导地位，巩固全党全国人民团结奋斗的共同思想基础"[②]。这就明确了新时代社会主义意识形态建设在党和国家全局工作中的战略定位和根本任务。具体而言，习近平总书记认为能否做好意识形态工作具有"三个事关"的重要意义。在党的新闻舆论工作会议上，习近平总书记进一步提出了"五个事关"的重要认识，认为做好党的新闻舆论工作是"事关旗帜和道路，事关贯彻落实党的理论和路线方针政策，事关顺利推进党和国家的各项事业，事关全党全国各族人民凝聚力和向心力，事关党和国家前途命运"[③]的大事情，这实际上也是对做好新时代党的意识形态工作重要意义的着力强调。上述观点反映了习近平总书记对新时代社会主义意识形态建

---

①　习近平.论党的宣传思想工作[M].北京:中央文献出版社,2020:14.

②　习近平.论党的宣传思想工作[M].北京:中央文献出版社,2020:14.

③　习近平谈治国理政(第二卷)[M].北京:外文出版社,2017:331-332.

设战略意义的深刻认知。具体而言,我们还可以从如下方面进一步理解。

首先,这是弘扬中国精神,实现中国梦的必然要求。中华民族伟大复兴不仅要有强大的物质力量作根本支撑,精神力量也不可或缺。习近平总书记强调:"人民有信仰、民族有希望,国家有力量。实现中华民族伟大复兴的中国梦,物质财富要极大丰富,精神财富也要极大丰富。"①其次,这是加强和改善党的领导,加强党的建设应有之义。高度重视并善于做好意识形态工作是我们党的传家宝。中国特色社会主义进入新时代,我国历史方位发生新变化,国内外发展环境更加复杂,尤其是思想文化战线上各种思潮交流交融交锋更为激烈。对此,习近平总书记强调:"要加强党对宣传思想工作的全面领导,旗帜鲜明坚持党管宣传、党管意识形态。"②同时,我们党面临"四大考验、四大危险"的严峻挑战,针对有些党员干部患上"软骨病"的问题,习近平总书记强调全党要加强理论学习,补齐理想信念之"钙"。最后,这是凝心聚力,维护国家长治久安的战略选择。在"世界百年未有之大变局"的时代背景下,在追求中华民族伟大复兴中国梦和建设社会主义现代化的历史征程中,我国意识形态安全同时面临来自国内外的严峻挑战,在这个看似没有硝烟的战场到处都有暗潮涌动,各种反马克思主义、非马克思主义的社会思潮和价值观都在威胁我国主流意识形态的阵地。正如习近平总书记强调的:"新形势下,意识形态领域斗争复杂尖锐。历史和现实都警示我们,思想舆论阵地一旦被突破,其他防线就很难守得住。"③

2.丰富了新时代意识形态建设的战略内容

习近平总书记从"两个巩固"根本任务出发,提出一系列新观点、新论断和新要求,丰富了新时代社会主义意识形态的战略内容。在党的十九大报告

---

① 习近平.论党的宣传思想工作[M].北京:中央文献出版社,2020:132.

② 习近平.论党的宣传思想工作[M].北京:中央文献出版社,2020:342.

③ 习近平.论党的宣传思想工作[M].北京:中央文献出版社,2020:23.

中,习近平总书记对新时代我国社会主义意识形态建设作出了整体性的要求和全局性的部署,强调:"牢牢掌握意识形态工作领导权。意识形态决定文化前进方向和发展道路。必须推进马克思主义中国化时代化大众化,建设具有强大凝聚力和引领力的社会主义意识形态,使全体人民在理想信念、价值理念、道德观念上紧紧团结在一起。"①具体而言,我们可以从如下方面加以深刻理解。

首先,巩固马克思主义在意识形态领域的指导地位,掌握理论话语权。针对当前由于马克思主义理论研究和宣传中存在"三化"和"三失"问题而导致话语权不足的理论困局,习近平总书记强调:"对马克思主义的信仰,对社会主义和共产主义的信念,是共产党人的政治灵魂,是共产党人经受住任何考验的精神支柱。"②党的十八大以来,通过在全党开展践行党的群众路线教育实践活动,聚焦领导干部的"三严三实"专题教育活动,面向全体党员的"两学一做"学习教育及其常态化,"不忘初心、牢记使命"主题教育、党史学习教育等进一步坚定了全党的理想信念,有效克服了"三化"和"三失"问题。同时,党员干部的示范作用也有效引领了社会风气进一步好转,增强了社会主义意识形态在全社会的话语权和影响力。此外,习近平总书记还就构建中国特色哲学社会科学、改革教育工作尤其是加强学校思政课建设、引领文艺事业发展、做好新闻舆论工作、搞好党校工作等意识形态建设各个领域均发表了一系列重要讲话,对意识形态工作各个阵地作出了总体部署和周密安排。在党的十九届四中全会上,我们党明确了坚持马克思主义在意识形态领域的根本指导地位的根本制度,从而为加强和改善意识形态工作提供了根本性的制度保障。

其次,以培育和践行社会主义核心价值观为主线,深化主流意识形态的

---

① 习近平.论党的宣传思想工作[M].北京:中央文献出版社,2020:11.

② 习近平谈治国理政(第一卷)[M].北京:外文出版社,2018:15.

社会认同。核心价值观是意识形态的内核凝练和集中表达,体现了社会主义意识形态的本质要求。社会主义核心价值观作为全体中国人在价值观上的最大公约数,具有统摄人心、凝心聚力的社会整合功能,对治国理政具有重要的现实意义。习近平总书记认为:"一些国家发生社会动荡、政权更迭,很重要的一个原因就是核心价值体系混乱了,核心价值观受到了怀疑和否定。东欧剧变、苏联解体是这样,'阿拉伯之春'是这样,各式各样的'颜色革命'也是这样。"①此外,习近平总书记还从发挥优秀传统文化和红色革命文化对核心价值观的涵化作用,公民道德养成与价值观培育的双向互动等方面提出了培育和践行社会主义核心价值观的实现路径。

再次,作出了"过不了互联网这一关,就过不了长期执政这一关"②的重要判断,明确了新时代党的意识形态工作主阵地。面对人民群众工作、生活和学习的网络化转移,针对网络空间日益成为公共服务新平台的现实,习近平总书记认为"根据形势发展需要,要把网上舆论工作作为宣传思想工作的重中之重来抓"③的新论断,提出:"必须科学认识网络传播规律,提高用网治网水平,使互联网这个最大变量变成事业发展的最大增量。"④

从次,提出了提升文化软实力,增强国家话语权的时代课题。文化软实力是影响大国综合国力和国际竞争力的重要因素。进入新时代的中国不断走向世界舞台的中央,我国在"强起来"的历史性进程中,硬实力与软实力都要强起来。党的十大以来,我们党从追求"两个一百年"奋斗目标和实现中国梦的战略高度,更为强调文化自信,并认为其是"四个自信"中更为基础、广泛和深厚的自信。针对我国话语权与国力增长不匹配而导致我们在国际社会"挨骂"的话语困境,他认为:"落后就要挨打,贫穷就要挨饿,失语就要挨

① 习近平.论党的宣传思想工作[M].北京:中央文献出版社,2020:54.
② 习近平.论党的宣传思想工作[M].北京:中央文献出版社,2020:183.
③ 胸怀大局把握大势着眼大事 努力把宣传思想工作做得更好[N].人民日报,2013-08-21(01).
④ 习近平.论党的宣传思想工作[M].北京:中央文献出版社,2020:339.

骂。……经过几代人不懈奋斗,前两个问题基本得到解决,但'挨骂'问题还没有得到根本解决。争取国际话语权是我们必须解决好的一个重大问题。"①

最后,系统概括了做好新时代意识形态工作的方法论。作为一项系统工程,做好意识形态工作并非一件简单的事情。为此,习近平总书记提出要正确看待经济建设这一中心工作与意识形态工作的辩证关系,辩证对待意识形态工作党性和人民性的有机统一,坚持守正与创新的辩证统一,以正面宣传为主与坚决进行舆论斗争相结合,正确认识当代中国与客观认识世界的关系等一系列彰显战略思维、系统思维、底线思维、辩证思维的科学方法,为做好新时代党的意识形态工作提供了方法论指导。

3.明确了新时代意识形态建设的战略举措

首先,加强党对意识形态工作的集中统一领导,构建大宣传工作格局。习近平总书记要求:"做好宣传思想工作必须全党动手。"②为落实这一要求,一是构建了意识形态的制度体系。在明确坚持马克思主义在意识形态领域指导地位的根本制度基础上,习近平总书记从理论宣教体系、平台建设、实施马工程、改进学校三育人机制等方面作出了具体要求,逐渐构建起了系统完备的制度体系。二是落实好意识形态工作责任制。针对一段时期以来,党的意识形态工作边缘化、薄弱化的问题,习近平总书记强调:"各级党委要把做好意识形态工作摆在重要位置,加强组织领导,及时掌握意识形态形势和动态,对各种政治性、原则性、导向性问题要敢抓敢管,对各种错误思想必须敢于亮剑,帮助人们明辨是非,牢牢掌握意识形态工作主动权。"③为此,党中央相继出台了《党委(党组)意识形态工作责任制实施办法》和《党委(党组)网络意识形态工作责任制实施细则》等规章制度。三是以宣传思想部门的队

① 习近平.论党的宣传思想工作[M].北京:中央文献出版社,2020:159.

② 习近平.论党的宣传思想工作[M].北京:中央文献出版社,2020:18.

③ 习近平.论党的宣传思想工作[M].北京:中央文献出版社,2020:23.

伍建设为重点，动员全党全社会共同参与。一方面，宣传思想部门必须做到"守土有责、守土负责、守土尽责"，提升宣传思想部门的意识形态工作能力，形成一支专业化、素质高、本领强的人才队伍。习近平总书记强调："宣传思想部门工作要强起来，首先是领导干部要强起来，班子要强起来。各级宣传部门领导同志要加强学习、加强实践，真正成为让人信服的行家里手。"①另一方面，要"树立大宣传的工作理念"②，形成全党全社会齐抓共管、协调联动的大宣传格局，形成意识形态工作的多元合力。

其次，重视社会主义核心价值观的培育和践行，营造良好社会风尚。"历史和现实都表明，核心价值观是一个国家的重要稳定器，能否构建具有强大感召力的核心价值观，关系社会和谐稳定，关系国家长治久安。"③为此，以习近平同志为核心的党中央从立足优秀传统文化、弘扬红色文化、日常生活渗透、加强学校教育引导、家庭家教熏陶、发挥榜样力量、强化制度保障等视角提出了培育和践行社会主义核心价值观的战略举措。

再次，加快推进网络强国、数字中国建设，把"管网治网"作为意识形态建设工作的重中之重。高度重视网络舆论工作是新时代我国社会主义意识形态建设的鲜明特征。面对"网络空间是亿万民众共同的精神家园"的新局面，习近平总书记强调："要让主旋律和正能量主导报刊版面、广播电台、电视荧屏，主导网络空间、移动平台等传播载体，不能搞两个标准、形成'两个舆论场'。"④为此，习近平总书记提出要"管好用好互联网"的根本要求，并从我国网信事业要贯彻以人民为中心的发展思想，建设良好网络生态、尽快在核心技术上实现突破、增强互联网企业责任感、加强网络人才队伍建设，以及统筹安全和发展等视角对促进我国网络意识形态建设提出了新要求新思路。

① 习近平.论党的宣传思想工作[M].北京：中央文献出版社，2020：18.
② 习近平.论党的宣传思想工作[M].北京：中央文献出版社，2020：18.
③ 习近平.论党的宣传思想工作[M].北京：中央文献出版社，2020：54.
④ 习近平.论党的宣传思想工作[M].北京：中央文献出版社，2020：186.

最后，着力提高国家文化软实力，构建新时代社会主义意识形态的国际话语体系。一是，要通过走中国特色社会主义文化发展道路、推动文化事业全面繁荣、深化文化体制改革、发展文化产业、培育和践行社会主义核心价值观等举措为实现当代中国价值观对外传播夯实根基。二是，提出"不忘本来、吸收外来、面向未来"的基本思路，以马克思主义为统领，着力构建中国特色哲学社会科学体系，不断彰显我国意识形态建设的继承性、开放性、引领性。三是，坚持以"四个自信"为核心内容，不断推进马克思主义中国化时代化，展现中国特色社会主义的独特优势，有效应对西方意识形态的冲击和挑战。"我们有本事做好中国的事情，还没有本事讲好中国的故事？我们应该有这个信心！"[1]四是，加强国家传播能力建设，精心构建对外话语体系，塑造良好国家形象。面对国际舆论格局"西强我弱"局面尚未根本改变的时代背景，习近平总书记强调："增强对外话语的创造力、感召力、公信力，讲好中国故事，传播好中国声音，阐释好中国特色。"[2]他还进一步提出宣传阐释中国特色要做到"四个讲清楚"，在国际社会塑造"四个良好"的大国形象。

三、大数据嵌入意识形态建设的理论契合

大数据的技术特征与我国社会主义意识形态建设人民性、科学性与实践性的鲜明属性相互激荡、有机融合，呈现互嵌互构的内在关联属性，进一步彰显了大数据嵌入我国社会主义意识形态建设的理论契合。

（一）大数据与意识形态建设人民性的理论契合

追求人的自由全面发展是以马克思主义为指导的社会主义意识形态的理论特质和价值追求。与主张少数英雄人物决定人类历史发展的唯心史观

---

①　习近平.论党的宣传思想工作[M].北京：中央文献出版社，2020：121.

②　习近平.论党的宣传思想工作[M].北京：中央文献出版社，2020：50.

相比,马克思主义始终认为人民群众是人类历史的真正主人,是社会物质财富、精神财富的创造者和推动人类社会变革的根本力量。正如马克思恩格斯在《共产党宣言》中指出:"过去的一切运动都是少数人的,或者为少数人谋利益的运动。无产阶级的运动是绝大多数人的,为绝大多数人谋利益的独立的运动。"①由此观之,人民性彰显了社会主义意识形态的本质属性,体现了其鲜明的理论特质和价值取向。实质而言,以马克思主义为指导的社会主义意识形态是代表普罗大众根本利益的理论主张和思想武器,反过来说,这一理论武器也对无产阶级及其广大人民群众追求自身解放具有极其重要的指导意义。正如马克思形象地指出:"哲学把无产阶级当做自己的物质武器,同样,无产阶级也把哲学当做自己的精神武器。"②

人民至上是我国社会主义意识形态的根本立场和核心观点。就我国社会主义意识形态建设而言,就是我们党领导人民群众在中国特色社会主义建设的实践探索中,坚持把马克思主义的立场观点方法与面临的时代特征、我国具体实际及中华优秀传统文化融会贯通,不断推进马克思主义中国化时代化的理论成果和实践过程,代表着最广大人民群众的理论诉求和最广泛深厚的社会认同,彰显了党性和人民性的有机统一。"意识形态的人民性是指中国共产党以马克思主义的立场、观点和方法为指导,坚持以人为本,以民为本,把实现好、维护好、发展好最广大人民的根本利益作为意识形态建设的出发点和落脚点,这也是对于马克思主义政党的根本要求。"③由此可见,社会主义意识形态建设的根本之道便在于坚持人民性与党性的辩证统一。党的十八大以来,以习近平同志为核心的党中央高度重视意识形态建设

---

① 马克思恩格斯文集(第二卷)[M].北京:人民出版社,2009:42.

② 马克思恩格斯文集(第一卷)[M].北京:人民出版社,2009:17.

③ 邹绍清.论意识形态的党性和人民性统一及其实践路径——兼论思想政治教育创新的实践导向[J].马克思主义研究,2014(7):82.

的人民属性，从明确人民对美好生活的向往就是我们的奋斗目标、提出彰显家国情怀中国梦、重申人心是最大的政治、强调哲学社会科学要坚持以人民为中心的研究导向、主张人民是文艺创作的源头活水等重要论断和话语表达中，我们可以深刻感受到当代中国社会主义意识形态建设鲜明的"人民话语"和坚定的"人民立场"。

进入 21 世纪以来，伴随计算机、互联网和智能手机的普及，信息呈现爆炸性增长的趋势，人类社会逐渐跃入大数据时代。大数据开启了一场记录一切的数据革命。今天，伴随大数据技术的不断进步和广泛应用，以人民群众为主体的生产生活实践逐渐呈现一种"一切皆数"的新态势。在大数据时代，人类的一切行为都可以或者有可能被各种传感器、移动终端、智能设备随时随地记录并转化为数据。"普适记录"成为常态，人类社会迎来了"数文明"的新时代。大数据在促进人类经济活动网络化、智能化的同时，"数据引发的变化还向社会治理和个人生活领域全面拓进，它涉及社会生活的方方面面，将会推动整个社会进入文明新状态，改变社会的全貌。……数据的力量正在重塑整个社会甚至人类的天性"①。从马克思主义的视角来看，我们可以将大数据视为人民群众实践活动和思想意识在信息化发展新阶段的数字化呈现和镜像表达。同时，大数据更是互联网时代的一种新型生产资料。海量数据广泛渗透于我国经济社会发展的方方面面，成为推动我国经济转型升级，赋能"中国制造"，助力"互联网+"和"大众创业，万众创新"活动，建设"数字中国"的新动能。从现实影响而言，大数据确实已经成为引领我国经济变革、社会治理、民生改善的新利器。从社会主义意识形态建设的视角来看，大数据成为彰显其人民性的新技术和新工具。一方面，大数据为加强和改善我国社会主义意识形态建设提供了多元化的互动平台和沟通方式。党和政府机关、社

___

① 涂子沛.数文明：大数据如何重塑人类文明、商业形态和个人世界[M].北京：中信出版社，2018：XIII.

会组织乃至个体公民均可以利用大数据向意识形态部门提供实时的信息反馈、需求表达与政策建议，有助于不断提升意识形态建设的时代化、民主化、科学化；另一方面，上述建设主体作为网络节点，其价值诉求和意识形态倾向可以被大数据收集并智能分析，为社会主义意识形态建设的发展趋势、预测研判、实效评估等提供海量可信的数据支持。此外，大数据作为信息化发展的新阶段，在推动人类社会生产生活变革的同时，也隐含"数据鸿沟""数据隐私""数据霸权""数据安全"等风险挑战。大数据工具理性的极度扩张也亟须主流价值的引导和规范，我国社会主义意识形态在引领和规范大数据健康发展中发挥着不可替代的重要作用。由此可知，人民性原则是大数据嵌入我国社会主义意识形态建设的必然要求。

（二）大数据与意识形态建设科学性的理论契合

"社会主义意识形态是科学的意识形态，这是它与以往一切旧意识形态的根本区别，是我们今天进行意识形态建设的理论基础和逻辑起点。"[1]从科学社会主义诞生伊始，马克思恩格斯就将自己的理论与以往一切旧哲学进行了严格区分。基于对资本主义意识形态批判和当时思想论战的现实需要，马克思恩格斯更多时候是将"意识形态"视为"虚假意识"，而将自己的理论称之为"科学社会主义""共产主义意识""历史唯物主义"等。而当资本主义由自由竞争发展到帝国主义阶段时，列宁通过领导十月革命并取得胜利，在帝国主义链条中最薄弱的一环打开了缺口，在俄国建立了世界上第一个社会主义国家，打破了资本主义制度一统天下的旧格局，开辟了人类文明史的新纪元。基于维护无产阶级专政与促进社会主义建设的时代需要，列宁将意识形态由一个否定性的概念转变为一个描述性概念。"一句话，任何意识形态都是受历史条件制约的，可是，任何科学的意识形态（例如不同于宗教的意识形态）都和客

---

① 李英田.科学理解社会主义意识形态的"科学性"——新时期社会主义意识形态建设的一种方法论考量[J].思想理论教育，2008（21）：27.

观真理、绝对自然相符合，这是无条件的。"①列宁认为代表无产阶级利益的社会主义意识形态是"科学的意识形态"，由此明确提出了加强社会主义意识形态建设的历史使命。就我国社会主义意识形态建设而言，其科学性主要体现在：

首先，坚持人民至上的科学立场。社会主义意识形态从创立之初就旗帜鲜明地展现出致力于实现无产阶级和全人类解放的理论特质。马克思恩格斯认为无产阶级的历史地位和历史使命使得无产阶级的阶级利益与人类的根本利益在本质上是一致的。因为，人民群众自身就是社会主义意识形态实践活动中的主体力量，反过来，社会主义意识形态建设的价值归宿必然是人民意志的集中体现。正如恩格斯所言："科学越是毫无顾忌和大公无私，它就越符合工人的利益和愿望。"②

其次，凝聚时代精华的科学内容。作为社会主义意识形态精髓和灵魂的马克思主义理论，本身就是时代精神的精华，是人类文明的集大成者。马克思主义哲学、政治经济学和科学社会主义三大部分相辅相成、有机融合，共同构成了一个内容丰富、结构完备的科学理论体系。列宁认为马克思主义的科学性源自对德国古典哲学、英国政治经济学与法国空想社会主义的合理继承与创新发展，并指出："马克思学说具有无限力量，就是因为它正确。它完备而严密，它给人们提供了决不同任何迷信、任何反动势力、任何为资产阶级压迫所作的辩护相妥协的完整的世界观。"③

最后，辩证唯物主义的科学方法。马克思主义主张看待任何事物都应坚持联系的、发展的、全面的基本观点。经典作家始终强调我们的理论不是教条，而是行动的指南；不但是证明的工具，而且是研究的方法。这就决定了社会主义意识形态并没有终结或者穷尽真理，而是开辟了认识真理和接近真

①　列宁选集(第二卷)[M].北京：人民出版社，2012:96.
②　马克思恩格斯选集(第四卷)[M].北京：人民出版社，2012:265.
③　列宁专题文集　论马克思主义[M].北京：人民出版社，2009:67.

理的新道路,其始终是一个与时俱进、开放包容、不断创新的理论体系,具有旺盛的生命力和鲜明的科学性。

由上可知,我国社会主义意识形态建设的科学性主要体现在其科学立场、内容和方法上。大数据时代的来临,与上述三个方面产生了有机融合。首先,从科学立场而言,在"万物皆数"的大数据时代,"一切皆可量化"成为世间万事的新表征,甚至人本身也将从"肉身人"转变为"数据人"。"大数据不仅意味着所有小数据联通为一个整体,而且意味着数据管理范围的拓展:不仅自然界实现了数字化、社会实现了数字化,而且人本身也实现了数字化。"①在大数据时代,大数据将赋能人的物质精神需要分析的定量化、精准化、科学化,"数字的本质是人,数据挖掘就是在分析人类族群自身"②。这就意味着我国社会主义意识形态建设可以借助大数据技术更好感知、分析乃至预测人民群众的实践所需、思想所惑、情感所依、理论所求,从而进一步推进主流意识形态时代内涵的供给侧改革,提升其宣教效果的精准度和针对性。

其次,从科学内容而言,正如有学者所言:"我们正在进入大数据时代,这一时代具有的信息性、预测性、相关性、参与性等特征,都将推动社会主义的发展。"③大数据技术的广泛应用将提高生产社会化程度和提升生产方式的共享程度,将使经典作家设想的资源配置的计划方式由科学设想变成现实可能,将改变人们的生活方式,有效减少必要劳动时间从而助力政治民主化和丰富人们精神文化生活、密切人们交往和赋能社会治理现代化、增强人们进取精神、时间观念和竞争意识等。

总之,大数据将为我国社会主义意识形态建设增添新的时代内容。从科学方法而言,大数据的兴起为我国社会主义意识形态建设提供了新的科学方

---

① 马拥军.大数据与人的发展[J].哲学分析,2018(1):109.
② [英]克伦普.数字人类学[M].郑元荟,译.北京:中央编译出版社,2007:28.
③ 秦宣.大数据与社会主义[J].教学与研究,2016(5):10.

法。正如图灵奖得主吉姆·格雷认为"数据密集型"的大数据研究范式是继"实验科学"（experimental science）、"理论科学"（theoretical）和"计算科学"（computational science）之后的"第四范式"。他指出："这种数据密集型科学技术是如此的与众不同，以至只得将其与计算机科学相区分，作为科学探索的新的第四范式。"①在今天"量化一切"的大数据时代，"数据驱动"已成为引领哲学社会科学研究方法创新和研究范式变革的重要技术因素。

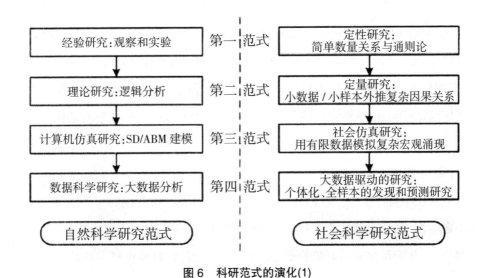

图6　科研范式的演化(1)

就我国社会主义意识形态建设而言，我们要在传承好谈话交心、实证调研、深度访谈、个案分析等传统方式的基础上顺应网络化、数据化、智能化的发展趋势，提升社会主义意识形态建设的科学化程度。同时，大数据方法因其经验主义的本质容易贬低理论假说的建构意义，导致工具理性的极度扩张，因而更需要发挥主流意识形态的社会定位和价值导向作用。对此，有学者强调数据如果脱离了具体的社会语境，将难以形成真正的知识和正确的认

① J.，Gray，"One Science：A Transformed Scientific Method".InT.Hey，S.Tansley，K.Tolle，（eds.），The FouthParadigm：Data Intensive Scientific Discovery[M]，Microsoft Corporation，2009：XIX.

识,因为"原始数据并不是自我解释的(self-explanatory)","脱离了具体语境,大数据就失去了其意义"。①综上,科学性原则体现了大数据嵌入我国社会主义意识形态建设的理论契合。

(三)大数据与意识形态建设实践性的理论契合

马克思主义认为意识形态并没有自己独立的历史,从归根结底的意义上讲,意识形态是由打上人的烙印的社会实践所决定的。正如马克思所言:"社会生活在本质上是实践的。凡是把理论诱入神秘主义的神秘东西,都能在人的实践中以及对这种实践的理解中得到合理的解决。"②马克思恩格斯认为意识形态批判不能只是在思想领域兜圈子,而要看到其社会实践基础。"思想从来也不能超出旧世界秩序的范围:在任何情况下它都只能超出旧世界秩序的思想范围。思想根本不能实现什么东西。为了实现思想,就要有使用实践力量的人。"③他们在《德意志意识形态》中集中探讨了人的实践活动对意识形态的决定作用。"道德、宗教、形而上学和其他意识形态,以及与它们相适应的意识形式便不再保留独立性的外观了。它们没有历史,没有发展……不是意识决定生活,而是生活决定意识。"④ 1859 年 1 月,马克思在为《政治经济学批判》第一分册作序时则对唯物史观进行了集中概括,对意识形态的社会实践本质进行了经典说明。当然,马克思主义对意识形态实践本质的揭示并非仅仅是为了进行理论解读,其根本目的还是在于回到实践,在于为无产阶级获得自身解放提供先进的思想武器。这就进一步明确了意识形态与人民群众社会实践的辩证关系,凸显了意识形态在推动社会变革中的思想引领意义。

实践性是社会主义意识形态的本质属性。"社会主义意识形态建设是现

---

① Danahboyd&Kate Crawford. Critical questions for big data-Provocations for a cultural,technological,and scholarly phenomenon[J].Information,Communication & Society,2012(5):657-670.
② 马克思恩格斯选集(第一卷)[M].北京:人民出版社,2012:139-140.
③ 马克思恩格斯全集(第2卷)[M].北京:人民出版社,1957:152.
④ 马克思恩格斯选集(第一卷)[M].北京:人民出版社,2012:152.

实形态和信仰形态的统一，现实指向是加强社会主义意识形态建设一个重要维度。"①就我国社会主义意识形态建设而言，丰富而鲜活的社会实践要求我国社会主义意识形态应该不断由传统的宏大叙事向现实的生活世界维度延伸。诚如马克思所言："'思想'一旦离开'利益'，就一定会使自己出丑。"②始终代表并不断满足广大人民群众的现实利益彰显了我国社会主义意识形态建设的价值旨归和根本立场。"在一切社会形式中都有一种一定的生产决定其他一切生产的地位和影响，因而它的关系也决定其他一切关系的地位和影响。这是一种普照的光，它掩盖了一切其他色彩，改变着它们的特点。"③在马克思看来，先进的科学技术就像"普照的光"，对一定时期的经济社会发展具有强大的驱动力和广泛的辐射性，能够在很大程度影响和改变一定时期的社会存在和社会意识，是引领一个时代的标志物。英国演化经济学家卡萝塔·佩蕾丝认为，从 18 世纪末到 21 世纪最初 10 年的经济增长先后经历了五个不同的阶段，相应地产生了"五次技术革命"④。其中，前四次技术革命，即以机器的应用为代表的工业革命已呈现愈发明显的数据化趋势。以信息和远程通信革命为代表的第五次技术革命则真正使人类社会进入信息化的新阶段，人类的物质生产、社会交往及日常生活都被信息化、数据化了。"大数据时代，一切存在和关系都被数字化、数据化、编码化，数字、编码成为最强烈的时代符号。"⑤大数据技术赋予了人类以数据、信息干涉和改造物质世界和虚拟空间的强大的实践能力。大数据通过对人类世界的深度嵌入和广泛影响，重塑人们对客观世界和现实社会的新认知。作为人类社会生活实践

① 刘峰，张秀勤.社会主义意识形态实践品质的现实困境与建设路径[J].河海大学学报(哲学社会科学版),2016(3):8.

② 马克思恩格斯全集(第 2 卷)[M].北京:人民出版社,1957:103.

③ 马克思恩格斯选集(第二卷)[M].北京:人民出版社,2012:707.

④ 中共中央文献研究室.习近平关于科技创新论述摘编[G].北京:中央文献出版社,2016:76.

⑤ 余乃忠.大数据时代的实践论转向[J].天津社会科学,2017(1):41.

领域的虚拟世界和现实世界,以大数据技术支持下的数据化、信息化的实践活动为基础,融合并统一于信息社会中人的社会生活。

总体而言,从网络时代到数字时代再到大数据时代,数据的作用逐渐从描绘现实朝着改变现实进而朝着引领现实转变,信息技术也由最初经济发展的辅助手段逐渐演变为引领经济社会发展的核心引擎。可以说,大数据正在成为助力人类思维方式变革和探知客观规律、改造自然和社会的新手段。2013 年 7 月,习近平总书记在中国科学院考察时指出,大数据是工业社会的"石油"资源,谁掌握了数据,谁就掌握了主动权。①在大数据时代,我国社会主义意识形态建设应主动顺应和积极应用大数据技术,从而不断实现自身的创新发展。

综上,大数据与我国社会主义意识形态建设的人民性、科学性和实践性均存在密不可分的内在关联性。大数据嵌入我国社会主义意识形态建设具有理论上的契合性和可能性,这为我们进一步深化与拓展大数据时代社会主义意识形态建设研究提供了必要的逻辑前提与坚实的理论基础。

---

① 中共中央文献研究室.习近平关于科技创新论述摘编[G].北京:中央文献出版社,2016:76.

第四章 大数据嵌入我国社会主义意识形态建设的优势条件

系统总结大数据嵌入我国社会主义意识形态建设的优势条件有助于解决大数据赋能我国社会主义意识形态建设"何以必然"的现实可行性问题。在"当代中国"这一特定时空境遇下,坚持党的领导和共享发展理念分别为大数据嵌入我国社会主义意识形态建设提供根本的政治保证和坚定的价值立场。这充分彰显了大数据嵌入我国社会主义意识形态建设的独特优势。此外,独一无二的大数据规模优势、快速发展的大数据产业、不断完善的大数据相关法规及初具萌芽的大数据文化等反映了我国大数据发展的现实成效,其也为大数据嵌入我国社会主义意识建设提供了诸多有利因素。

一、党的领导是意识形态建设的根本政治保证

"办好中国的事情,关键在党。"①在当代中国语境中,不论是积极引领和

---

① 习近平谈治国理政(第二卷)[M].北京:外文出版社,2017:43.

促进大数据发展，还是加强和改善我国社会主义意识形态建设都离不开党的领导。坚持党的领导能够为大数据嵌入我国社会主义意识形态建设提供根本的政治保证。

（一）重视对意识形态工作的领导是党的光荣传统

高度重视并善于做好意识形态工作是中国共产党的一项光荣传统和基本经验。就功能而言，意识形态工作承担为特定阶级进行利益辩护的使命担当。本质上，主流意识形态是一定社会中统治阶级的价值观念和理论体系。"统治阶级的思想在每一时代都是占统治地位的思想。这就是说，一个阶级是社会上占统治地位的物质力量，同时也是社会上占统治地位的精神力量。"①意识形态建设事关政党的生死存亡，是政党合法性的重要来源。

中国共产党诞生伊始，在党的一大选举产生的中央局中，陈独秀为总书记，张国焘为政治委员，而李达则是宣传委员。可见，我们党从一开始就高度重视意识形态工作。1923 年 11 月，党的三届一中全会在上海召开，会议通过的《教育宣传问题议决案》明确提出："共产党员人人都应是一个宣传者，平常口语之中须时时留意宣传。"②在新民主主义革命时期，我们党形象地将做好意识形态工作称为抓好"笔杆子"。在没有自己的武装力量之前，抓"笔杆子"是党的工作中最重要的抓手，是党的建设中的重中之重。即使党的八七会议明确了抓"枪杆子"的重要性之后，"笔杆子"依旧被视为党的一项极为重要的工作。1928 年 10 月，毛泽东强调要"左手拿宣传单，右手拿枪弹"③。1942 年 7 月，毛泽东在写给刘少奇的信中强调："掌握思想领导是掌握一切领导的第一位。"④可以说，"枪杆子"和"笔杆子"共同构成了我们党在新民主

---

① 马克思恩格斯选集（第一卷）[M].北京：人民出版社，2012：178.

② 中宣部办公厅，中央档案馆研部.中国共产党宣传工作文献选编（1915—1937）[G].北京：学习出版社，1996：562.

③ 中国井冈山干部学院编.井冈山斗争时期文献导读[M].北京：党建读物出版社，2015：38.

④ 毛泽东文集（第二卷）[M].北京：人民出版社，1993：435.

主义革命时期战胜一切内外敌人的重要武器。

新中国成立后，我们党开启了从一个革命党向执政党并在中国长期执政的地位转变，毛泽东更是从治党治国的战略高度将意识形态工作摆到了极端重要的位置，旗帜鲜明地提出坚持党管宣传、党管意识形态的根本原则。在社会主义革命和建设时期，以马克思主义为指导的社会主义意识形态逐渐成为党和国家的主流意识形态。毛泽东强调："领导我们事业的核心力量是中国共产党。指导我们思想的理论基础是马克思列宁主义。"[①]他还用"生命线""灵魂""统帅"等形象化的话语方式强调做好意识形态工作之于其他各项工作的统摄作用和领导意义。同时，毛泽东认为，"思想政治工作，各个部门都要负责任"[②]，突出了全党抓意识形态工作的理念。1962年9月24日，毛泽东在党的八届十中全会上的讲话中更是将意识形态工作提升到事关党和国家生死存亡的高度来看待，"凡是要推翻一个政权，总要先造成舆论，总要先做意识形态方面的工作。革命的阶级是这样，反革命的阶级也是这样"[③]。

改革开放和现代化建设新时期以来，针对党和国家工作重心转移后党内滋生的极端重视经济建设而有意无意轻视意识形态工作的错误倾向，一方面，邓小平强调"发展才是硬道理"的根本主张，认为意识形态工作要为经济建设服务，而不能干扰和冲击它。另一方面，邓小平也提醒全党要加强对意识形态工作的关注与领导，"在工作重心转到经济建设以后，全党要研究如何适应新的条件，加强党的思想工作，防止埋头经济工作、忽视思想工作的倾向"[④]。针对因忽视意识形态建设而导致资产阶级自由化泛滥的严重问题，邓小平认为："每个共产党员，更不必说每个党的思想理论工作者，决不

---

① 毛泽东文集(第六卷)[M].北京:人民出版社,1999:350.

② 毛泽东文集(第七卷)[M].北京:人民出版社,1999:226.

③ 中共中央文献研究室.建国以来毛泽东文稿(第十册)[M].北京:中央文献出版社,1996:194.

④ 邓小平文选(第三卷)[M].北京:人民出版社,1993:48.

允许在这个根本立场上有丝毫动摇。如果动摇了这四项基本原则中的任何一项,那就动摇了整个社会主义事业,整个现代化建设事业。"①此后,邓小平多次表达了"坚持四项基本原则的核心,是坚持共产党的领导"②的基本观点。世纪之交,面对世情国情党情的深刻变化,针对党内弱化意识形态工作的不良倾向,江泽民强调抓好意识形态建设是全党的工作,尤其是"党委书记主管思想政治和意识形态工作,这是我们党的一个好传统。各级党委书记都很忙,需要抓的大事确实不少,但是任何情况下都不能放松对思想政治和意识形态工作的领导"③。进入 21 世纪,我国改革开放进入关键期,呈现出"四个深刻"的显著变化,胡锦涛强调:"党管宣传、党管意识形态,是我们党在长期实践中形成的重要原则和制度,是坚持党的领导的一个重要方面,必须始终牢牢坚持,任何时候都不能动摇。"④

伴随中国特色社会主义进入新时代,从国际上看,"世界百年未有之大变局"的时代境遇使得世界范围内各种思想文化交流交融交锋更加频繁,西方国家的意识形态渗透更加隐秘而激烈;从国内而言,利益分化致使人们的价值观念多元多样多变渐成常态,主流意识形态引领和整合能力亟待提升。针对我国社会主义意识形态建设面临的新形势,习近平总书记对加强和改进党对意识形态工作的领导提出了明确要求。他强调做好宣传思想工作,除了宣传思想部门承担重任之外,"必须全党动手。各级党委要负起政治责任和领导责任,加强对宣传思想领域重大问题的分析研判和重大战略性任务的统筹指导,不断提高领导宣传思想工作能力和水平"⑤。2016 年 2 月,在党

① 邓小平文选(第二卷)[M].北京:人民出版社,1994:173.

② 邓小平文选(第二卷)[M].北京:人民出版社,1994:391.

③ 江泽民文选(第三卷)[M].北京:人民出版社,2006:96-97.

④ 胡锦涛.在全国宣传思想工作会上发表讲话[EB/OL].https://news.sina.com.cn/o/2003-12-08/07131284919s.shtml.

⑤ 习近平.论党的宣传思想工作[M].北京:中央文献出版社,2020:18.

的新闻舆论工作座谈会上,习近平总书记再次强调:"党管宣传、党管意识形态、党管媒体是坚持党的领导的重要方面。"①总之,党的十八大以来,以习近平同志为核心的党中央高度重视马克思主义及其中国化理论成果的学习和宣传,尤为重视习近平新时代中国特色社会主义思想的理论研究与宣传教育,多策并举不断推进意识形态人才、队伍、阵地、法规等建设,不断巩固马克思主义在意识形态领域的指导地位。《党委(党组)意识形态工作责任制实施办法》《党委(党组)网络意识形态工作责任制实施细则》《中国共产党宣传工作条例》等党内法规的发布实施,尤其是马克思主义在意识形态领域指导地位根本制度的确立为我国社会主义意识形态建设提供了坚实的制度保障。

(二)坚持党的领导是促进我国科技事业发展的根本政治保证

马克思主义创始人认为科技是生产力的必要构成和促进社会变革的重要动力。十月革命胜利后,列宁在领导俄国社会主义建设实践中特别重视先进的科学技术对巩固和发展社会主义制度的重要意义。他将共产主义视为由苏维埃政权所代表的社会主义和目前由电气化所代表的最先进科学技术的结合②,甚至将实现电气化视为"第二个党纲"。斯大林也认为无产阶级政党如果"不掌握科学是不能领导社会主义社会的建设的",否则就会出现"拙劣领导者的危险"③。

同样的,高度重视并积极引领科技事业发展也是中国共产党的一贯做法。对此,有学者指出:"中国共产党不但是用科学理论武装起来的政党,同时还是引领推动科技创新的先进政党。"④回顾百年党史历程,尤其是新中国成立后,中国共产党更是把领导和促进科技事业发展摆在治国理政的重要位置。1956年1月,在社会主义改造渐达高潮、我国即将进入社会主义制度

① 习近平.论党的宣传思想工作[M].北京:中央文献出版社,2020:181.

② 列宁全集(第40卷)[M].北京:人民出版社,2012:364.

③ 斯大林选集(上卷)[M].北京:人民出版社,1979:319.

④ 许可,郑宜帆.中国共产党领导科技创新的百年历程、经验与展望[J].经济与管理评论,2021(2):15.

的历史转折关头,党和政府明确提出了"向科技进军"的伟大号召。次年3月份,毛泽东在南京、上海党员干部会议上强调,我国正处在社会制度的转变时期,党和国家的工作重心也要实时转移,即"由阶级斗争到向自然界斗争,由革命到建设,由过去的革命到技术革命和文化革命"①。针对我国科技事业的落后局面,毛泽东提出:"科学技术这一仗,一定要打,而且必须打好。过去我们打的是上层建筑的仗,是建立人民政权、人民军队。建立这些上层建筑干什么呢? 就是要搞生产。搞上层建筑、搞生产关系的目的就是解放生产力。现在生产关系是改变了,就要提高生产力。不搞科学技术,生产力无法提高。"②针对少数右派分子对我们党能否领导经济建设和科技革命的质疑,毛泽东强调:"要学新本领,要真正懂得业务,懂得科学和技术,不然就不可能领导好。"③

改革开放之后,面对第三次科技革命对人类社会引发的全方位变革,针对我国科技事业发展现状与现代化建设目标存在的巨大差距,邓小平明确提出了"四个现代化,关键是科学技术的现代化"④"科学技术是第一生产力"⑤等重要论断,并且认为"科研工作能不能搞起来,归根到底是领导班子问题"⑥。1985年3月,党中央正式做出了《关于科学技术体制改革的决定》,其后"863"计划、火炬计划等国家级科技战略规划相继实施,我国科技发展的落后局面得以初步改变。党的十四届三中全会以来,针对世界各个国家在高科技领域竞争日趋激烈的时代境遇,以江泽民同志为主要代表的中国共产党人准确把握第三次科技革命的信息化本质,不断深化科技体制改革问题,进一步推动科技创新与现代化建设的有机融合。此时,《国家中长期科学技术发展纲

① 毛泽东文集(第七卷)[M].北京:人民出版社,1999:289.
② 毛泽东文集(第八卷)[M].北京:人民出版社,1999:351.
③ 毛泽东文集(第七卷)[M].北京:人民出版社,1999:350.
④ 邓小平文选(第二卷)[M].北京:人民出版社,1994:86.
⑤ 邓小平文选(第三卷)[M].北京:人民出版社,1993:274.
⑥ 邓小平文选(第二卷)[M].北京:人民出版社,1994:33.

领》《中华人民共和国科学技术进步法》《关于加速科学技术进步的决定》等
政策法规相继出台，"科教兴国""人才强国"国家战略依次提出。2001年7月
1日，江泽民在庆祝中国共产党成立80周年大会上的讲话中更是强调："科学
技术是第一生产力，而且是先进生产力的集中体现和主要标志。"①他认为大
力推动科技创新，不断用先进技术改造和提升国民经济，推动我国生产力跨
越式发展是我们党代表先进生产力发展要求必须履行的重要职责。进入21
世纪以来，以胡锦涛同志为主要代表的中国共产党人将"提高自主创新能力，
建设创新型国家"作为落实科学发展观和推进社会主义现代化建设的重要
抓手。我国依次颁布了《国家中长期科学和技术发展规划纲要（2006—2020
年)》《关于深化科技体制改革加快国家创新体系建设的意见》等政策，进一步
引领和推动了我国科技事业的接续发展。

　　总之，上述不同历史时期，我们党制定并实施了一系列推动科技事业发
展的国家战略，彰显了党对科技事业的重视程度并在不同时期引领了我国
科技工作的发展。这在很大程度上促使我国在世界高科技领域逐渐实现了
由跟跑到并跑，甚至在某些方面能够领跑的历史性跨越。

　　党的十八大以来，为了顺应和引领以新一代信息技术为主要标志的新一
轮技术革命和产业变革，服务于中华民族伟大复兴中国梦和建设社会主义现
代化强国的战略需要，以习近平同志为核心的党中央更加重视科技创新的驱
动作用，高度关注我国科技事业的发展问题。以习近平同志为核心的党中央
站在"科技兴则民族兴，科技强则国家强"的战略高度，作出"实施创新驱动
发展战略"的重大决策。面对我国发展的新常态和经济高质量发展的迫切需
要，习近平总书记提出"创新是引领发展的第一动力"的发展理念，提出要
"把创新摆在国家发展全局的核心位置"②的重要论断。经过几代人的接续努

---

① 江泽民文选(第三卷)[M].北京:人民出版社,2006:275.
② 习近平谈治国理政(第二卷)[M].北京:外文出版社,2017:198.

力,2020年我国正式迈入创新型国家行列。为了加强党对科技工作的领导,以习近平同志为核心的党中央积极推动科技体制改革,进一步激发科技创新活力,使其更好服务于我国经济发展方式的动能转化、党和国家治理现代化的改革目标。他强调:"科技创新要取得突破,不仅需要基础设施等'硬件'支撑,更需要制度等'软件'保障。"①为此,党和国家相继出台《中共中央国务院关于深化体制机制改革加快实施创新驱动发展战略的若干意见》《深化科技体制改革实施方案》《国家创新驱动发展战略纲要》《"十三五"国家科技创新规划》《深化党和国家机构改革方案》(注:将原来的科技部、国家外国专家局的职责整合,组建了新的科技部)、《国务院办公厅关于成立国家科技领导小组的通知》(注:将原来的国家科教领导小组调整为国家科技领导小组,负责研究、审议国家科技发展战略、规划及重大政策等工作)等一系列政策文件。针对我国即将开启全面建设社会主义现代化强国的新征程,2020年10月,党的十九届五中全会审议通过了《中共中央关于制定国民经济和社会发展第十四个五年规划和二○三五年远景目标的建议》(下文简称《建议》)。通览全文,创新是贯穿其中的关键词(依据词频检索,"创新"一词在全文中共出现47次)。展望2035年我国基本现代化的远景目标,《建议》提出"关键核心技术实现重大突破,进入创新型国家前列"的战略要求。正如习近平总书记所言:"今年是中国共产党成立一百周年。在革命、建设、改革各个历史时期,我们党都高度重视科技事业。"②历史和实践证明,坚持和改善党的领导是促进我国科技事业发展壮大的根本政治保证。

(三)党的领导在大数据嵌入意识形态建设中的优势体现

伴随以广泛感知和数据采集为特征的物联网、以数据储存和处理能力见

---

① 中共中央文献研究室.习近平关于科技创新论述摘编[G].北京:中央文献出版社,2016:59.

② 习近平.在中国科学院第二十次院士大会、中国工程院第十五次院士大会和中国科协第十次全国代表大会上的讲话[EB/OL].http://www.gov.cn/gongbao/content/2021/content_5616154.htm.

长的云计算、无处不在无时不在的泛在网络不断发展，以数据管理、挖掘、分析及应用为主要功能的大数据时代应运而生。《大数据时代：生活、工作与思维的大变革》一书的作者舍恩伯格和库克耶认为大数据在帮助人们获得新知、创造新价值、变革市场结构、优化政府服务等方面显示出其科技赋能的巨大价值，因而"大数据开启了一次重大的时代转型"[①]。面对大数据时代的来临，技术乐观主义者对大数据已然出现和可能带来的巨大变革给予了高度热情。大数据主义者认为我们可以通过量化一切的数据科学来实现对人类社会和客观世界的精准认知和科学把握。著名的 IT 评论人谢文在给舍恩伯格和库克耶的《大数据时代：生活、工作与思维的大变革》推荐序文中写道："大数据将逐渐成为现代社会基础设施的一部分，就像公路、铁路、港口、水电和通信网络一样不可或缺。但就其价值特性而言，大数据却和这些物理化的基础设施不同，不会因为人们的使用而折旧和贬值。……所以，维克托赞同许多物理学家的看法，世界的本质就是数据。"[②]由上观之，"数据反映一切，数据决定一切"的大数据拜物教倾向跃然纸上。

实际上，针对科技对人的异化现象，马克思早就进行过深刻揭示："在资本主义制度内部，一切提高社会劳动生产力的方法都是靠牺牲工人个人来实现的；一切发展生产的手段都转变为统治和剥削生产者的手段，都使工人畸形发展，成为局部的人，把工人贬低为机器的附属品，使工人受劳动的折磨，从而使劳动失去内容，并且随着科学作为独立的力量被并入劳动过程而使劳动过程的智力与工人相异化。"[③]针对各界人士对大数据的极端崇拜和盲目乐观，美国知名媒体评论人洛尔说道："大数据主义者认为，所有决策都

---

① ［英］维克托·迈尔·舍恩伯格，［英］肯尼思·库克耶.大数据时代：生活、工作与思维的大变革［M］.盛杨燕，等译.杭州：浙江人民出版社，2013：9.

② ［英］维克托·迈尔·舍恩伯格，［英］肯尼思·库克耶.大数据时代：生活、工作与思维的大变革［M］.盛杨燕，等译.杭州：浙江人民出版社，2013：9.

③ 马克思恩格斯全集（第44卷）［M］.北京：人民出版社，2001：743.

应当逐渐摒弃经验与直觉，并加大对数据与分析的倚重。……但是，我们必须注意到经验和直觉仍然占有一席之地。好的直觉其实就是大量数据的综合，只不过这些数据难以量化成数字罢了。"①因而，当我们在热情拥抱大数据的同时也应该对其潜在的负面效应抱以必要的警惕。习近平总书记提出："要全面提升技术治网能力和水平，规范数据资源利用，防范大数据等新技术带来的风险。"②从大数据的现实发展而言，大数据拜物教倾向对人的主体地位的冲击、技术与资本逻辑催生的平台企业对资本神话的推崇和核心价值观的离散、西方数据霸权对我国数据主权和网络意识形态安全的威胁等都体现了大数据时代我国社会主义意识形态建设面临的风险隐患。在当代中国语境中，大数据技术及其应用需要我国社会主义意识形态的正确引领和必要规制。

"在新一轮科技革命和产业变革大势中，科技创新作为提高社会生产力、提升国际竞争力、增强综合国力、保障国家安全的战略支撑，必须摆在国家发展全局的核心位置。"③面对方兴未艾的大数据时代，以习近平同志为核心的党中央给予了高度关注并就制定和实施国家大数据战略发表了一系列重要讲话。习近平总书记在参观腾讯公司、视察中国科学院、出席或者致信世界互联网大会等不同场合，在主持党的新闻舆论工作座谈会、网络安全和信息化工作座谈会、中共第十九届中央政治局第十二次集体学习（关注媒体融合问题），尤其是2017年12月，习近平总书记在第十九届中央政治局第二次集体学习时聚焦"国家大数据战略"问题，围绕引领我国大数据战略健康发展这一主题提出一系列富有前瞻性、系统性、创新性的理论观点。习近平总书记强调："大数据发展日新月异，我们应该审时度势、精心谋划、超前

---

① ［美］史蒂夫·洛尔.大数据主义［M］.胡小锐，等译.北京：中信出版社，2015：93-94.
② 习近平.论党的宣传思想工作［M］.北京：中央文献出版社，2020：357.
③ 中共中央文献研究室.习近平关于科技创新论述摘编［G］.北京：中央文献出版社，2016：30.

布局、力争主动,深入了解大数据发展现状和趋势及其对经济社会发展的影响,分析我国大数据发展取得的成绩和存在的问题,推动实施国家大数据战略,加快完善数字基础设施,推进数据资源整合和开放共享,保障数据安全,加快建设数字中国,更好服务我国经济社会发展和人民生活改善。"① 2020年10月29日,党的十九届五中全会通过的《中共中央关于制定国民经济和社会发展第十四个五年规划和二○三五年远景目标的建议》正式将"加快数字化发展",建设"数字中国"纳入其中,标志着我国大数据战略进入了新的发展阶段。

综上所述,正如习近平总书记在党的十九大报告强调:"党政军民学,东西南北中,党是领导一切的。"②坚持党的领导是中国特色社会主义最本质的特征和最大的优势。历史与现实告诉我们,不论是做好党的意识形态工作,还是促进我国大数据的健康发展都离不开党的坚强有力领导。科技与意识形态的内在关联性也启示我们,在大数据技术及其应用正在成为影响我国社会主义意识形态建设新的技术变量的时代背景下,不论是借助大数据推进意识形态工作的改革创新,还是以主流意识形态引领我国大数据在发展中树立"技术向善"的价值观念,规避大数据的技术风险,均需要我们党总揽全局、协调各方的领导核心地位和统筹协调功能的积极发挥。概言之,在"当代中国"这一特定时空境遇下,党的领导能够为大数据嵌入我国社会主义意识形态建设提供坚强有力的政治保证和政策支持,彰显了中国特色社会主义独特的政治优势。

---

① 习近平.实施国家大数据战略加快建设数字中国[EB/OL].http://www.xinhuanet.com/2017–12/09/c_1122084706.htm.

② 习近平.论党的宣传思想工作[M].北京:中央文献出版社,2020:3.

二、共享发展彰显了意识形态建设的价值立场

共享发展是中国特色社会主义的本质要求。在"当代中国"这一特定时空境遇中，坚持共享发展有助于彰显大数据嵌入我国社会主义意识形态建设以人民为中心的价值立场和价值取向。特别是在与西方大数据发展及其社会影响的比较中，共享属性更是凸显了大数据嵌入我国社会主义意识形态建设的特色所在，彰显了我国社会制度、发展理念和价值立场上的相对优越性。

(一)共享发展是中国特色社会主义的本质要求

"共享是中国特色社会主义的本质要求。必须坚持发展为了人民、发展依靠人民、发展成果由人民共享，作出更有效的制度安排，使全体人民在共建共享发展中有更多获得感，增强发展动力，增进人民团结，朝着共同富裕方向稳步前进。"①我们党认为坚持共享发展就是要做到人人共享、全面共享、共建共享与渐进共享，体现以人民为中心的发展思想。这一发展理念凸显了中国特色社会主义制度的显著优势。

众所周知，马克思主义创始人正是在深刻揭批资本主义制度难以克服的根本弊病和无法超越的制度局限基础上逐渐形成了以强调人民群众主体地位、注重发展社会生产力、主张生产资料共有、追求社会公平正义和实现人的真正解放为内核的马克思主义理论旨趣。早在《神圣家族》一文中，马克思恩格斯就强调："历史活动是群众的活动，随着历史活动的深入，必将是群众队伍的扩大。"②这一论断体现了马克思主义对人民群众历史地位的深刻

①　中共中央关于制定国民经济和社会发展第十三个五年规划的建议[EB/OL].http://cpc.peo-ple.com.cn/n/2015/1103/c399243-27772351.html.

②　马克思恩格斯文集(第一卷)[M]北京:人民出版社,2009:287.

认识和准确把握。生产力与生产关系、经济基础与上层建筑的辩证运动是推动人类社会历史发展的基本规律，也从根本上决定了社会主义终将取代资本主义的历史命运。马克思认为："社会的物质生产力发展到一定阶段，便同它们一直在其中运动的现存生产关系或财产关系（这只是生产关系的法律用语）发生矛盾。于是这些关系便由生产力的发展形式变成生产力的桎梏。那时社会革命的时代就到来了。随着经济基础的变更，全部庞大的上层建筑也或慢或快地发生变革。"①针对资本主义私有制造成人的异化的悲惨命运，马克思主义提出了以人的自由全面发展为价值归宿的共产主义社会理想。他在《1844年经济学哲学手稿》中强调："共产主义是私有财产即人的自我异化的积极的扬弃，因而是通过人并且为了人而对人的本质的真正占有。"②尤其是在《共产党宣言》中，马克思恩格斯更是将"自由人的联合体"视为未来社会的鲜明特征。

中国共产党一经诞生，就将为中国人民谋幸福，为中华民族谋复兴作为自己的初心使命，带领中国人民浴血奋战、百折不挠，取得了新民主主义革命的伟大胜利，建立了新中国，为实现人民幸福、共享发展奠定了最根本的社会历史条件。新中国成立后，中国共产党在推进马克思主义基本原理与中国实际"第二次结合"的历史探索中高度重视共同富裕的问题。在社会主义改造期间，毛泽东强调："这个富，是共同的富，这个强，是共同的强。"③当历史来到改革开放和社会主义现代化新时期，邓小平更是将"共同富裕"纳入社会主义本质的认识中，"社会主义不是少数人富起来、大多数人穷，不是那个样子。社会主义最大的优越性就是共同富裕，这是体现社会主义本质的一

① 马克思恩格斯选集(第二卷)[M].北京：人民出版社，2012:2-3.
② 马克思恩格斯全集(第3卷)[M].北京：人民出版社，2002:297.
③ 毛泽东文集(第六卷)[M].北京：人民出版社，1999:495.

个东西"①。特别是在邓小平南方谈话中,对社会主义本质进行高度概括时,强调了在解放和发展生产力的基础上"消灭剥削、消除两极分化,最终实现共同富裕"的根本目的。党的十八大以来,我们党更是将人民对美好生活的向往视为自己的奋斗目标。正如习近平总书记强调:"广大人民群众共享改革发展成果,是社会主义的本质要求,是我们党坚持全心全意为人民服务根本宗旨的重要体现。"②在建党百年的历史性时刻,我们党带领中国人民如期完成了全面建成小康社会的伟大壮举,在我国彻底消灭了绝对贫困问题,为真正实现共同富裕、满足人民对美好生活的向往奠定了更为坚实的实践基础和更为丰厚的物质前提。

(二)共享发展是加强和改善意识形态建设的必然选择

"历史是群众的活动,群众关心的主要不是理论本身多么完美、深奥,而在于理论能否反映群众的实际利益,利益是研究意识形态问题的逻辑基础和最基本、最初始的出发点。"③马克思恩格斯在揭批资本主义意识形态虚假性时强调:"每一个企图取代旧统治阶级的新阶级,为了达到自己的目的不得不把自己的利益说成是社会全体成员的共同利益,就是说,这在观念上的表达就是:赋予自己的思想以普遍性的形式,把它们描绘成唯一合乎理性的、有普遍意义的思想。"④从根本属性而言,上述论断也揭示了意识形态的利益本质。社会主义意识形态以鲜明的人民立场和科学的实践基础完成了对资本主义意识形态虚假性的超越与扬弃,彰显了科学性与人民性的有机统一。作为无产阶级争取自身彻底解放的思想武器,社会主义意识形态反

① 邓小平文选(第二卷)[M].北京:人民出版社,1994:364.
② 中共中央召开党外人士座谈会征求对中共中央关于制定国民经济和社会发展第十三个五年规划的建议的意见[N].人民日报,2015-10-31(01).
③ 李英田.利益变迁:意识形态创新的逻辑起点——对社会主义意识形态建设的一种方法论思考[J].理论与改革,2007(1):8.
④ 马克思恩格斯选集(第一卷)[M].北京:人民出版社,2012:180.

映和代表的是广大人民群众的根本利益。因而,坚持和践行共享发展便成为我国社会主义意识形态建设的必然选择。共享发展本质上是追求真正的公平正义,彰显了社会主义意识形态的人民属性,体现了其价值立场上的优越性。

伴随新时代我国社会主要矛盾的新变化,人民对美好生活的追求更加强烈,对公平正义的渴望更为迫切,能否始终做到发展依靠人民、发展成果由人民共享是事关党的执政地位能否巩固、国家能否长治久安及社会主义意识形态能否赢得人民真正接受和心理认同的根本性问题。从某种程度而言,共享发展理念的落实程度直接关系到我国社会主义意识形态的现实合法性问题。"所谓的合法性,就是政府基于被民众认可的原则的基础上实施统治的正统性或正当性。"①民众对主流意识形态的接受和认同是一个执政党和政府合法性的重要来源。从根本上来看,这种接受和认同又奠基于党和政府对民众利益的代表、维护和满足之上。正如毛泽东所言:"一切群众的实际生活问题,都是我们应当注意的问题。假如我们对这些问题注意了,解决了,满足了群众的需要,我们就真正成了群众生活的组织者,群众就会真正围绕在我们的周围,热烈地拥护我们。"②这就要求我们党在治国理政中应更加关注事关广大群众切身利益的社会热点、难点问题,真正做到想群众之所想、急群众之所急,解决人民群众面临的一系列重要现实问题。共享发展既反映了社会主义制度的本质属性,也彰显了社会主义意识形态人民性、科学性和实践性的有机统一,从根本上关乎主流意识形态的合法性问题。"历史上正反两方面的实践一次次证明:凡是意识形态能够切实维护、实现人们利益的时期,意识形态工作就能保持旺盛的生机与活力,就会具有吸引力和凝

---

① 燕继荣.政治学十五讲[M].北京:北京大学出版社,2004:144.
② 毛泽东选集(第一卷)[M].北京:人民出版社,1991:137.

聚力;凡是意识形态宣传背离人们利益的阶段,意识形态就成为无源之水,无本之木,无法赢得人们的认同,社会就会丧失吸引力和凝聚力。"①我国社会主义意识形态建设要想真正为人民群众所掌握,赢得人民群众接受和认同进而发挥其思想武器与黏合剂的重要作用,需要我们更好地贯彻落实共享发展的价值理念和实践要求。

(三)共享发展引领大数据嵌入意识形态建设的价值取向

"中国特色社会主义是社会主义而不是其他什么主义,科学社会主义基本原则不能丢,丢了就不是社会主义。"②科学社会主义基本原则构成了中国特色社会主义制度的理论内核,其中"共享发展"是理解科学社会主义基本原则的关键词,对此上文已做过详细阐释,不再复述。在"当代中国"这一特定时空境遇中,以共享发展理念引领大数据嵌入我国社会主义意识形态建设的价值取向,彰显了中国特色社会主义显著的制度优势。

大数据作为信息社会发展的新阶段,正在驱动客观世界和人类社会进入"万物皆数"的时代境遇。"所谓大数据就是数据规模发生了突变,它通过数据化的技术将事物及其状态表征为可以计算的数据,从而用数据来全面、精准地刻画物质世界。"③大数据的海量数据既是"物的数据化",即包括客体世界、劳动资料、劳动产品和科学技术等数化部分,也催生了"人的数据化"进程,即作为主体的人的知情意行等数化部分。"大数据来源于人们的社会实践活动,它是人的社会实践活动以数据化的形式呈现和表达,是人们的社会实践活动的真实镜像。"④从马克思主义视角来看,大数据就是作为主体的

① 吕世荣,谭培文."利益"研究是我国意识形态建设的基础[J].河南大学学报(社会科学版),2009(3):6.

② 中共中央文献研究室.十八大以来重要文献选编(上)[G].北京:中央文献出版社,2014:109.

③ 黄欣荣.大数据,透明世界与人的自由[J].广东社会科学,2018(5):86.

④ 吴朝文,景星维,张欢.国家治理中大数据智能化的价值、困境与实现路径[J].重庆社会科学,2021(10):73.

人的实践活动的数字表征。在中国特色社会主义的时空境遇中,大数据源自人民群众的实践活动,大数据也理应为人民服务,因而追求共建共享的价值理念便构成了中国特色大数据技术及应用的鲜明特征和实践要求。马克思在《资本论》中曾这样看待科技与意识形态的内在关联,"技术会揭示人对自然的能动关系,人的生活的直接生产过程,以及人的社会生活条件和由此产生的精神观念的直接生产过程"[①]。在大数据时代,我国社会主义意识形态建设成效与其能否关注并反映群众的切身利益密切相关。这也是我国社会主义意识形态真正成为"主流意识形态"的关键所在。习近平强调:"要运用现代信息技术,推进政务信息联通共用,提高政务服务信息化、智能化、精准化、便利化水平,让群众少跑腿。"[②]我国社会主义意识形态建设应主动利用大数据技术,对反映和承载群众实践和现实需求的海量性、多类型的数据进行收集、分析、挖掘和处理,依据地域、职业、性别、民族、学历等不同维度对目标受众进行"精准画像",通过构建不同的数据模型,为满足人们接受理论教育、深化理论认同、参与理论创新并正确运用理论解决现实问题提供全过程、全方位、高质量的理论供给和理论服务。"在大数据时代,数据不仅指现实空间的数字,还指通过大数据技术生成的存储在计算机和网络中的信息,包括数字、文本、图片、邮件、音频、视频等,这些图文并茂、形声并存的信息在形式上更加富有可读性和趣味性,在内容上能够更加具体和形象地呈现马克思主义理论信息,有利于增强理论教育的生机和活力,能够使马克思主义理论教育更好地贴近群众、贴近生活、贴近实际。"[③]

"共同富裕是社会主义的本质要求,是人民群众的共同期盼。我们推动

---

① 马克思恩格斯全集(第 23 卷)[M].北京:人民出版社,1972:410.

② 中共中央党史和文献研究院.习近平关于网络强国论述摘编[G].中央文献出版社,2021:27.

③ 苏星鸿.大数据文化助推马克思主义大众化的策略研究[J].社会主义核心价值观研究,2017(5):53.

经济社会发展,归根结底是要实现全体人民共同富裕。"①我国发展的历史和实践证明,中国特色社会主义制度是具有强大生命力和巨大优越性的先进制度,对共享发展的执着追求彰显了其鲜明的制度特征。与西方资本主义"资本至上"的价值观相对,追求"共享发展"理念凸显了大数据嵌入我国社会主义意识形态建设的显著制度优势和根本价值立场。在当今世界,大数据也正在推动西方资本主义制度的时代转型,有学者将这一新趋势称为"数据资本主义"②。大数据时代的到来,使得数据成为越来越重要的生产要素。在资本至上的西方社会,"从虚拟网络空间的用户活动到现实物理空间的人机交互,从大众日常生活到人类物质生产活动的方方面面,形成了前所未有的'生命政治公共域',蕴藏其中并呈现爆发式增长的海量数据,不经意间被资本统统收归囊中"③。即是说,个体用户生成的海量数据,在技术与资本的合谋和数字平台的垄断下,都转化为少数资本家追求利润最大化的"数据资本"。"数据资本"成为垄断资本家追求资本增殖和加重剥削压迫的新方式,平台经济催生的"数字劳工"或者"数据奴隶"成为数据资本主义价值创造的新源泉。这种"数据剥削"加剧了西方社会经济、政治、文化等诸多领域的危机,尤其是商业资本与政治权力催生的"数据暴政",例如斯诺登事件、剑桥分析丑闻、脸书泄露门等,不但没有给西方广大民众以真正的民主与自由,反而不断瓦解了资本主义社会所宣扬的"自由、平等、民主"等核心价值观。对此,有学者指出:"在西方发达国家正在发展着的大数据物联网生产体系,总体来说依然是'资本主义范式',但向'社会主义范式'转换的进程已被开启,共产主义由生产直接的社会性决定的'分享'作为'概念'正在向工艺上的'事实'

---

① 习近平.关于《中共中央关于制定国民经济和社会发展第十四个五年规划和二〇三五年远景目标的建议》的说明[N].人民日报,2021-11-04(01).

② [英]维克托·迈尔·舍恩伯格,[德]托马斯·拉姆什.数据资本主义[M].李晓霞,等译.北京:中信出版社,2018.

③ 黄再胜.数据的资本化与当代资本主义价值运动新特点[J].马克思主义研究,2020(6):127.

转变——由此可见习近平共享发展理念的重大时代意义:全民共建共享,是与当今大数据物联网生产方式发展大势最匹配的先进理念。"①在当代中国,社会主义制度的共享本质决定了我们发展大数据、应用大数据的根本目的在于满足人民美好生活的现实需要,不断增强人民群众的各方面福祉,让广大人民群众在大数据发展中拥有更多的获得感、幸福感、安全感。

此外,共建也是"共享发展"的内在要求和路径选择。共建共享的发展理念也彰显了中国特色社会主义制度"坚持全国一盘棋,调动各方面积极性,集中力量办大事的显著优势"②。当然,我国科技事业的发展也不例外。正如习近平总书记指出:"我国社会主义制度能够集中力量办大事是我们成就事业的重要法宝。我国很多重大科技成果都是依靠这个法宝搞出来的,千万不能丢了。"③由此,我国大数据技术及应用应充分发挥中国特色社会主义新型举国体制的制度优势。"新型举国体制是面向国家和人民重大战略需求,在党的领导下多元主体共同参与,综合运用政府和市场等资源配置手段,凝聚各方力量以完成既定任务的一种组织模式和运行机制。它是制度优势转化为治理效能的重要渠道,是集体主义价值逻辑、社会主义制度逻辑、长期实践历史逻辑和'两个大局'现实逻辑的有机统一。"④就大数据发展而言,我国大数据战略的制定和实施应始终坚持党的领导,充分发挥集中力量办大事的制度优势和社会主义市场机制的资源配置优势,在数字技术和数据要素优势的有机统一中,实现数据资源"取之于民、用之于民"的发展目标。习近

---

① 刘方喜."大机器工业体系"向"大数据物联网"范式转换:社会主义"全民共建共享"生产方式建构的重大战略机遇[J].毛泽东邓小平理论研究,2017(10):79.

② 中共中央关于坚持和完善中国特色社会主义制度 推进国家治理体系和治理能力现代化若干重大问题的决定[N].人民日报,2019-11-06(01).

③ 中共中央文献研究室.习近平关于科技创新论述摘编[G].北京:中央文献出版社,2016:48.

④ 谢宜泽,胡鞍钢.新型举国体制:时代背景、基本特征与适用领域[J].深圳大学学报(人文社会科学版),2021(4):18.

平总书记强调:"要坚持以人民为中心的发展思想,推进'互联网+教育'、'互联网+医疗'、'互联网+文化'等,让百姓少跑腿、数据多跑路,不断提升公共服务均等化、普惠化、便捷化水平。要坚持问题导向,抓住民生领域的突出矛盾和问题,强化民生服务,弥补民生短板,推进教育、就业、社保、医药卫生、住房、交通等领域大数据普及应用,深度开发各类便民应用。"①总之,只有坚持以共享发展为价值引领才能更好彰显大数据嵌入我国社会主义意识形态建设显著的制度优势和鲜明的价值立场。

三、大数据发展成效为其嵌入意识形态建设提供有利因素

当前,我国大数据发展成效初显,主要表现为数据规模不断扩大、数据产业日渐勃兴和数据文化初步萌生等。大数据发展成效为其嵌入我国社会主义意识形态建设提供了诸多较为有利的现实因素。

(一)大数据嵌入意识形态建设的数据规模优势

大数据之大,首要的和直接的显性特征便是数据规模之大。依据国际权威机构 Statista 自 2016—2019 年的统计数据,全球数据量在此期间分别呈现为 18ZB、26ZB、33ZB、41ZB, 预测 2020 年全球数据规模将达到 47ZB,到 2035 年这一数据将激增至 2142ZB。另外,据 2018 年 11 月国际知名数据公司 IDC 发布的《数据时代 2025》(*Data Age 2025*)报告显示,2018 年全球数据量为 33ZB,预计 2025 年全球数据量将达到 175ZB,其中我国将贡献 7.6ZB 的数据量,预计我国到 2025 年将激增至 48.6ZB,在全球数据规模中的占比将从 23.4% 提升至 27.8%,将超越 EMEA(欧洲、中东、非洲)和美国的数据

---

① 审时度势精心谋划超前布局力争主动 实施国家大数据战略加快建设数字中国[N].人民日报,2017-12-10(01).

量,成为世界第一数据大国。可以说,中国作为一个人口大国、制造业大国、互联网大国, 海量多元的数据生产主体将使我国成为全球名列前茅的数字资源大国和名副其实的数据中心。以人口因素为例,14 亿多的人口规模是我国发展大数据的最大优势。"人是社会的主体,也是整个社会中最核心、最活跃、最关键的因素,管理好人、服务好人是整个社会治理的目标、宗旨和主线。人的社会活动,也是数据的最大来源。"①中国信通院(CAICT)发布的《大数据白皮书(2016)》强调:"我国具有天然的大数据规模优势。信息技术与经济社会的交汇融合引发了数据迅猛增长, 数据成为物理世界在网络空间的客观映射,如同工业时代的钢铁、石油,已成为新的生产要素和战略资源。我国巨大的人口基数以及经济规模,具有形成大规模数据的天然优势。"

根据 2022 年 2 月中国互联网信息中心(CNNIC)发布的《第 49 次中国互联网络发展状况统计报告》,从网络基础设施而言,截至 2021 年 12 月,我国 IPv4 地址数量为 39249 万个,IPv6 地址数量达 63052 块/32, 移动通信网络 IPv6 流量占比已经达到 35.15%。在信息通信业方面,截至 2021 年 12 月,我国移动电话基站总数达 996 万个,互联网宽带接入端口数量达 10.18 亿个,光缆线路总长度达 5488 万千米,4G 基站为 590 万个,累计建成并开通 5G 基站数达 142.5 万个。就网民规模而言,我国网民规模达 10.32 亿人,互联网普及率达 73.0%,其中手机网民规模为 10.29 亿人,即时通信用户规模达 10.07亿人,网络视频(含短视频)用户规模达 9.75 亿人。超过 10 亿用户接入互联网,中国逐渐向全球规模最为庞大的、朝气蓬勃的数字社会不断迈进。在海量数据汹涌而至的大数据时代,"世界的数据化"成为信息时代的新趋势、新表征。"大数据标志着人类在寻求量化和认识世界的道路上前进了一大步。……拥

---

① 涂子沛.数文明:大数据如何重塑人类文明、商业形态和个人世界[M].北京:中信出版社, 241-242.

有大量的数据和更多不那么精确的数据为我们理解世界打开了一扇新的大门。"①以海量数据为基料的大数据已然成为助力人类经济社会发展和思维方式变革的重要因素。"大数据技术就是数字时代的'望远镜'或者'显微镜',使我们可以看到并计量之前我们一无所知的新事物。"②

在大数据时代,数据量的不断激增成为我国社会主义意识形态建设应用大数据的必要前提和资源优势。数据作为社会实践和生活世界的数字化呈现方式,数据的规模越大,对现实世界的呈现度越客观、越精准。"我们的出发点是从事实际活动的人,而且从他们的现实生活过程中还可以描绘出这一生活过程在意识形态上的反射和反响的发展。"③马克思在这段话中强调了从鲜活个体到人类一般、从丰富现象到社会本质的抽象归纳方法。但受制于时代和技术的局限,在资本主义工业文化刚刚起步之初,这种归纳方法只能从有限样本推断出真理性认识,且由于样本有限,所需的抽象能力就越高,得出正确认识的难度就越大,进而越容易形成形而上的思辨哲学。"在思辨终止的地方,在现实生活面前,正是描述人们实践活动和实际发展过程的真正的实证科学开始的地方。"④马克思对"现实的人"的强调和对社会实践的重视,充分证明马克思主义理论是科学性和人民性的有机统一。只有从现实的人的实践出发,尽可能多地占据感性材料,获得更多的真实样本,才越有可能接近客观事物的本质,把握人类历史发展的规律。

总之,我国独一无二的数据规模优势有助于进一步提升经济社会发展的公开化、透明化、精准化程度,更有助于反映人民群众的现实需求和真情实感,进而有助于意识形态工作更加全面精准地反映和感知我国国情动态

---

① [英]维克托·迈尔·舍恩伯格,[英]肯尼思·库克耶.大数据时代:生活、工作与思维的大变革[M].盛杨燕,等译.杭州:浙江人民出版社,2013:23.

② [美]史蒂夫·洛尔.大数据主义[M].胡小锐,等译.北京:中信出版社,2015:8.

③ 马克思恩格斯文集(第一卷)[M].北京:人民出版社,2009:525.

④ 马克思恩格斯文集(第一卷)[M].北京:人民出版社,2009:526.

和大众心理变化,更加及时有效地进行社会舆情研判与积极引导,更加科学有效地提升意识形态治理效能,更加有助于生成富有时代气息、彰显中国特色的理论创新成果,更加有助于凝聚社会共识和实现主流意识形态的社会认同,不断提升我国社会主义意识形态建设的时代性、科学性、实效性。

(二)大数据嵌入意识形态建设的数据产业支撑

马克思主义认为经济基础与上层建筑的辩证运动构成了支配人类历史发展的基本规律。其中,经济基础是决定社会历史发展的根本性因素,上层建筑具有能动的反作用和相对的独立性,也是影响社会历史发展的重要之维。早在《德意志意识形态》中,马克思恩格斯明确提出了"不是意识决定生活,而是生活决定意识"①的科学论断,强调了经济基础对上层建筑的决定作用。针对当时思想界对唯物史观的各种误解和挑战,尤其是论敌将其斥责为"庸俗经济决定论"的偏见,恩格斯在致弗兰茨·梅林的信中写道:"这些先生们常常几乎是故意地忘记,一种历史因素一旦被其他的、归根到底是经济的原因造成了,它也就起作用,就能够对它的环境,甚至对产生它的原因发生反作用。"②从中我们可以看到,恩格斯重申了经济基础对意识形态的决定作用及意识形态对经济基础的能动的反作用。结合当代中国的时空境遇,正如习近平总书记所言:"经济建设是党的中心工作,意识形态工作是党的一项极端重要的工作。"③意识形态工作看起来是做人的思想的工作、是务虚的工作,但其根基深深地扎在顺应、引领生产力变革与发展的社会实践之中。因而,就社会主义意识形态建设而言,我们既要重视经济建设这个第一要务对意识形态工作的决定作用,同时也要看到意识形态工作在为促进经济建设引领正确发展方向、提供强大精神动力和创设良好社会文化环境等方面的

---

①　马克思恩格斯文集(第一卷)[M].北京:人民出版社,2009:525.

②　马克思恩格斯文集(第十卷)[M].北京:人民出版社,2009:659.

③　习近平.论党的宣传思想工作[M].北京:中央文献出版社,2020:14.

重要价值,从而在中国特色社会主义伟大实践中实现二者的有机互动,谨防将二者对立极化的形而上倾向。

作为新制度主义学派的代表人物,诺贝尔经济学奖得主道格拉斯·诺斯认为以社会道德与伦理法则等为主要内容的意识形态是影响社会稳定和制度变迁的重要因素。"如果没有一种明确的意识形态理论或知识社会学理论,那么,我们在说明无论是资源的配置还是历史变迁的能力上就存在着无数的困境。"①在此,诺斯也注意到了意识形态内在的经济功能。诺斯认为意识形态作为一种非制度性机制,在实现资源配置中发挥着重要作用。例如个人的良好品德、社会的诚信氛围、国家提倡的核心价值观等意识形态因素可以有效规范个体行为、简化决策过程、降低交易成本,减少因利益分化而产生的"搭便车"现象。他认为:"正式规则和非正式约束的某种组合能够提高经济绩效,而我们的任务就是要找到哪种组合能够在某一个时点上或者在不同时期产生合意的结果。"②作为信息时代的"石油",数据是重要的生产要素。

在大数据时代,数据已成为与自然资源、人力资源等重要资源一样,是引领我国经济高质量发展的新引擎,构成了国家基础性战略资源的重要内容。从更为宏大的国际视野来看,大数据产业发展水平开始成为衡量各国综合国力的新变量,成为影响各国核心竞争力的新因素,将重塑未来国际战略竞争格局。"网络空间的数据主权将是继海、陆、空、天后大国博弈的新角力场。在大数据领域的落后,将意味着产业制高点的失守,数字主权的失守,甚至国家安全也会受到危及。"③积极发展大数据产业成为世界主要国家抢占

① [美]道格拉斯·C.诺斯.经济史中的结构与变迁[M].陈郁,等译.上海:上海人民出版社,1994:51.

② [美]道格拉斯·C.诺斯.理解经济变迁过程[M].钟正生,译.北京:中国人民大学出版社,2008:72.

③ 王伟玲.大数据产业的战略价值研究与思考[J].技术经济与管理研究,2015(1):25.

信息社会主动权和制高点的重要抓手。"'大数据产业'是指建立在对互联网、物联网等渠道广泛大量数据资源收集基础上的数据存储、价值提炼、智能处理和分发的信息服务业。"①大数据产业具有数据资产化、技术的高创新性、决策智能化和服务个性化等显著特征。在方兴未艾的大数据时代，日渐勃兴的大数据及相关产业成为推动我国经济高质量发展的重要动力，也构成大数据嵌入我国社会主义意识形态建设的产业基础与实体支撑。

　　伴随大数据时代的到来，为引领和促进大数据产业发展，我国不断建立和完善大数据的政策体系。从国家层面而言，2014年我国政府工作报告首次出现了"大数据"，李克强总理指出："设立新兴产业创业创新平台，在新一代移动通信、集成电路、大数据、先进制造、新能源、新材料等方面赶超先进，引领未来产业发展。"②其后，党和政府密集制定和实施了一系列事关大数据产业发展的政策文件，例如《促进大数据发展行动纲要》、中国制造2025、"互联网+"行动计划等国家战略都涉及大数据产业的内容。从部委和地方政府而言，仅"十三五"期间，有关部委出台了20余份大数据政策文件，各地方出台了300余项相关政策，23个省区市、14个计划单列市和副省级城市相继设立了大数据管理机构。依据工信部发布的《"十四五"大数据产业发展规划》，我国大数据产业的基础不断巩固，表现在："数据资源极大丰富，总量位居全球前列。产业创新日渐活跃，成为全球第二大相关专利受理国，专利受理总数全球占比近20%。基础设施不断夯实，建成全球规模最大的光纤网络和4G网络，5G终端连接数超过2亿，位居世界第一。标准体系逐步完善，33项国家标准立项，24项发布。"③在国家政策、数据优势、创新驱动等利好因素的

　　①　中关村率先布局大数据产业[N].光明日报，2012-12-14(03).

　　②　2014年政府工作报告（全文实录）[EB/OL].http://cpc.people.com.cn/n/2014/0305/c64094-2453z6194-5.html.

　　③　工业和信息化部关于印发"十四五"大数据产业发展规划的通知[EB/OL].http://www.gov.cn/zhengce/zhengceku/2021-11/30/content_5655089.htm.

综合作用下,数字经济成为激发我国经济社会发展的新动能。大数据产业日渐勃兴,成为推动我国经济高质量发展的新因素。近年来,以华为、腾讯、阿里巴巴、百度、京东、联想、中兴、小米等为代表的网信企业积极布局大数据业务,以浪潮、中科曙光、太极、上海晶赞、广联达等为代表的数据公司推动我国大数据产业向纵深发展。当前,我国意识形态相关部门积极寻求与大数据企业的深度合作,在社会心态分析和网络舆情感知、优秀传统文化的数据库建设与红色革命文化的数字化呈现、媒体的深度融合和学校思政工作的大数据应用、文化产业的数字化转型等方面均取得了良好成效。

总之,从意识形态建设的视角而言,我国大数据产业的发展壮大构成了我国社会主义意识形态建设应用大数据的产业基础、技术平台和物质支撑。基于资本逐利的本性和技术的霸权逻辑,我国大数据产业发展过程中也存在数据垄断霸权、数据伦理失范、数据隐私泄露、数据安全隐患等严峻风险。这更凸显了我国主流意识形态在防范化解大数据产业发展中的"价值危机",引导与规制其正确价值取向的重要意义。

(三)大数据嵌入意识形态建设的数据法制保障

从理论视角来看,马克思主义认为法律与意识形态建设存在密不可分的内在关联。就现实发展而言,大数据相关法规的不断完善为其嵌入我国社会主义意识形态建设提供了必要的法治保障。

马克思主义认为,法律除了承载调节社会关系、维护社会秩序、进行社会管理的职责之外,也是政治上层建筑的重要内容,是统治阶级所提倡的价值观念、道德规范与主流意识形态的制度化体现。在阶级社会,一个国家的法律兼具阶级统治与社会管理的双重职能,其与主流意识形态存在密不可分的内在关联。一方面,作为政治上层建筑,法律归根结底是由社会经济基础所决定,其与意识形态具有同源性。马克思恩格斯在《德意志意识形态》中提醒我们："不应忘记法也和宗教一样是没有自己的历史的。"①法律不是与生俱来的，而是社会历史的产物。法律作为维护阶级统治的工具，源于人类社会生产力的发展。生产力的发展催生了社会分工和私有制的出现，为适应阶级斗争的现实需要而便产生了与之相匹配的法律体系。"私法和私有制是从自然形成的共同体形式的解体过程中同时发展起来的。"②马克思认为只有在共产主义社会，私有制被终结后，法律作为阶级统治工具的政治意识形态功能才能成为历史。

　　另一方面，作为阶级统治的工具，法律是维护统治阶级利益的价值观念和制度安排，其与意识形态具有同质性。法律作为统治阶级"共同利益"的制度化载体，自然代表经济上占支配地位的统治阶级的整体意志，体现的是特定生产关系对国家和法律的客观要求。早在《莱茵报》期间，马克思批判德国林木盗窃法的"非正义性"时就指出，地主们可以随意立法，而政府却把穷人捡拾枯枝的行为宣布为犯罪的黑暗现实。马克思认为："犯罪行为的实质并不是对物质的林木侵犯，而是对林木的国家神经即财产权本身的侵犯，是不法意图的实现。"③这就深刻揭露了林木盗窃法的阶级本质。在《德意志意识形态》中，马克思恩格斯进一步指出："在这种关系中（指生产方式和交往形式——引者注）占统治地位的个人除了必须以国家的形式组织自己的力量外，他们还必须给予他们自己的由这些特定关系所决定的意志以国家意志即法律的一般表现形式。"④从阶级性本质来看，和意识形态一样，法律也是统治阶级的意志体现，"法律＝国家的统治者的意志"⑤。综上所述，法律与意

---

① 马克思恩格斯全集(第3卷)[M].北京：人民出版社,1960:71.
② 马克思恩格斯全集(第3卷)[M].北京：人民出版社,1960:71.
③ 马克思恩格斯全集(第1卷)[M].北京：人民出版社,1995:276.
④ 马克思恩格斯全集(第3卷)[M].北京：人民出版社,1960:378.
⑤ 马克思恩格斯全集(第3卷)[M].北京：人民出版社,1960:380.

识形态之间存在密不可分的内在关联。在马克思主义看来,法律既是阶级统治的工具,也是调节社会关系和维护社会秩序的手段,体现了阶级性与社会性的辩证统一。法律作为国家机器的重要内容,承担着阶级统治和社会管理的双重职能。在当代中国,法制的不断完善健全成为加强和改善我国社会主义意识形态建设的重要工具、实现手段和制度保障。

伴随着党和政府把促进我国大数据发展上升为国家战略,建设"数字中国"成为引领我国经济社会发展和转型的重要驱动。大数据技术及相关产业迅速发展,与之相关的法律法规也在不断丰富和完善。"大数据产业冉冉升起,大数据经济占比越来越高,这些都使得各行各业对于大数据的研究俨然成为一门显学,法学无法免俗也不能免俗。大数据技术已经在愈发广泛的领域具备了极强的实用性,产生了颠覆性的影响,所以法律就应当严肃对待之。"①通过由北京大学法制信息中心与北大英华科技有限公司联合研制的智能型法律信息一站式检索平台"北大法宝",以"大数据"为标题进行精准检索(时间截至 2021 年 11 月 30 日),虽然国家层面的大数据专门立法尚属空白,但党和国家已经出台了与大数据相关的中央法规共计 82 篇(行政法规 3 篇,部门规章 72 篇,党内法规制度 1 篇,行业规定 6 篇),地方性法规共计 1338 篇。

通过对我国现行法律体系的梳理可知,我国大数据相关法规主要集中在四个方面:一是保护个人信息,二是政务数据公开共享,三是规范数据要素的市场化配置,四是维护国家数据安全。就保护个人信息而言,宪法作为根本大法,第十四条明确规定:"中华人民共和国公民的通信自由和通信秘密受法律的保护。"我国《民法典》则首次明确规定保护个人信息,而在《民法总则》的第 111 条进一步规定:"自然人的个人信息受法律保护。任何组织和

---

① 温昱.大数据的法律属性及分类意义[J].甘肃社会科学,2018(6):90.

个人需要获取他人个人信息的,应当依法取得并确保信息安全,不得非法收集、使用、加工、传输他人个人信息,不得非法买卖、提供或者公开他人个人信息。"在《法典》第四编(人格权)第六章明确规定了"隐私权与个人信息保护"。《民法典》还对"个人信息"进行了法律界定,第1034条第1款规定:"个人信息是以电子或者其他方式记录的能够单独或者与其他信息结合识别特定自然人的各种信息,包括自然人的姓名、出生日期、身份证件号码、生物识别信息、住址、电话号码、电子邮箱地址、行踪信息等。"2013年工信部公布《电信和互联网用户个人信息保护规定》,2021年8月20日第十三届全国人大常委会第三十次会议通过的《个人信息保护法》聚焦个人信息的利用与保护,进一步完善了我国数据合规领域的法律体系。就政府数据公开共享而言,我国相继颁布了一系列规范性法律政策文件,如2004年中办和国办联合颁布的《关于加强信息资源开发利用工作的若干意见》,2007年国务院颁布的《中华人民共和国政府信息公开条例》(2019年已重新修订),2013年国务院颁布的《关于促进信息消费扩大内需的若干意见》,2016年中共中央办公厅、国务院办公厅联合印发的《关于全面推进政务公开工作的意见》,2017年中共中央办公厅、国务院办公厅印发的《关于推进公共资源配置领域政府信息公开的意见》等。从规范数据要素的市场化配置而言,我国也制定了一系列规范和完善市场主体的数据采集、数据交易、数据分析等的相关法规,例如《中华人民共和国反不正当竞争法》《中华人民共和国反垄断法》《中华人民共和国电子商务法》《电信条例》等。为了营造风清气正的网络文化空间,国务院颁布《互联网信息服务管理办法》、广电总局和信息产业部先后发布《互联网视听节目服务管理规定》和《网络出版服务管理规定》、中共中央办公厅、国务院办公厅印发《关于促进平台经济规范健康发展的指导意见》,国家网信办发布《网络信息内容生态治理规定》《互联网新闻信息服务管理办法》《互联网信息服务算法推荐管理规定》《微博客信息服务管理规定》《互联网用户公众账号信息服务管理办法》等。就维护数据安全而言,近年来国务院颁布《关键信息基础设施安全保护条例》、全国人大常委会相继通过了《中华人民共和国网络安全法》《中华人民共和国数据安全法》等相关法规。以《中华人民共和国数据安全法》为例,该法以兼顾安全与发展为核心理念,从数据安全与发展、数据安全制度、数据安全保护义务、政务数据安全与开放的角度进行了详细规制。

此外,虽然国家层面的大数据专门立法上属空白,但地方政府与行业部门已经开启了相关立法工作,加速推动大数据的国家立法进程和我国大数据的法治化程度。一方面,地方立法先行先试,积极探索填补数据确权、数据估值和数据交易等方面的法制空白,例如 2021 年 7 月发布的《深圳经济特区数据条例》成为国内数据领域首部基础性、综合性的地方立法,随后《广东省公共数据管理办法》《上海市数据条例》等相继发布;另一方面,除了《中华人民共和国个人信息保护法》《中华人民共和国数据安全法》等数据合规基本法律,"针对工业、电信、金融、汽车等行业数据的基础性规范和指导性文件密集出台,关键信息基础设施建设、数据跨境和数据垄断等热点问题得到及时回应,着眼于人脸识别、算法等数据应用的规制也迅速跟进,为保护公民个人信息、保障国家安全的诸多难点热点问题提供了有力的法律保障"①。

总之,大数据发展法制化程度的不断提升为其嵌入我国社会主义意识形态建设提供了必要的法制保障,有助于为大数据赋能我国社会主义意识形态建设创设良好的法治环境。

(四)大数据嵌入意识形态建设的数据文化氛围

从远古时期的结绳记事开始,对数字的研究就逐渐成为人类把握自然规律和认识社会历史的一种重要方式。我国有着历史悠久、内容丰富的数学

①　中国信息通信研究院.大数据白皮书(2021)[EB/OL].http://www.caict.ac.cn/kxyj/qwfb/bps/202112/P020211220495261830486.pdf.

思想,其构成了中华优秀传统文化的重要组成部分,也是人类文明发展史中的绚丽瑰宝。"从公元前 20 世纪到 14 世纪,中国在数学领域取得丰硕成果,典籍无数,其中具有代表性的有 11 部,分别为《周髀算法》《九章算术》《孙子算法》《张丘建算法》《海岛算法》《五曹算法》《五经算法》《辑古算法》《数术记遗》《夏侯阳算法》和《数学九章》"①,其中《九章算术》最具代表性,有学者认为《九章算术》之于中国传统数学的意义犹如欧几里得《几何原本》之于西方数学的地位,奠定了中国传统数学机械化的发展路向。②除此之外,刘徽的"割圆术"、何承天的"调日术"、祖冲之对圆周率的高精度计算、中国剩余定理等也构成了古代中国数据思想和方法的代表性成果。可以说,中华民族是具有数学传统和数据文化的伟大民族。但自明代以来,中国传统数学逐渐衰落,西方公理化的倾向渐成现代数学的主流方向。就唯物史观而言,自给自足的自然经济所导致的"以农立国"的封建传统思想,成为包括数学在内的我国科学技术逐渐落后西方的重要因素。"传统数学以实用为前提,成了天文、农业、赋税、商业的附庸,重计算、轻逻辑,始终没有形成严密的演绎体系,未能进一步以抽象的符号形式来表示各种量的关系、量的变化,以及在量之间进行推导和运算,长期滞留在借助文字叙述各种运算的阶段上,妨碍了数学发展成为纯理论性的独立学科。"③当 16 世纪至 17 世纪近代自然科学在西方产生并大踏步发展时,中国却落后了。其中有很多原因,从文化史视角来看,中国传统文化中"重人伦轻自然"的倾向是一个重要原因。正如梁漱溟所言:"中国古人与近代西洋人在学术上都有很大的创造与成就。但他

---

① 黄建国.从中国传统数学算法谈起[M].北京:北京大学出版社,2016:1—2.

② 我国著名数学家吴文俊认为数学发展史中有两种研究路向:一种为追求形式逻辑、致力于构建理论体系的公理化思想;另一种是注重实用理性、满足于现实计算的机械化思想。前者源于古希腊,欧几里得《几何原本》为其代表著作;后者则贯彻整个中国传统数学,以《九章算术》为代表著作。参见吴文俊著《数学机械化》,科学出版社,2003.

③ 张岱年,方克立主编.中国文化概论(修订版)[M].北京:北京师范大学出版社,2004:139.

们却像是向不同的方向致力的。近代西洋人系向外致力,其对象为物,对自然界求了解而驾驭之。中国古人不然,他是在求了解自己,驾驭自己——要使自己对自己有一种办法。"①大数据时代正在成为助力经济社会转型和人类思维革新的时代境遇。当下,我国在数据规模、数据产业甚至在大数据技术及应用领域都占据了一席之地和取得了不俗的成绩。但整体而言,我国现在还是一个"数据大国"而非"数据强国"。究其原因,一个很重要的因素便是现代意义上的数据思维、数据意识、数据文化的欠缺。正如涂子沛在《数据之巅》题记中写道:"数据文化是尊重事实、强调精确、推崇理性和逻辑的文化。数据文化的匮乏,是中国之所以落后的一个重要原因;建设这种文化,中华文明的面貌将焕然一新。"②

可喜的是,面对方兴未艾的大数据时代,在党和国家的高度重视和积极引领中,在相关市场主体和资本逻辑的驱动下,尤其是借助新闻媒体的大力宣传和广泛渲染,我国传统意义上"重人伦轻自然的价值理念、偏重实用理性"③的思维方式正在悄然发生改变,尊重数据、重视数据、利用数据的数据文化初步萌生,对数据的收集、储存、分析和应用逐渐成为引领经济社会发展的国家战略和新的社会风尚。面对扑面而来的大数据时代,党和政府积极应对和主动引领,"数字中国"战略的确立和实施为数据文化的宣传普及提供了根本的政策导向,而对党员干部大数据能力的强调也产生了良好的示范作用。正如习近平总书记强调:"善于获取数据、分析数据、运用数据,是领导干部做好工作的基本功。各级领导干部要加强学习,懂得大数据,用好大

---

① 梁漱溟.朝话:梁漱溟讲述[M].上海:上海人民出版社,2017:17.

② 涂子沛.数据之巅[M].北京:中信出版社,2014:1.

③ 我国著名学者李泽厚认为中国哲学和文化一般缺乏严格的推理形式和抽象的理论探索,毋宁更欣赏和满足于模糊笼统的全局性的整体思维和直观把握中,去追求和获得某种非逻辑、非纯思辨、非形式分析所能得到的真理和领悟。参见李泽厚:中国古代思想史论[M],北京:生活·读书·新知三联出版社,2008.

数据,增强利用数据推进各项工作的本领,不断提高对大数据发展规律的把握能力,使大数据在各项工作中发挥更大作用。"以李彦宏、邬贺铨、梅宏等为代表的业界和学界人士也在积极呼吁要重视大数据技术及其产业应用的广阔前景。例如中国工程院院士邬贺铨认为:"大数据分析对我们深刻领会世情和国情,把握规律,实现科学发展,做出科学决策具有重要意义,我们必须重新认识数据的重要价值。"①

此外,主流媒体、新媒体和自媒体等也在积极为数据文化的社会普及推波助澜、营造舆论环境。2013 年被传统主流媒体称为中国的"大数据元年",例如《人民日报》撰文:"这一年,不管你有没有意识到,大数据都已经来到我们身边。电商投放广告、物流调度运力、证监会抓老鼠仓、金融机构卖基金、民航节约成本、农民破解猪周期、制片人拍电影……看似毫不相关的事儿,背后都有大数据在发力。"②特别是被誉为"大数据时代的预言家"舍恩伯格等人所著的《大数据时代》和涂子沛所著的《大数据》的出版发行,更是以"畅销书"的方式在全社会掀起数据文化宣传普及的热潮。以《大数据时代》为例,"译作《大数据时代》2013 年 1 月出版,2014 年 4 月就印刷了 11 次,获'中央国家机关 2013 年推荐读书'、'2013 年度中国影响力图书'、'2013 年度大众喜爱的 50 种图书'、2014 全国图书馆界第九届'文津图书奖'、央视首届'中国好书'等 20 多个奖项"③。同样的,大数据在网络空间中也成为一个红得发紫的流行词汇,屡次登上各类网络平台的热搜榜单。以百度搜索为例,将时间设定为 2013 年 1 月 1 日至 2013 年 12 月 31 日,以"大数据"为关键词进行网络搜索,共产生了超过 1000 万次的搜索记录。从 2013 年开始,大数据逐渐从一个专业性概念成为社会流行语,中国社会出现了一个人人

①　邬贺铨.大数据时代的机遇与挑战[J].求是,2013(4):49.

②　熊建等.2013 年大数据元年[N].人民日报,2013-12-25(10).

③　赵伶俐.量化世界观与方法论——《大数据时代》点赞与批判[J].理论与改革,2014(6):108.

都在谈论大数据、各行各业都在引入大数据的现象级热潮。从科技属性而言,大数据也是一柄"双刃剑"。面对当下各界对大数据的高度赞誉和极力追捧,也有学者强调要理性看待"大数据热",认为我们在看到大数据革新意义的同时,也应警惕其可能带来的风险和挑战。实际上,这本身也是培育健康理性的数据文化的题中应有之义。

　　总之,在汹涌而至的大数据时代,伴随大数据技术及其广泛应用的同时,重视并有效收集数据、保存数据、管理数据、分析数据、应用数据的数据意识、数据思维和数据文化也在逐渐萌生,构成了对我国重人伦轻自然传统理念的有益补充和实践理性思维方式的时代更新。"我们需要把数据这个科技符号变成一个文化符号,将数据的理念融入中国人的意识之中,构建一个理解数据、懂得数据并且善于利用数据的国民文化。"[①]面向未来,工信部发布的《"十四五"大数据产业发展规划》提出:"加强大数据知识普及,通过媒体宣传、论坛展会、赛事活动、体验中心等多种方式,宣传产业典型成果,提升全民大数据认知水平。加大对大数据理论知识的培训,提升全社会获取数据、分析数据、运用数据的能力,增强利用数据创新各项工作的本领。"[②]马克思主义认为,文化是意识形态的外显形式,意识形态则构成了文化的价值内核,二者存在密不可分的内在关联。数据文化的宣传普及,数据意识的初步萌生为大数据嵌入我国社会主义意识形态建设创设了良好的社会氛围和适宜的文化环境。

---

① 赵恒.大数据的脚印:为你讲述数据背后的故事[M].北京:中国税务出版社,2017:78.
② 工业和信息化部关于印发"十四五"大数据产业发展规划的通知[EB/OL].http://www.gov.cn/zhengce/zhengceku/2021-11/30/content_5655089.htm.

第五章　大数据时代我国社会主义意识形态建设面临的现实机遇

当前，网络空间已成为我国社会主义意识形态建设的主要阵地。习近平总书记强调："我多次说过，人在哪儿，宣传思想工作的重点就在哪儿，网络空间已经成为人们生产生活的新空间，那就也应该成为我们党凝聚共识的新空间。"①大数据技术及其应用作为网络信息技术迭代升级的产物，为我国社会主义意识形态建设提供了新平台、新手段、新方式乃至新理念。大数据的思维方式、巨量规模、微粒特征、预测功能和实现手段等为推进我国社会主义意识形态建设的理论创新、内涵丰富、精准传播、效能提升，以及环境介质拓展等具有积极的正向效应。

一、大数据思维方式有助于创新意识形态的建设理念

"每一个时代的理论思维，包括我们这个时代的理论思维，都是一种历

---

① 习近平.论党的宣传思想工作[M].北京:中央文献出版社,2020:355.

史的产物，它在不同的时代具有完全不同的形式，同时具有完全不同的内容。"①大数据思维便是伴随大数据时代的到来出现的一种新型思维方式。"所谓大数据思维，就是在大数据应用过程中，以大数据为视角分析问题、解决问题而形成的思维。"②这是一种主张从技术理性视角去认识大数据、应用大数据，进而思考和解决理论与现实问题的思维方式和认知习惯。舍恩伯格和库克耶认为人们的思维方式在大数据时代将会迎来三大转变：由关注随机样本转为全样本分析，由追求精准效度转为乐于接受纷繁复杂，由探求事物间的因果关系转为关注事物间的相关关系。③从意识形态建设视角来看，大数据的全样本分析、混杂性理念，以及相关性思维为创新我国社会主义意识形态的建设理念提供了新的启发。

（一）全样本分析提升意识形态建设的整体性思维

就认识论视角而言，我国社会主义意识形态建设理念深受近代以来西方科学主义和实证研究的影响，呈现典型的小数据思维方式。所谓小数据思维是指运用样本分析和抽样调查的方法推测、分析和理解事物整体及其发展过程的传统思维方式。小数据思维在搜集、分析决策信息时表现为两种路向：还原分解的路向和抽样分析的路向。这两种路向都具有形而上学的机械论倾向，致使人们的认识陷入局部分析的思维桎梏。"第一种路向希望通过部分的分解、还原来把握整体，但是整体不是部分的简单组合，认识了所有部分未必能够认识整体。第二种路向带有很强的主观性、随意性和片面性，毕竟部分样本不能代替全部，无论是多么科学、严谨的抽样，都存在遗漏重

---

① 马克思恩格斯选集(第三卷)[M].北京：人民出版社，2012：873.
② 彭知辉.论大数据思维的内涵及构成[J].情报杂志，2019(6)：126.
③ [英]维克托·迈尔·舍恩伯格，[英]肯尼斯·库克耶.大数据时代：生活、工作与思维的大变革[M].盛杨燕，等译.杭州：浙江人民出版社，2013：29.

要信息、其他部分'被代表'的可能性。"①小数据思维导致传统意义上我国社会主义意识形态建设缺少真正的整体性思维，主要表现为意识形态工作者习惯于采取个案调查和局部采样的方式总结和归纳意识形态建设的现实问题、优化策略、历史经验，以及基本规律等。例如，高度重视并善于做社会调查工作是我们党的思想路线和群众路线的具体体现，也是做好意识形态工作的思维方式。作为我们党调查研究工作的行家里手，毛泽东总结道："要了解情况，唯一的方法是向社会作调查，调查社会各阶级的生动情况。对于担负指导工作的人来说，有计划地抓住几个城市、几个乡村，用马克思主义的基本观点，即阶级分析的方法，作几次周密的调查，乃是了解情况的最基本的方法。"②概言之，这种"以小见大"的工作方式能够产生"解剖麻雀"的良好效果，但这种"窥一斑而知全豹"的思维方式也容易导致"一叶障目不见泰山"的片面性问题。社会实践具有丰富性、复杂性、即时性、动态性等显著特征，单凭少数人的主观努力无法全面掌握整个社会生活全貌，故传统调查工作尤其注重样本的典型性（注：如在上述论断中毛泽东数次提及的"几个"）。但是，典型样本的合理选择并非易事，尤其考验相关人员的领导艺术、决策能力和工作经验，如果样本选取失准还可能导致实践工作中的重大失误。

　　生活在日常生活世界中的人是我国社会主义意识形态建设的工作对象，人作为具有多维属性的主体，其思想观念多元、价值理念多变、观点表达各异，加之人的趋利性本能，决定了其在面对特定问题时极有可能无法做到如实作答，故而意识形态建设效果难以保障。由于缺乏对意识形态建设对象数据的整体性把握和全方位感知，极易导致意识形态工作的片面化、局部化问题。正如有学者指出："调查的范围小、样本少、用时长、花费高，调查结果的准确性还要取决于抽取样本的随机性和量表的可信度。而大数据技术就

---

　　①　郭超,王习胜.大数据时代思想政治教育决策科学化论析[J].广西社会科学,2017(12):194.

　　②　毛泽东选集(第三卷)[M].北京:人民出版社,1991:789.

可以有效克服这些限制,在网上通过对受众的日常行为习惯、浏览内容、关注焦点等各种表现所留下的数据痕迹进行分析,可以洞悉受众的特点、需求、偏好、兴趣点、思想状况等,从而超越传统调查的样本局限和时空限制。"①因此,我国社会主义意识形态建设亟须在坚持和优化以经验总结为特征的小数据思维方式的同时,顺应大数据时代所带来的全样本分析的新方式,增强意识形态建设的全局性、立体性和整体性思维能力。

　　大数据时代的来临,使得反映我国经济建设、民主政治、社会生活、文化样态、生态文明等中国特色社会主义丰富实践的海量数据不断涌现,整个社会呈现网络化、数据化、智能化的时代趋势,同时大数据的生成、存储、挖掘等技术能力也呈现指数增长的迅猛态势,全样本分析逐渐有了实现的可能,其能够为增强我国社会主义意识形态建设的整体理念提供新的思维方式。"在大数据时代进行抽样分析就像是在汽车时代骑马一样。在某些特定的情况下,我们依然可以使用样本分析法,但这不再是我们分析数据的主要方式。"②通过大数据技术及其广泛应用,我国社会主义意识形态建设既可以有效收集建设对象的全方位数据,又可实现对规模性数据的科学筛选、智能分析、形象呈现和预测研判,有效克服传统小数据思维中存在的随机性、片面性等问题,更好地满足意识形态工作整体性需求和规律性总结,促进主流意识形态建设"合工具性"与"合目的性"的有机统一。"进入大数据时代,各种信息汇聚于网络,信息的海量化保障了数据的丰富性,而超强的大数据分析处理技术则为信息提取、整合,最终形成极富价值的信息拼图提供了保证。"③

　　大数据的全样本方式有利于意识形态工作者以全局化视角从海量数据

---

① 高奇,陈明琨.大数据技术条件下的马克思主义大众化[J].马克思主义研究,2019(7):91-92.

② [英]维克托·迈尔·舍恩伯格,[英]肯尼斯·库克耶.大数据时代:生活、工作与思维的大变革[M].盛杨燕,等译.杭州:浙江人民出版社,2013:43.

③ 陈丽荣,吴家庆.大数据时代党的意识形态话语权探析[J].思想理论教育导刊,2018(8):107.

中提取"为我所用"的信息,全面客观地分析我国社会主义意识形态建设面临的现实环境、影响因素和未来趋势等,从而构筑全方位、宽领域、大融合的意识形态建设工作格局。例如,多元化社会思潮与价值观念的交锋中包含着主流意识形态和非主流意识形态,而非主流意识形态中又包含众多错误思潮和腐朽思想,通过运用大数据技术对其进行科学分析,将对多元化思潮与异质价值观进行区别辨识,实现对社会舆情的全方位展示和引领整合,从宏观上把握我国意识形态建设的整体态势。总之,大数据整体性思维方式将有效助力我国社会主义意识形态建设强化其整体性的理念。当然,由于数据采集的权利所限、数据噪声的干扰、数据分析的价值倾向等具体问题的存在,大数据规模之"大"并非等同于事物本相之"真"。因而,"小数据在未来仍将是有价值的,并不会随着大数据时代的到来而消亡,因为它在回答有针对性的问题时具有实用价值"①。马克思主义唯物辩证法告诉我们,坚持将大数据全样本分析与传统的小数据思维相结合才能更好地变革我国社会主义意识形态的建设理念。

(二)混杂性分析提升意识形态建设的复杂性思维

我国传统意义上的社会主义意识形态建设理念具有较为明显的简单化、教条化倾向,即在传受双方信息不对称的基础上和传播媒介不发达的情势中,意识形态工作者常以真理拥有者自居和以高高在上的"教师爷"姿态进行僵化生硬的理论研究和宣传活动。这种简单化思维方式容易导致意识形态建设低效化的问题,表现为:一方面,意识形态工作者由于缺少对现实世界的复杂性认知而导致理论创新上的教条主义倾向;另一方面,由于缺少对工作对象的复杂性理解而强化宣传教育中的线性灌输色彩。在大数据时代,"在不断涌现的新情况里,允许不精确的出现已经成为一个新的亮点,而

---

① 苏令银.大数据时代的小数据会消亡吗?〔J〕.探索与争鸣,2019(7):74.

非缺点。因为放宽了容错的标准，人们掌握的数据也多了起来，还可以利用这些数据做更多新的事情"①。从这个视角来看，大数据更加彰显了"不是精确性，而是混杂性"的"更杂"的思维方式。

实际上，大数据混杂性理念更像是当代西方复杂理论在数字化时代的新表征。所谓的复杂理论是发迹于 20 世纪后半叶的一种科学主义思潮。该理论基于对近代以来资本主义世界工具理性主义、技术操作主义、还原论等直观映照式的简单性思维的深刻批判和积极反思，主张在认识自然和社会时应倡导自组织性、自我调整性、非线性、不可还原性等复杂性思维。舍恩伯格与库克耶认为对精准性的执迷是信息短缺时代的思维方式，如果以这种陈旧的思维方式来观照大数据时代，我们可能会错过很多重要的信息。"只有 5% 的数据是结构化且能适用于传统数据库。如果不接受混杂，剩余 95% 的非结构化数据都无法被利用，只有接受不精确性，我们才能打开一扇从未涉足的世界之窗。"②

大数据时代的混杂性分析主要由两个方面造成：一方面，数据生成主体的丰富性。现实的人作为我国社会主义意识形态建设的出发点和落脚点，其本身是有血有肉、情感丰富的人。正如马克思所言，人是社会关系的总和。社会中的人不是老死不相往来的原子式个体，也不是千人一面的抽象化存在，而是通过各种社会关系彼此之间发生复杂关联的社会性存在。人的社会属性决定了每一个个体的思想修养、道德品性、价值观念、政治素质都不可能是整齐划一的，特别是新时代我国意识形态建设网络化、移动化、数据化、智能化的发展倾向更是增加了主流意识形态对不同社会群体、多样化社会思

---

① ［英］维克托·迈尔·舍恩伯格，［英］肯尼斯·库克耶.大数据时代：生活、工作与思维的大变革［M］.盛杨燕，等译.杭州：浙江人民出版社，2013：17.

② ［英］维克托·迈尔·舍恩伯格，［英］肯尼斯·库克耶.大数据时代：生活、工作与思维的大变革［M］.盛杨燕，等译.杭州：浙江人民出版社，2013：55.

潮的引领难度。针对大数据技术对人的生存境遇产生的深刻影响,有学者甚至将大数据时代的人视为"数据人"或者"数据集合"。"大数据时代开启了研究以'人'为核心的'镜像世界',人的网络言论行为是现实世界人际交往和思想行为的反映和射影,能够以可视化的'镜像'方式展现着人的思想倾向和价值导向。"①另一方面,数据来源与类型的复杂性。从数据来源来看,政务数据、商业数据、以穿戴设备、智能电器为载体的生活数据、以社交媒体为主体的网络数据等都构成了大数据的来源。从数据类型而言,"大数据类型繁多,既有传统可量化、可统计的结构化数据,又有动态实时时序数据等半结构化数据,还有文本、音频、视频、图片、地理位置信息等非结构化数据"②,尤其是难以以传统数据库存储和分析的非结构数据逐渐成为大数据的主要类型,其进一步增加了大数据的混杂程度。在大数据时代,面对海量异质数据的大量涌现,"我们不再需要那么担心某个数据点对整套分析的不利影响。我们要做的就是接受这些纷繁的数据并从中受益,而不是以高昂的代价消除所有的不确定性"③。大数据时代,信息瞬息万变、类型千差万别、数据海量多元,其中既有承载主流意识形态内容的海量数据,也有承载非主流意识形态甚至反主流意识形态的混杂信息,混杂性成为理解新时代我国社会主义意识形态建设"新常态"的思维方式。

当前,网络空间逐渐成为我国社会主义意识形态建设主阵地,网络空间的匿名性、即时性、平权性、多元性等特征使得意识形态工作的复杂态势更为明显。对此,习近平总书记强调:"网民大多数是普通群众,来自四面八方,各自经历不同,观点和想法肯定是五花八门的,不能要求他们对所有问题都

---

①　李怀杰,吴满意,夏虎.大数据时代高校网络意识形态建设探究[J].思想教育研究,2016(5):77.

②　邓验,张苾莹.数据时代国家意识形态话语权建构的逻辑进路[J].思想教育研究,2018(1):54.

③　[英]维克托·迈尔·舍恩伯格,[英]肯尼斯·库克耶.大数据时代:生活、工作与思维的大变革[M].盛杨燕,等译.杭州:浙江人民出版社,2013:56.

看得那么准、说得那么对。要多一些包容和耐心。"①这对以马克思主义为指导的社会主义意识形态建设既是挑战也是机遇，转危为机的关键在于通过行之有效的方式方法，"牢牢掌握意识形态工作领导权和主导权，坚持正确导向，提高引导能力，壮大主流思想舆论"②。

　　大数据的混杂性分析启示我们，应该以"更杂"的思维理念辩证认识我国意识形态领域多元多样多变的新常态，在坚持一元主导的同时尊重差异、包容多元，在更大范围内凝聚社会共识和实现不同群体的思想引领与观念整合，不断增强主流意识形态的引导力和凝聚力。总之，大数据倡导的混杂性思维将有利于进一步彰显我国社会主义意识形态建设的时代性、开放性、包容性的鲜明特征，克服传统意义上意识形态建设理念中的直线性、单一性、封闭性的认知局限，从而引领我国社会主义意识形态建设的思维变革。

　　(三)相关性分析提升意识形态建设的系统性思维

　　马克思主义唯物辩证法告诉我们，不同事物之间是互为中介、普遍联系、密不可分的。正如列宁所言："每个事物(现象等等)的关系不仅是多种多样的，并且是一般的、普遍的。每个事物(现象、过程等等)是和其他的每个事物联系着的。"③因果性分析凸显了事物之间相互影响，普遍联系的本质属性，是人类探究自然规律和认识社会现象的典型思维方式。通过纷繁复杂的社会现象去探求人类历史发展规律是马克思主义的理论旨趣。恩格斯认为，历史事件的发生看似都是偶然的，社会发展好像是由偶然性所支配，"但是，在表面上是偶然性在起作用的地方，这种偶然性始终是受内部的隐蔽着的规律支配的，而问题只是在于发现这些规律"④。由于小样本时代信息获取的

---

①　习近平.论党的宣传思想工作[M].北京：人民出版社，2020：195.

②　胡锦涛.坚定不移沿着中国特色社会主义道路前进　为全面建成小康社会而奋斗——在中国共产党第十八次全国代表大会上的报告[R].北京：人民出版社，2012：32.

③　列宁专题文集　论辩证唯物主义和历史唯物主义[M].北京：人民出版社，2009：140.

④　马克思恩格斯文集(第四卷)[M].北京：人民出版社，2009：302.

有限性，传统意义上的因果性分析容易形成以数理逻辑推理和理论假设求证为主要内容的思维习惯。在漫长的人类发展史中，采集和分析信息的不完整性导致人们在使用因果关系分析时容易出现以偏概全或者主观臆想的认知局限，从而不利于正确揭示和准确把握事物内部或者事物间的规律性认识。"因果思维模式在信息完全和信息不完全情况下的效应是不同的。在信息不完全状态下，如果研究者以信息完全预设为分析前提，依据自己掌握的部分信息对问题研究做出因果逻辑判断和推论，则不一定能得到正确的认知。在信息完全状态下，研究者不需要作出有预设的分析假设，也不需要依赖逻辑判断和推论，就可以运用数据高概率地获取正确的认知。"①

　　大数据时代的到来推动了人类思维方式从以数理推理、理论假设为特征的因果关系分析向以数据驱动为标志的相关性分析转型。伴随海量数据的不断涌现、数据处理工具和分析技术的迭代更新，大数据可以帮助我们深刻洞悉隐匿在事物内部的复杂关联，提升我们认识和改造世界的把握程度与预测能力，赋予相关性分析更鲜明的时代特征。在大数据时代，看似毫不相关的事物之间也可能发生必然的联系，例如在市场营销中，育婴用品店向未婚少女推送备孕商品的案例都在提醒我们，在大数据时代运用各种数据分析工具尝试让数据主动发声可能比单纯地探求事物背后的原因更有效率、更为可靠，更有助于我们发现之前所未曾注意到的不同事物之间的内在关联。"最重要的是，通过去探求'是什么'而不是'为什么'，相关关系帮助我们更好地了解了这个世界。"②当然，大数据时代我们对相关性分析的强调并不意味着要否认因果关系分析的价值，而是认为因果思维不再是探究人类意义和世界本源的唯一的思维方式。正如《大数据时代：生活、工作与思维的大变

---

　　① 何大安.大数据思维改变人类认知的经济学分析[J].社会科学战线，2018(1)：48.

　　② ［英］维克托·迈尔·舍恩伯格，［英］肯尼斯·库克耶.大数据时代：生活、工作与思维的大变革[M].盛杨燕，等译.杭州：浙江人民出版社，2013：83.

革》一书中提道："相关关系分析本身意义重大,同时它也为研究因果关系奠定了基础。通过找出可能相关的事物,我们可以在此基础上进行进一步的因果关系分析,如果存在因果关系的话,我们再进一步找出原因。"①

就静态结构而言,我国社会主义意识形态建设是由建设主体、建设对象、建设环介等不同要素构成的有机整体,是一项系统工程。大数据所提倡的相关性分析提醒我们,意识形态工作不仅是意识形态部门的"私事儿",而且是全党全社会的"公事儿"。大数据时代,"做好宣传思想工作必须全党动手"②,树立"大宣传"理念、践行"大宣传"理念、构建"大宣传"格局势在必行。从动态运行来看,大数据相关性分析有助于推进我国社会主义意识形态建设思路从过去的事后被动应对向当下的事前主动预测的思维转型。"建立在相关关系分析法基础上的预测是大数据的核心。"③例如,大数据相关性分析要求我们防范化解意识形态领域的风险挑战,任何方面和时候都不能掉以轻心,既要应对"灰犀牛"事件,也要防范"黑天鹅"事件。另外,"从系统认识论的角度来看,意识形态作为一种价值鲜明的观念系统要进入到个体自身已有的价值系统中,要经过个体自身认识的考察"④。我们可以在意识形态工作中充分利用大数据技术对建设对象的多维变量进行采集整理和实时分析,从中发掘不同社会群体乃至个人成员的认知习惯、理论兴趣、接受偏向,从而推动意识形态建设实现"以受众为中心"的供给侧结构性改革。总之,大数据相关性分析有利于提升我国社会主义意识形态建设的系统性思维,增强做好意识形态工作的主动性、及时性、精准性。

---

① [英]维克托·迈尔·舍恩伯格,[英]肯尼斯·库克耶.大数据时代:生活、工作与思维的大变革[M].盛杨燕,等译.杭州:浙江人民出版社,2013:88.

② 习近平.论党的宣传思想工作[M].北京:中央文献出版社,2020:18.

③ [英]维克托·迈尔·舍恩伯格,[英]肯尼斯·库克耶.大数据时代:生活、工作与思维的大变革[M].盛杨燕,等译.杭州:浙江人民出版社,2013:75.

④ 严家强.系统认识论视域下的意识形态话语权研究——意识形态统一性与多样性的调解[J].系统科学学报,2017(1):50.

二、大数据巨量规模有助于丰富意识形态的时代内涵

"信息通讯技术的突飞猛进,计算机技术的迅速发展,电脑、移动终端、各类数据采集设备的不断普及迭代,为数据时代的到来奠定了基础。每个社会主体甚至非生命体都是数据的生产者和采集者,数据量爆发式增长,这吸引了全球各行各业的目光,成为新时代的热点。"[1]普适计算(Ubiquitous Computing)推动了大数据时代的到来。大数据之"大",首要特征就在于其数量规模之"大"。2018 年 11 月,由希捷公司赞助,IDC 发布的白皮书《数据时代》(2025 *Data Age 2025*)更新了其在 2017 年 5 月发布的《数据时代 2025》(*Data Age 2025*)的预测,认为到 2025 年全球数据量总和将从之前预测的 163ZB 提高到了 175ZB。175Z 到底有多大? 我们可以做这样一个形象的类比:如果你能以平均 25Mb/s(目前全美国的平均网络连接速度)的速度下载 2025 年的全球数据量,那么一个人完成此任务需要 18 亿年,如果全世界所有人一起不间断下载,那么也需要 81 天才能完成。大数据时代,数据爆炸性增长已然成为信息社会的必然趋势。在对大数据的理性认知上,尽管国内外各界人士见仁见智,但对数据规模之大则是大家普遍的共识, 从诸如麦肯锡、IDC 及 Gartner 等全球著名的 IT 咨询公司到舍恩伯格、城田真琴、李国杰、梅宏、涂子沛等国内外知名学者都认为大数据首先是一个巨量规模的数据集。大数据之"大",更是在巨量规模基础上借助数据分析工具创造 "大价值""大发展""大利润""大知识"和"大智慧"。

(一)大数据的巨量规模性凸显我国经济社会发展的数字化特征

"所谓意识形态建设,就是阶级、政治集团为了更充分地论证自己的价

---

[1]　梅宏.数据治理之论[M].北京:中国人民大学出版社,2020:5.

值观念、经济政治目标和体制的合理性而进行的理论创新和宣传灌输。"①就建设内容而言,我国社会主义意识形态建设大体上可分为两大领域:一是理论创新,二是宣传普及。二者虽各有侧重,但都奠基于我国社会主义建设实践基础之上。在大数据时代,巨量数据成为人们认识和改造世界的新表征和新工具,数据逐渐被视为信息社会的本质属性。在这场数据化运动中,有学者甚至喊出了"量遍天下"②的口号。然而正如马克思所言:"全部社会生活在本质上是实践的。凡是把理论引向神秘主义的神秘东西,都能在人的实践中以及对这种实践的理解中得到合理的解决。"③这一论断提醒我们,在看到巨量规模数据日益凸显的价值属性时也应谨防"大数据主义"的极端倾向。同样的,马克思主义实践观为我们正确把握人的实践与巨量规模数据之间的关系提供了一个科学视角。马克思认为:"一个有生命的、自然的、具备并赋有对象性的即物质的本质力量的存在物,既拥有它的本质的现实的、自然的对象,而它的自我外化又设定一个现实的、却以外在性的形式表现出来因而不属于它的本质的、极其强大的对象世界,这是十分自然的。"④大数据时代,人与数据的关系理应划分清楚,二者明确的主客关系还应是我们首先秉持的一个基本原则。正如有学者认为:"数据的本质归根结底仍然是人的本质。无论是作为人类认识自然、社会的工具,还是作为人类认识自身的方法,数据终究都是对于现实物质的对象性反映。"⑤就社会实践对意识形态建设的决定作用而言,从大数据助力意识形态理论创新与宣传普及的双重视角来看,大数据的巨量化特征无疑将为丰富我国社会主义意识形态建设的时代内涵发挥越来越重要的积极作用。

---

① 朱兆中.中国社会主义意识形态建设纵论[M].上海:上海人民出版社,2003:11.

② [美]道格拉斯·W.哈伯德.数据化决策[M].邓洪涛,译.广州:广东人民出版社,2013:25.

③ 马克思恩格斯文集(第一卷)[M].北京:人民出版社,2009:501.

④ 马克思恩格斯文集(第一卷)[M].北京:人民出版社,2009:208.

⑤ 吴朝文,任思奇,邓淑华.马克思主义技术哲学视野下的大数据观探析[J].求实,2017(7):7.

(二)大数据巨量性为意识形态理论创新提供数据资源

以马克思主义为指导的社会主义意识形态具有鲜明的实践属性和时代特征。"人们的观念、观点和概念，一句话，人们的意识，随着人们的生活条件、人们的社会关系、人们的社会存在的改变而改变，这难道需要经过深思才能了解吗？"[①]社会主义意识形态的理论创新离不开对当今时代的理性观照和深刻反思。正如马克思恩格斯所言："一切划时代的体系的真正的内容都是由于产生这些体系的那个时期的需要而形成起来的。所有这些体系都是以本国过去的整个发展为基础的，是以阶级关系的历史形式及其政治的、道德的、哲学的以及其他的后果为基础的。"[②]当今时代，以大数据、云计算、人工智能等为代表的新一代信息技术成为引领新一轮科技革命与产业变革的主要动能，助推人类社会逐渐进入"数据驱动"的新时代。

与时俱进是马克思主义的理论品质，也是加强和改善我国社会主义意识形态建设的内在要求。列宁曾说："我们决不把马克思的理论看做某种一成不变的和神圣不可侵犯的东西；恰恰相反，我们深信：它只是给一种科学奠定了基础，社会党人如果不愿落后于实际生活，就应当在各方面把这门科学推向前进。"[③]大数据开启的社会转型，正在深刻影响着我国各个领域的发展，当然也包括对我国社会主义意识形态建设理论创新的深刻影响。从经济理论来看，大数据的巨量规模特征不断更新我们对马克思主义政治经济学的内涵解读。例如，大数据对生产力理论(巨量化数据正在成为一种新型的生产要素，助力数字经济的崛起)、资源配置理论(巨量化数据为优化与改进计划经济模式提供了新的可能性)、生产社会化理论(巨量化数据催生了共享经济、众筹模式等新模式)，以及分配理论(巨量化数据形成了玩乐经济、

①　马克思恩格斯文集(第二卷)[M].北京：人民出版社,2009:50-51.

②　马克思恩格斯全集(第3卷)[M].北京：人民出版社,1960:544.

③　列宁专题文集　论马克思主义[M].北京：人民出版社,2009:96.

新零工经济等新业态)带来了新的内容。"随着以大数据为表征的信息技术革命兴起,大数据海量、多样、实时、共享的特征赋予其计划逻辑,这正契合了社会主义市场经济对宏观调控的需求,也是对马克思恩格斯计划理论的时代性诠释。在我国深化社会主义市场经济的改革中,大数据将以全新的手段推进生产力和生产关系上的'社会主义范式'转换。"①相反,在当代资本主义社会,巨量化数据逐渐成为实现资本增殖的"数据资本",反而成为加剧剥削和压迫的逐利工具。大数据在两种制度下的不同境遇,更加凸显了社会主义的制度优势,为激发和促进马克思主义政治经济学的理论创新,进一步发挥社会主义经济制度的优越性提供了新的时代因素。就政治理论而言,党和政府高度重视并发挥大数据巨量性特征在推动政治民主化和国家治理现代化中的积极作用,从而创造性地发展了马克思主义政治民主观、国家治理观、权力监督观等理论内容。

在网络平权化的时代背景下,"因特网正在重构政治影响力、拓宽政治空间、提升政治参与,使公民涉足那些之前对他们封闭的政治活动,并且挑战传统精英们的垄断"②。大数据的巨量化特征在促进网络空间政治民主化进程中更是彰显了其技术赋能的积极作用。"互联网的勃兴和大数据时代的到来,使得人人拥有麦克风,人人都可以通过网络终端查阅、转发、评论公共事件和公众人物。公众的生活在赛博空间(Cyberspce)和现实时空中穿梭,关注政治和政治参与的热情日益高涨,自然而然地也就推进了民主政治。"③习近平总书记强调,党和政府要"做到心中有数",积极打造公开透明的政府形象,通过大数据的巨量性特征"推进政府决策科学化、社会治理精细化、公共服务高效化、用信息化手段更好感知社会态势、畅通沟通渠道、辅助决策施

---

① 孙倩倩,张平.大数据嵌入:"社会主义范式"转换的新探索——《共产党宣言》中的计划理论及其当代启示[J].甘肃社会科学,2018(6):120.

② [美]马修·辛德曼.数字民主的迷思[M].唐杰,译.北京:中国政法大学出版社,2016:7.

③ 陈潭等.大数据时代的国家治理[M].北京:中国社会科学出版社,2015:50.

政、方便群众办事"①。此外,以大数据的巨量化特征还影响着我国文化建设、社会建设、生态文明建设等其他领域的实践发展和理论创新。总之,在大数据时代,我国经济社会发展的网络化、数字化、智能化趋势直接影响作为思想上层建筑的意识形态建设, 为推进马克思主义中国化时代化提供了丰富的数据资源, 为推动我国社会主义意识形态的理论创新提供了坚实的数据储备。

（三）大数据巨量性为意识形态宣教普及提供数据支撑

如果说积极推进理论创新有助于确保我国社会主义意识形态始终走在时代前列、发挥科学理论引领作用的话,那么如何将这一科学理论"灌输"给人民群众, 使其成为指导群众认识和改造世界的思想武器便成为社会主义意识形态建设的另一个重要内容。"哲学把无产阶级当做自己的物质武器,同样,无产阶级也把哲学当做自己的精神武器;思想的闪电一旦彻底击中这块朴素的人民园地,德国人就会解放成为人。"②在我国社会主义意识形态建设过程中,理论创新强调的是将人民群众的实践经验上升为抽象性、概括性、权威性的科学理论,而宣教普及更侧重实现科学理论的实践回归,即回到现实世界指导群众的生动实践。总之,坚持推进理论创新与注重宣教普及的有机统一才能加强和改善我国社会主义意识形态建设的实际成效。鲜明的人民性是以马克思主义为指导的社会主义意识形态的基本特征。马克思主义理论本身就是源自人民实践又服务于人民生活的思想武器和理论指南,具有非常突出的大众化特质。因此,做好宣教普及工作也是我国社会主义意识形态建设的必然要求。然而,历史已然和现实正在证明马克思主义的一个基本观点,即处于自发状态的人民群众是无法真正实现自我解放的。正

---

① 中共中央党史和文献研究院.习近平关于网络强国论述摘编[G].北京:中央文献出版社,2021:24.

② 马克思恩格斯文集(第一卷)[M].北京:人民出版社,2009:17-18.

如列宁在《怎么办？》一文中援引考茨基的观点，"社会主义意识是一种从外面灌输(到无产阶级的阶级斗争中去的东西，而不是一种从这种斗争中自发地)产生出来的东西"①。我国传统意义上的意识形态宣教普及模式大多以党和国家工作人员、宣传文化职能部门、理论工作者、学校教师为宣教主体，采取开大会、作报告、进课堂、下田地等宣教方式，以广播电视、期刊报纸、群众活动等为传播载体，具有明显的强制性、直线性、单向度的传播特征。传统宣教模式难以适应当今网络化、数字化、智能化的时代潮流，势必要进行新的变革。大数据的巨量规模特征为改革我国意识形态宣教模式提供了新的时代机遇。

从一定程度来看，大数据的巨量规模特征是信息社会的新表征，构成了我国社会主义意识形态宣教普及工作的新境遇。一方面，大数据巨量规模特征增强了我们对意识形态宣教对象的"精准画像"。我们想问题、办事情要做到"有的放矢"，体现现实性、针对性和可行性。大数据的巨量规模特征便于我们对宣传对象进行全方位的数据透析，在借助大数据分析工具与平台的基础上真正掌握其所做所思所想，甚至预测其下一步的行动计划、思想动向。马克思告诉我们："理论只要说服人，[就能掌握群众；而理论只要彻底，就能说服人]。所谓彻底，就是抓住事物的根本。而人的根本就是人本身。"②大数据时代，需要充分发挥大数据在保障和改善民生中的积极作用，借助大数据技术对巨量化民生数据进行立体化感知和全方位采集，深入了解社情民意、引领社会舆论，为优化改善意识形态的宣教模式，提升其时代化、科学化水平提供数据支撑。另一方面，大数据巨量规模特征为创新意识形态宣教普及的载体提供了必要的数据资源。我们可以在感知和获取巨量数据基础上，"通过对大数据技术的掌握应用，把大数据变为驱动马克思主义大众化的新

---

① 列宁选集(第一卷)[M].北京：人民出版社，2012：326.

② 马克思恩格斯文集(第一卷)[M].北京：人民出版社，2009：11.

引擎,从马克思主义大众化的受众、内容、传播者、方式方法、过程、效果、管理等层面着手,促使马克思主义大众化实现从'粗放型'到'精细型'的转变"①。

三、大数据微粒特征有助于赋能意识形态的精准传播

大数据的微粒特征是指在数字化生存的信息社会, 大数据技术对社会解析的"颗粒度"②越来越小,对社会状态的反映和把握越来越精准、精细、精透的时代特征。德国社会学家克里斯多夫·库克里克将这种数字化程度不断提升的新型社会形态称为"微粒社会","这种新型的社会是高度解析的,而且不再关注平均值,因为它有了更好的东西:高密度的、更详细的认知。这会从根本上改变我们的生活方式、我们的世界观以及我们对自己的理解。这种新型的社会我称之为:微粒社会"③。如果说过去我们习惯拿"放大镜"来观察社会的话,那么在微粒社会我们手中的"放大镜"将会被"电子显微镜"所取代,即我们对社会的理解将更为细致。"微粒社会"催生出"微粒人",即数字化的社会模式对人的数据化解析也将会越来越高, 对人的理解也将越来越精确,人的个性化特征将更为彰显。库克里克用"分散的存在"来形容数据化社会模式中人的现实境遇。"在这个世界中,人是一个分散的存在,分散在很多事物、状态、感觉上。不只人的思想是分散的,在一定程度上人的整个存在也是分散的。"④可以说,大数据时代的微粒特征成为我们理解和把握现实世界和人类社会的新视角。从意识形态建设的视角来看,"大数据时代人民群众理论需求的产生角度、表达维度、转换速度、满足精度、主流辨度和分化程

---

① 高奇,陈明琨.大数据技术条件下的马克思主义大众化[J].马克思主义研究,2019(7):91.

② 颗粒度指的是观察和测量单位的精确程度,类似于照相机中的像素,颗粒度越低,精确度越高,能够看到的微观细节越多,能够观察和区分的维度也越多。

③ [德]克里斯多夫·库克里克.微粒社会[M].黄昆,等译.北京:中信出版社,2018:Ⅵ.

④ [德]克里斯多夫·库克里克.微粒社会[M].黄昆,等译.北京:中信出版社,2018:184.

度等呈现出复杂多变的特征"①。这对传统意义上我国社会主义意识形态"大水漫灌"粗简式的传播模式提出了变革要求。大数据微粒特征提醒我们,做好新时代我国社会主义意识形态的传播工作,需要培育受众理念、实现精准传播。所谓精准传播是指传播者通过对不同受众实现传播标准、传播方式、传播载体、传播目标等的个性化制定,采取不同的传播策略传播"私人订制"式的个性化内容,从而提升对特定受众的传播效度。大数据的微粒特征为实现我国社会主义意识形态的精准传播提供了新契机和注入了新动能。

(一)大数据微粒特征便于意识形态传播受众的精准识别

"在传播过程中,人不是被动地接受信息的机器,而是有着丰富内心活动和精神世界的人。"②在大数据时代,提升我国社会主义意识形态传播实效的首要前提是树立和增强受众理念。马克思主义经典作家普遍认为,要想做好理论宣传工作必须坚持群众观点,善于走群众路线,只有时刻关注群众思想感受,观照群众的现实生活,适应群众的接受程度,才能使"从群众中来"的科学理论达到"到群众中去"的传播效果。例如,1868年恩格斯在致马克思的书信中,表达了其应李希特尔之约为当地报刊撰写《资本论》书评时的焦虑与苦恼,"我对李希特尔主办的报纸的名称一个也不知道,由于几乎完全不熟悉那里的读者,一点也不知道应该抓什么,而这是最重要的。劳拉来信说,教育人,这很好,但困难正在于正确地挑出对他们最重要的东西"③。1918年,列宁在《论我们报纸的性质》一文中也强调我们的报纸应该"多深入生活。多注意工农群众怎样在日常工作中实际地创造新事物"④。1948年,毛泽东在《对晋绥日报编辑人员的谈话中》指出:"报纸工作人员为了教育群众,首

---

① 储著源.大数据时代人民群众理论需求:特征、类型与对策[J].马克思主义研究,2017(12):107.
② 李芸.马克思传播思想研究[M].北京:中国社会科学出版社,2018:197.
③ 马克思恩格斯全集(第32卷)[M].北京:人民出版社,1974:23.
④ 列宁全集(第35卷)[M].北京:人民出版社,1985:93.

先要向群众学习。"①可见,马克思主义认为在理论传播中特别强调应该将鲜活的人视为宣传对象,应树立受众理念。但可惜的是,过去很长一段时间,有一些同志总是以"宣传"来对待人民群众,简单地将其视为理论的被动接受者,没有充分彰显群众的主体地位。正如有学者强调:"宣传是一种特殊的精神交往,它以单向传播为主,宣传中的双向交流是辅助性的,因而宣传者始终处于主动者的地位。"②从这一视角来看,传统意义上的宣传方式使我国社会主义意识形态在传播中并没有真正凸显人的主体地位,尤其是在今天群众的主体意识不断觉醒和增强的新时代,受制于受众理念的相对不足,我国社会主义意识形态传播效果难以充分彰显。

伴随着中国特色社会主义走进新时代,人民日益增长的美好生活需要和不平衡不充分的发展之间的主要矛盾更加突出,社会结构分散化、圈层化现象愈发明显,个体的自我意识、主体意识更为张扬,加之多样化社会思潮与价值观念的影响渗透,导致我国主流意识形态在思想文化领域的有效引领愈发困难。具有微粒特征的大数据技术为我国社会主义意识形态传播受众的精准识别提供了新手段。以圈层结构为例,当前基于不同地缘、血缘、学缘、业缘、趣缘等形成的圈层化现象较为突出,尤其是伴随信息技术的快速发展与广泛普及,虚拟空间内部形成了更为复杂多变的网络社群。"互联网上出现的社会集合体,在这个集合体中,人们经常讨论共同的话题,成员之间有情感交流并形成人际关系的网络。"③在网络世界的圈层传播中,极少数的意见领袖发挥着至关重要的核心作用。例如有学者利用大数据技术对意见领袖的的跨群层传播便很有启发。他们"采取机器学习文本分类以及社会

---

①　毛泽东选集(第四卷)[M].北京:人民出版社,1991:1320.

②　陈力丹.精神交往论——马克思恩格斯的传播观(修订版)[M].北京:中国人民大学出版社,2016:176.

③　Howard Rheingold.The Virtual Community:Homesteading On The Electronic Frontier[M].MIT Press;revised edition.2000.

网络分析的方法,以新浪微博平台为例,探讨了意见领袖的跨圈层传播与回音室效应的问题。研究发现,微博的转发量非常集中,0.05%的头部用户创造了80%的微博转发量,呈现明显的幂律分布特点,并且头部用户类型与微博主题类型分布较为集中"①。类似的,我们可以借助大数据的微粒特征在对传播受众进行精准感知和微观识别的基础上形成更具个性化、针对性的引领策略,提升我国社会主义意识形态传播的精准度和实效性。

(二)大数据微粒特征便于意识形态传播内容的精准供给

大数据时代下,"'用数据说话''让数据发声',已成为人类认知世界的一种全新方法。世界是物质的,物质是数据的,数据正在重新定义世界的物质本源,并赋予'实事求是'新的时代内涵。我们必须善于用数据说话、用数据决策、用数据管理、用数据生活"②。据我国互联网信息中心发布的《第49次中国互联网络发展状况统计报告》显示,截至2021年12月,我国网民规模整体达到10.32亿人,手机网民规模也高达10.29亿人,其中,即时通信、网络视频(含短视频)、网络新闻、网络购物、网络办公用户使用率分别为97.5%、94.5%、74.7%、81.6%、45.4%,用户规模分别达10.07亿人、9.75亿人、7.71亿人、8.42亿人、4.69亿人。美国计算机专家尼葛洛庞帝预言的数字化生存时代已然到来。在大数据时代,人们时刻都在生成自己的数字踪迹,"肉身人"正在向"数据人"转变,大数据与人工智能技术的运用将产生比你更了解你的神奇效果。以色列知名历史学家赫拉利曾这样描绘大数据采集的形象场景,"如果 Kindle 再升级,装上面部辨识和生物计量传感器,就能知道你读的每个句子如何影响你的心跳和血压。它能知道什么会让你笑、什么让你哭、什么

---

① 汤景泰,陈秋怡.意见领袖的跨圈层传播与"回音室效应"——基于深度学习文本分类及社会网络分析的方法[J].现代传播,2020(5):32.

② 邬贺铨.数据之道:从技术到应用[M].北京:中国科学技术出版社,2019:7.

让你生气。不久之后，在你读书的时候，书也在读你。"①可以说，人们的社会生活就是数据的最大来源。因而，国内学者涂子沛预言："在未来，联网的东西是人还是物并不重要，不管是互联网，还是物联网、万物网，其最后的形式和本质都会是'数联网'，即数据联网。"②基于此，他发明了"数体"概念，指称"一切皆数"的未来。当"一切皆可量化"的时代大幕徐徐拉开时，我们更应该看清并重视人的主体地位。因为数据本身并非先天存在的原始之物，数据从生成发布、感知采集、储存管理到分析应用无不打上人的烙印，都与人的主观倾向和价值观念息息相关。可以说，数据是技术与社会共同建构的产物。

从意识形态建设的视角来看，大数据技术对人类社会的解析度和精确性越高越便于我国社会主义意识形态传播内容的精准感知和有效提炼，其也成为提升社会主义意识形态有效传播的关键所在，实现主流意识形态社会认同的根本所系。"大数据可以对社会舆情的监测和测量达到个体级水平，而不是传统 Web1.0 时代舆情监测的整体性描述。"③因而，极具微粒特征的大数据能够成为推动我国社会主义意识形态传播内容的供给侧结构性改革的新动能。马克思主义唯物史观本质上是群众史观。马克思主义始终认为推动人类历史发展的真正主体是看似最为普通的人民群众，而非少数英雄人物。因此，我国社会主义意识形态传播工作也要坚持人民导向，密切联系群众的现实生活。马克思恩格斯十分重视宣传工作的现实性问题，"使读者确立无可争辩的信念，只有明显的、无可争辩的事实才能做到这一点，特别是在一个被无穷的'祖先智慧'迫使人民持怀疑论的世纪里，仅凭空洞的说教，哪怕是很高明的权威的说教，都不能使人产生这种信念"④。1948 年，刘少

---

①　《人类简史》作者：算法胜利，自由意志将终结[EB/OL].https://www.sohu.com/a/112673001_473283.

②　徐子沛.数文明[M].北京：中信出版社,2018:248—249.

③　喻国明等.新闻传播的大数据时代[M].北京：中国人民大学出版社,2014:153.

④　马克思恩格斯全集(第 42 卷)[M].北京：人民出版社,1979:277.

奇在《对华北记者团的谈话》中指出："我们的报纸现在有几十种,将来全国会有几百种,如果能比较真实、全面、深刻地把群众的情绪、要求、意见反映出来,那不知会起多大作用。"[①]习近平总书记在"8·19"重要讲话中强调,做好宣传思想工作"要树立以人民为中心的工作导向,把服务群众同教育引导群众结合起来,把满足需求同提高素养结合起来,多宣传报道人民群众的伟大奋斗和火热生活,多宣传报道人民群众中涌现出来的先进典型和感人事迹,丰富人们精神世界,增强人民精神力量,满足人民精神需求"[②]。

在大数据时代,我们应秉持"让百姓少跑腿、数据多跑路"的大数据治理观,让大数据在城市管理、教育医疗、就业社保、住房交通、精准脱贫、生态治理、舆情引领等事关百姓切身利益的社会民生领域发挥技术赋能的倍增效应,不断推进我国社会主义意识形态建设传播内容的有效供给。"如果对传播内容进行观察就会发现,传播的内容经常被认为是现实生活的镜像或反映。"[③]例如,有学者基于网民使用百度指数的关键词搜索行为,用大数据方法研究大众对社会热点议题的关注度问题。"基于百度搜索数据采集了2011—2017年26个政策议题的2亿余条关键词指数,探索研究公众的搜索行为与公共(政策)关注度。这七年间,公众对文化娱乐议题的关注度最高,财政金融、就业、交通等财经和基础设施类议题次之,再次为教育、环保、卫生等民生类议题。"[④]借助大数据微粒特征,通过对广大受众的现实需求和精神世界进行精准扫描,在充分彰显大数据全息、全程、全效的技术优势的基础上,通过数据、计算机、网络、用户、自媒体若干要素构成的中介系统,能够极大提高理论供给侧效率和精准度,不断增强我国社会主义意识形态传播内

① 刘少奇选集(上卷)[M].北京:人民出版社,1981:399.
② 习近平.论党的宣传思想工作[M].北京:中央文献出版社,2020:16.
③ 胡正荣.传播学概论[M].北京:高等教育出版社,2017:134.
④ 孟天广,赵娟.大数据时代网络搜索行为与公共关注度:基于2011—2017年百度指数的动态分析[J].学海,2019(3):41.

容的供给能力。

(三)大数据微粒特征便于意识形态传播媒介的精准选用

就传播学的专业视角而言,"媒介是插入传播过程的中介,是用以扩大并且延伸信息传送的工具"①。从更为宽泛的意义来看,我们或许也可以提出"万物皆媒"的观点,一如媒介环境学派的代表性人物马歇尔·麦克卢汉提出"媒介即讯息"的经典论断。麦克卢汉认为:"所谓媒介即讯息不过是说:任何媒介(即人的任何延伸)对个人和社会的任何影响,都是由于新的尺度产生的;我们的任何的一种延伸(或曰任何一种新的技术),都要在我们的事务中引进一种新的尺度。"②在此,麦克卢汉强调了媒介本身所引发的社会变革和文化意义。英国学者汤普森则直接提出了"大众传播已成为现代社会中意识形态的一个主要媒介"③的明确观点,特别强调了传播媒介的意识形态属性。马克思本人曾对媒介的社会价值赞赏有加,他将印刷术视为"最伟大的发明",是"变成对精神发展创造必要前提的最强大的杠杆"④。回顾马克思主义在中国的早期传播,伴随十月革命胜利的炮声,五四运动前后马克思主义在中国得以广泛迅速地传播,其中,报纸期刊等大众传媒功不可没。正如潘公展所言:"一年以来,社会主义底思潮在中国可以算得风起云涌了。报章杂志底上面,东也是研究马克思主义,西也是讨论鲍尔希维主义;这里是阐明社会主义底理论,那里是叙述劳动运动的历史,蓬蓬勃勃,一唱百和,社会主义在今日的中国,仿佛有'雄鸡一鸣天下晓'的情景。"⑤

在党的百年历程中,中国共产党非常重视理论宣传的媒介载体问题。民

---

① [美]威尔伯·施拉姆,威廉·波特.传播学概论(第2版)[M].何道宽,译.北京:中国人民大学出版社,2011:134.

② [加拿大]马歇尔·麦克卢汉.理解媒介:论人的延伸(增订评注本)[M].何道宽,译.南京:译林出版社,2011:18.

③ [英]约翰·B.汤普森.意识形态与现代文化[M].高铦,等译.南京:译林出版社 2005:21.

④ 马克思恩格斯全集(第47卷)[M].北京:人民出版社,1979:427.

⑤ 潘公展.近代社会主义及其批评[J].东方杂志,1921(4):4.

主革命时期,报纸是当时的主流媒体,毛泽东认为:"报纸是影响人们的思想的'最有力的工具',因为它是天天出版,数量最多,读者最广的一种刊物,没有任何其他出版物可以与之比拟。"①新中国成立后,由党和国家主导和构建的新闻传播体系更是承担了宣传马克思主义基本原理及中国化成果的历史任务。当今时代,传播媒介更是丰富多样,除了传统意义上以图书、期刊、报纸为代表的纸质媒体、以电台、电视、电影为代表的电子媒体之外,以门户网站、"三微一端"为代表的网络媒体不断崛起并不断成为新的媒介中心。在我国社会主义意识形态的宣教普及中,"大众传媒具有快捷、生动、灵活、直观、互动等特点,已经成为党和政府的理论'喉舌'、马克思主义理论创新的推动者、群众易于接受的理论来源"②。

伴随大数据技术在媒介领域中的不断渗透,传播媒介也开启了从"靠事实说话"的"内容为王"向"让数据驱动"的"流量至上"的时代转型。"大数据时代要求媒体必须适应新的信息生产和传播方式,在获取、生成、解读、分析数据方面,探索为受众和用户提供分众化信息服务的媒体发展之路,这也将成为媒体竞争力的要素。"③大数据时代,我国各大主流媒体顺应传播媒介数字化、智能化、融合化的发展潮流,积极运用"三微一端"新媒体、海外社交平台、移动直播平台、云平台等传播平台,纷纷推出直播态新闻、大数据新闻、机器人新闻、VR/AR、H5、无人机航拍、互动游戏等新业态产品,提升了主流意识形态的传播实效。大数据微粒特征提示我们,通过实时收集广泛受众的海量数据,在对其进行深入分析与挖掘基础上获取有价值的信息,针对千人千面的个性化受众精准选取与之匹配的传播媒介,在为广大受众提供"私人订制"的信息服务中不断提升社会主义意识形态的传播效果。例如,近年来

---

① 刘建明.马克思主义新闻观经典读本[M].北京:清华大学出版社,2009:14.

② 马福运.大众传媒在马克思主义大众化过程中的作用浅析[J].思想理论教育导刊,2012(6):24.

③ 倪宁.大数据时代的传播观念变革[J].西北大学学报(哲学社会科学版),2014(1):142.

以抖音、快手为代表的短视频异军突起,引发海量用户的关注(据抖音发布的《2020 年抖音数据报告》显示,抖音平台的日活跃用户规模超过 6 亿人)。抖音 App 凭借智能算法的信息推荐功能,借助音视频多媒体形式与各种炫酷特效的加持,契合了广大用户高强度、快节奏、个性化的生活样式,满足了其碎片化、娱乐化、感性化的观看习惯,迅速成为人民群众尤其青少年群体特别喜欢的短视频平台。我国社会主义意识形态建设可以借助抖音平台,以充满正能量的优秀作品实现寓教于乐、隐形宣传和精准传播,不断拓展社会主义意识形态的传播范围,进而增强广大用户对主流意识形态的普遍认同。作为承担我国社会主义意识形态传播重任的主流媒体纷纷入驻抖音,并开设官方账号,有效扩展了传播阵地,提升了传播实效。例如,截至 2022 年 1月 17 日,共青团中央账号发布 1363 个作品,关注量为 732.4 万,获得 1.8 亿次点赞;新华社账号发布 5568 个作品,关注量为 4896.5 万,获得 9.9 亿次点赞;人民日报账号发布 3525 个作品,关注量为 1.5 亿,获得 81.3 亿次点赞;央视新闻账号发布 5949 个作品,关注量为 1.3 亿,获得 59.2 亿次点赞。主流媒体还可以通过对抖音后台中的创作者服务中心采集和分析海量多维的用户数据,在更为精确地了解用户的信息需求的基础上优化作品编辑、制作、发布等流程,更好地实现正能量的传播和价值观的引导。

四、大数据预测功能有助于提升意识形态的治理效能

中国特色社会主义进入新时代,中华民族迎来了近代以来最好的发展时期,我国在取得巨大发展成就的同时也面临来自国内外的严峻挑战,二者同步交织、相互激荡。针对各种风险和挑战,习近平总书记强调:"危和机总是同生并存的,克服了危即是机。……要深入分析,全面权衡,准确识变、科

学应变、主动求变,善于从眼前的危机、眼前的困难中捕捉和创造机遇。"①就我国社会主义意识形态建设维度而言,"当今时代,社会思想观念和价值取向日渐活跃,主流的和非主流的同时并存,先进的和落后的相互交织,社会思潮纷纭激荡"②。因而,加强我国社会主义意识形态的风险防控,提升其治理效能势在必行。"大数据的核心就是预测。……它是把数学算法运用到海量数据上来预测事物发生的可能性。"③世界预测分析大会主席埃里克·西格尔在《大数据预测:告诉你谁会点击、购买、死去或撒谎》一书封面内页中写道:"大数据时代下,作为其核心,预测分析已在商业和社会中得到广泛应用。随着越来越多的数据被记录和整理,未来预测分析必定会成为所有领域的关键技术。"西格尔主张"从数据中学习,然后预测未来",并将"数据具有内在预测性"视为"数据效应"④。大数据的预测功能为增强我国意识形态治理能力的主动性、预见性、前瞻性提供了崭新理念和技术支撑。

(一)提升意识形态治理能力的整体协同性

从传统的视角来看,意识形态建设作为维护和巩固统治阶级理论体系和价值观念的工作,通常被视为一项务虚工作。因此,长期以来我国意识形态治理被赋予较为浓厚的主观色彩和模糊理念。从前者看,我国意识形态治理长期存在"拍脑袋"决策的老问题,"意识形态传统决策模式是指意识形态工作者依靠自己的价值观念、思想方法、学识才能、经验教训等,在对以往进

---

① 统筹推进疫情防控和经济社会发展工作 奋力实现今年经济社会发展目标任务[N].人民日报,2020-04-02(01).

② 习近平.论党的宣传思想工作[M].北京:中央文献出版社,2020:159.

③ [英]维克托·迈尔·舍恩伯格,[英]肯尼斯·库克耶.大数据时代:生活、工作与思维的大变革[M].盛杨燕,等译.杭州:浙江人民出版社,2013:16.

④ [美]埃里克·西格尔.大数据预测:告诉你谁会点击、购买、死去或撒谎[M].周昕,译.北京:中信出版社,2014:86.

行概括总结及对未来开展综合分析的基础上，展开决策活动的思维模式"①。主观主义、官僚主义现象在党和政府机构，也包括宣传思想文化部门屡禁不止、时有发生，尤其是少数意识形态相关部门的"少数关键"存在长官意识、霸道作风，严重影响社会主义意识形态的良好形象与社会认同。从后者看，在党的百年历程中，基于意识形态工作是做人的工作的基本定位，我们党形成了侧重"动之以情、晓之以理"的感性治理模式，虽然其在统一全党思想、凝聚社会共识方面取得了较为突出的历史成效，但这种历史惯性也带来了意识形态治理模式的滞后性、形式化问题，难以顺应并引领新时代社会思潮和价值观念多元多样多变的新常态。同时，过于倚重感性治理模式的老传统也导致定量分析方式在当前意识形态治理中应用不足，即使有的话，也主要是个案分析、抽样调查、局部考察等"小数据范式"。正如有学者指出，在前大数据时代，"囿于数据采集和数据分析手段的限制，小样本抽样调查、实验室典型案例观察、历史经验知觉感悟，以及基于有限变量的因果逻辑推演，构成了社会科学洞悉世界的主要手段"②，其在意识形态治理领域也不例外。上述两个问题在很大程度上制约了我国社会主义意识形态治理效能的有效提升。

在大数据时代，基于海量数据的不断涌现和大数据技术的迭代升级，大数据的预测能力获得极大提升，为解决上述两个问题提供了新的治理理念和技术支撑。"在互联网时代，领导者利用大数据技术的预测性分析功能，可以有效提高决策的精准化、科学化水平，提升数字治理效能，使大数据技术更好地服务于国家治理体系和治理能力现代化。"③从治理理念来看，大数据

---

① 吴家庆,曾贤杰.实施国家大数据工程 维护意识形态安全[J].湖南师范大学社会科学学报,2016(4):44.

② 董青岭.大数据安全态势感知与冲突预测[J].中国社会科学,2018(6):172.

③ 田田.大数据技术在领导者预测性决策中的运用价值和途径探析[J].领导科学,2021(18):38.

倡导的全样本思维和相关性分析为提升我国社会主义意识形态治理的整体协同性提供方法论指导。就治理主体而言,我国社会主义意识形态治理的整体协同性既指向意识形态职能部门之间的统筹协调,也需要党政机关、社会组织乃至社会公众的协同参与。就治理方式而言,我国社会主义意识形态治理的整体协同性也包括感性治理模式与理性治理模式的相互配合。全球复杂网络研究权威艾伯特-拉斯洛·巴拉巴西认为,人类的行为具有高度重复性和可预测性,大多数人类行为都是基于某些规模、原则和模型的具体反映,他甚至认为人类行为93%以上都是可以预测的,其在接受《人民日报》记者采访时强调:"建立在相关关系分析法基础上的预测是大数据的核心。大数据时代的来临为这种预测创造了绝佳的机会。"[1]从技术层面来看,利用大数据技术在感知社情民意、舆情动态的基础上积极引领多样化的社会思潮和价值理念也具有现实的可行性。例如,有学者基于百度指数对社会主义核心价值观的关注度问题进行了深入探索,利用灰色理论的灰色生成方法从百度指数曲线上抓取"社会主义核心价值观"一词每周的搜索指数,时间限定为2012年11月18日至2017年6月24日(这是从党的十八大至其论文撰写的时间区间),采取数据挖掘的方法对关键词的时间、地区、年龄等不同属性进行聚类分析并予以可视化呈现,科学分析了"社会主义核心价值观"公众关注的特征和趋势,为实现社会主义核心价值观的"靶向培育"提供了量化参照和技术支撑。[2]

(二)提升意识形态治理能力的主动预见性

从过去的历史来看,我国意识形态治理长期存在着滞后性的倾向。从理论创新来看,实事求是基本原则与主观主义、经验主义的斗争长期存在,党内

---

① 寻找通往未来的钥匙[N].人民日报,2013-02-01(23).

② 王永斌.谁在关注社会主义核心价值观——基于百度指数的大数据分析[J].马克思主义研究,2018(2):124-128.

经验主义倾向屡禁不止，理论创新因难以真实反映时代潮流和现实国情而导致马克思主义中国化时代化进程时常受阻，理论创新滞后于现实的发展便难以充分发挥先进理论的指导作用。特别是，"当代中国正在经历人类历史上最为宏大而独特的实践创新，改革发展稳定任务之重、矛盾风险挑战之多、治国理政考验之大都前所未有，世界百年未有之大变局深刻变化前所未有，提出了大量亟待回答的理论和实践课题"①。坚持问题导向，注重"两个结合"，将鲜活的经验及时进行总结凝练进而转化为普适性理论是新时代促进我国经济社会发展的必然要求。从治理实践而言，我国意识形态领域存在"亡羊补牢"式的被动防御模式，即意识形态职能部门在应对舆情事件、社会热点等总是习惯于被动应付式的解决思路，而缺少前瞻性应急预案、舆论过程监测和事后妥善处理等治理机制的介入。特别是在如何应对网络舆论方向，不少党政领导干部依然受制于自身意识不强和本领恐慌的困扰。习近平总书记认为在宣传思想工作和社会舆论引导等方面，"有些地方和部门遇到敏感复杂事件，习惯于采取'捂盖子'的做法，有的还通过宣传部门'灭火'。这种观念和做法在信息社会无异于掩耳盗铃"②。这种滞后性的治理模式极有可能激化社会矛盾，造成社会共识撕裂，引发较为严重的意识形态风险，从而制约意识形态治理效能的提升。

当前，我国意识形态治理空间呈现网络化、移动化、数据化、智能化趋势，线下现实世界与线上虚拟空间交织激荡的复杂态势。对此，习近平总书记将能否管好用好治理好互联网视为影响我们党长期执政的"最大变量"。他强调："我多次讲，过不了互联网这一关，就过不了长期执政这一关。"③如何将网络这个"最大变量"变成"最大增量"，积极引领和规范网络舆论，打造网

---

① 继续把党史总结学习教育宣传引向深入　更好把握和运用党的百年奋斗历史经验[N].人民日报，2022-01-12(01).

② 习近平.论党的宣传思想工作[M].北京：中央文献出版社，2020:188.

③ 习近平.论党的宣传思想工作[M].北京：中央文献出版社，2020:183.

上网下同心圆考验着我们党的网络意识形态治理智慧和治理能力。尤其是主流媒体作为承载和传播主流意识形态的主阵地，必须顺应形势之变，主动占领网络阵地，在网络上及时主动发声，引领"网络舆论场"与"主流舆论场"实现同频共振。我国主流媒体应该进一步强化对社会热点问题和网络舆论关切的积极引导，及时为干部群众关心的重大利益现实问题解疑释惑，应在大是大非和原则立场问题上充分发扬"亮剑"精神，必须敢于交锋、善于发声、长于引领，理直气壮地发出主流声音，澄清模糊认识，批驳错误观点，凝聚社会共识。

大数据时代的到来，为科学研判和合理处理网络舆情提供了新的技术手段，成为增强社会主义意识形态治理前瞻性、预见性、主动性和科学性的新动能。"在大数据时代，互联网上每天产生数以亿计的数据，大数据和人工智能技术通过对海量数据进行抓取、研究和判断，深入挖掘数据之间的相关性，能够实现网络舆情的提前预警，并对舆情研判和治理决策进行验证分析。"[1]社会主义意识形态工作者及相关人员应该积极探索运用大数据技术实时监控网络舆论复杂态势，及时发现并处理海量的结构性或非结构性舆情风险数据，灵活运用行之有效的信息疏导机制，实现意识形态风险治理由"亡羊补牢"向"未雨绸缪"的模式转型。例如，有学者针对网络舆情反转引发的问题，通过构建大数据预测模式实现网络舆情的前瞻性研判和科学化引领。他们根据信息生命周期理论，选取 logistic 模型作为网络舆情发展演化的常态模型，通过应用 MATLAB、EXCEL 等软件进行数据分析，并借助"抹香香"事件对构建的模型进行验证，从而为党和政府治理舆情反转问题提供科学方法和技术支持。[2]

---

① 李明德,邝岩.大数据与人工智能背景下的网络舆情治理:作用、风险和路径[J].北京工业大学学报(社会科学版),2021(6):2.

② 夏一雪等.大数据环境下网络舆情反转机理与预测研究[J].情报杂志,2018(8):92-96+207.

（三）提升意识形态治理能力的动态即时性

马克思主义唯物辩证法告诉我们，运动是物质的存在方式，是宇宙间发生的一切变化和过程，社会历史发展也不例外。从发展的视角来看，伴随生产力与生产关系、经济基础与上层建筑的互动运动，人类社会历史也呈现一个加速发展的态势。马克思恩格斯曾对资本主义制度对社会生产力的加速作用给予高度评价，"资产阶级在它的不到一百年的阶级统治中所创造的生产力，比过去一切世代创造的全部生产力还要多，还要大。自然力的征服，机器的采用，化学在工业和农业中的应用，轮船的行驶，铁路的通行，电报的使用，整个整个大陆的开垦，河川的通航，仿佛用法术从地下呼唤出来的大量人口——过去哪一个世纪料想到在社会劳动里蕴藏有这样的生产力呢？"①当前，伴随大数据、云计算、人工智能等新一代网络信息技术的快速发展及广泛应用，人类社会的加速趋势更为明显，英国文化学者汤姆林森在《速度文化：即时性的到来》一书中以通信技术为例印证了当代资本主义社会的加速特征。"后工作"理论家亚历克斯·威廉姆斯和尼克·斯尔尼塞克则在《加速主义政治宣言》一文中强调了加速社会呈现了数据化、平台化的新特征，指出："加速主义希望解放潜在的生产力……现存的基础设施并不属于需要摧毁的资本主义，而是走向后资本主义的跳板。"②奇点大学创始人雷·库兹韦尔则提出"加速回报定律（Law of Accelerating Returns）"③，以此形象地描绘科技的迭代升级对人类社会进步的促进作用。当代中国正加速奔走在实现中华民族伟大复兴中国梦与建设社会主义现代化的进程中，我们在加速推进各方面发展的同时，也要警惕"加速主义"可能带来的风险隐患。"以马克思

---

① 马克思恩格斯文集（第二卷）[M].北京：人民出版社，2009：36.

② Alex Williams, Nick Srnicek. Accelerate: Manifesto for an Accelerationst Politics [A]. Robin Mackay, Armen Avanssian. Accelerate: The Accelerationst Reader Falmouth [C]. Urbanomic, 2014: 355.

③ [美]库兹韦尔.奇点临近[M].李庆诚，等译.北京：机械工业出版社，2011.

主义为指导来审视加速主义,对于把握加速主义的思想内涵、挖掘加速主义的价值意蕴、认清其理论的局限性具有重要意义,也为我国贯彻新发展理念、推动新时代中国特色社会主义建设提供有益启示。"①就大数据技术而言,其也具有高速性的显著特征。"大数据时代数据产生的速度更快、途径更多、传播更广,数据成爆炸式增长,海量的数据增长需要及时而有效地处理,否则随着数据的动态流动,数据的价值会很快失效。"②

大数据的高速性特征使其预测功能的动态即时性更为凸显。大数据时代,海量数据的不断涌现和各种感知设备的广泛存在,时刻都在为大数据预测功能的发挥提供必要的数据资源。大数据技术的数据采集存储和分析应用具有鲜明的动态特征。考虑到数据折旧的现实问题,大数据预测功能还呈现出强烈的即时性特征。因为伴随社会实践的不断发展,大多数已有的数据将会逐渐失去其原有的用途。如果固守这些旧数据,那么不仅无法使其继续增值,还有可能阻碍新数据的生成和价值的发挥。这就意味着,如果不对海量数据即时加以利用,其价值性将出现明显的衰减趋势。有学者认为:"由于大数据预测是一种动态的过程,一方面,可以帮助决策者不断改进和优化现有决策,另一方面,大数据的预测是具有时效性的,并不是该预测结果会一直有效。"③大数据预测功能的动态即时性特征有助于提升我国社会主义意识形态治理的实效性。

大数据时代,社会思潮与价值观念交流交融交锋的态势更为明显,意识形态风险防控面临更为严峻的挑战,这就要求我国意识形态治理必须摒弃僵化的、教条的、程式化的思维方式,做到因势而谋、应势而动、顺势而为。尤

---

① 李慧敏.当代西方加速主义批判理论的哲学审视[J].内蒙古社会科学,2021(4):63.

② 付安玲,张耀灿.大数据助力网络意识形态治理及提升路径[J].马克思主义研究,2016(5):107-108.

③ 胡亚谦.大数据预测能力对公共决策的影响[J].东北大学学报(社会科学版),2016(3):284.

其是在网络意识形态治理中，大数据预测分析有助于实现网络舆情全过程的动态监测，依托智能感知设备和数据挖掘技术实时处理高速流转的巨量数据，把握网络舆情的生产源头、扩散规律与传播趋势，从而实现全网舆情热点的及时跟踪、在线监测与适时引导，使网络舆情监测工作更具时效性、针对性。以微博为例，微博作为一个受众广、传播快、影响大的新媒体，已成为网络舆情高频高发的舆论场，是需要主流意识形态高度关注的重要阵地。有学者提出通过"收集微博热点的相关数据，如历史点击率、回帖数等，然后对数据进行聚类分析，找到与待预测点相关的样本作为训练样本，最后采用极限学习机对训练样本进行学习，并确定极限学习机相关参数，构建微博热点预测模型，并对其性能进行分析"①。他们还以微博热点"公交车抢方向盘事件"进行模型验证，获监测精度平均值超过95%的结论。上述类似的舆情分析模型对于分析研判网络舆情，提升网络意识形态治理效能提供了新的机遇和思路。

五、大数据实现手段有助于拓展意识形态的建设方式

习近平总书记强调："做好宣传思想工作，比以往任何时候都更加需要创新。"②伴随网络化、信息化、智能化的发展趋势，我国社会主义意识形态建设的主阵地逐渐向网络空间转移，呈现网上网下相融合的新态势。"互联网新技术新应用不断发展，使互联网的社会动员功能日益增强。要传播正能量，提升传播力和引导力。"③大数据技术嵌入我国社会主义意识形态建设不

---

①　王哲,刘贵容,彭润亚.基于大数据分析方法的微博热点建模与预测[J].现代电子技术,2019（21）:74.

②　中共中央文献研究室.习近平关于全面深化改革论述摘编[G].北京:中央文献出版社,2014:84.

③　加快推进网络信息技术自主创新　朝着建设网络强国目标不懈努力[N].人民日报,2016-10-10(01).

是"生硬拼装",而是"有机嫁接",这就需要充分利用相关载体平台提升二者的融合度、耦合性。本书认为以各类数据库为载体依托、以算法技术为内核驱动、以人工智能为实现方式,充分发挥大数据及其应用"数据驱动"的正向功能才能不断丰富与扩展我国社会主义意识形态建设的平台载体,提升其建设实效。

（一）数据库为意识形态建设提供信息化载体

数据库是用来管理数据的技术工具和软件平台,有数据的地方就有数据库技术的应用。人类诞生伊始就开始了数据管理的历程。从原始社会的"结绳记事"到封建社会的"数据中心"——图书馆的诞生,再到近代以来穿孔打卡系统的发明,都反映了人类数据管理的发展历程。但整体而言,在专业数据库诞生之前的数据管理相对比较简单、效率也较为低下。二战后,伴随信息技术的发展和社会数据量的激增,传统的数据管理面临着数据环境、数据需求和传统技术等诸多局限,因而擅长于处理大规模复杂性数据的数据库技术应运而生。1965 年,以首位图灵奖得主计算机专家巴克曼（Bach-man C）发表的"In-tegrated Data Store"（该论文提出了世界上第一个数据库系统 IDS）为标志,结束了数据管理"有文无库"的时代,数据库开始诞生。1968 年,IBM 公司推出基于层次模型的数据库系统 IMS,数据库概念渐成雏形。随后,数据系统语言会议 CODASYL 专门组织了一个 DBTG（数据库工作组）,DBTG 报告则进一步定义了以网络数据模型为代表的数据库相关概念。1970 年,就职于 IBM 的埃德加·弗兰克·科德（E.F.Codd）在《美国计算机学会通讯》发表了关于关系数据模型的开山之作"A Relational Model of Data for Large Shared Data Banks"一文,该文被认为是数据库系统历史上具有划时代意义的里程碑,其推动了数据库由网状和层级数据库向关系型数据库的转型。关系型数据库大大提升了数据管理的效率,引发了海量、结构性数据管理的技术革命。进入 21 世纪,伴随数据量几何指数的激增和数据结构的日益繁杂,结构性数据库在处理以图片、音频、视频、网络日志等为主要内容的非结构性数据时开始面临着捉襟见肘的窘境。大数据时代的到来,催生了结构性数据库与非结构性数据库的相对划分,前者以处理高度结构化的数据见长,后者在处理异质多模态数据中具有相对优势。当前,非结构性数据占到全球数据量的80%以上,成为亟待深挖的"金矿"。"以 MapReduce 和 Hadoop 为代表的非关系数据分析技术,凭借其适合非结构数据处理、大规模并行处理、简单易用等突出优势,在互联网信息搜索和其他大数据分析领域取得了重大进展,已成为大数据分析的主流技术。"①

　　习近平总书记强调:"要运用互联网和大数据技术,加强哲学社会科学图书文献、网络、数据库等基础设施和信息化建设,加快国家哲学社会科学文献中心建设,构建方便快捷、资源共享的哲学社会科学研究信息化平台。"②相关数据库的开发与应用对于提升我国社会主义意识形态建设的信息化、数字化、智能化水平,丰富和拓展意识形态建设载体平台提供了新的技术动能。一方面,数据库在数据搜集和查询中的技术优势。从技术层面来看,通信互联网、能源互联网与物流互联网三大物联网主体可以将处于网络时空中的所有人和物的数据集合起来,"海量的传感器被接入物联网,海量的信息被采集、存储和挖掘,例如 NB—IoT(Narrow Band Internet of Things)比起原来的全球移动通信系统将能够覆盖更广泛的连接和传输领域,原本很多有信号死角的地方也都可以实现有效的连接……这样我们就可以把日常生活、工作、学习娱乐过程中大量的事物接入物联网,从而获得与之相关的海量数据"③。我们可以利用不同类型的数据库把万事万物的实然存在转变成

　　① 李国杰.大数据研究的科学价值[J].中国计算机学会通讯,2012(9):10.

　　② 习近平:在哲学社会科学工作座谈会上的讲话[N].人民日报,2016-05-19(02).

　　③ 刘庆振,于进,牛新权.计算传播学——智能媒体时代的传播学研究新范式[M].北京:人民日报出版社,2019:52-54.

为规模庞大的数据资源，从而为加强和改善我国社会主义意识形态建设提供丰富、全面和翔实的原始信息。数据库既具有收集存储不同类型的数据资源的强大能力，同时还能实现数据资源的实时更新。我们可以充分利用互联网的强大传播和存储功能，突破时空局限，为意识形态工作者及相关人员提供不限制时间、不限制数量的数据资源下载，促进我国社会主义意识形态丰富内容在多维时空向度的广泛传播。例如，在党中央和中宣部、国家广播电视总局的大力指导下，由人民出版社开发的中国共产党思想理论资源数据库，分别搭建了"马克思主义著作库""中共党史库""中国特色社会主义建设数据库""习近平中国特色社会主义思想库""党和国家重要文献库"等12个子库，借助13000多册、7000多万个知识点实现了马克思主义及其中国化的理论成果全覆盖，通过"按语句检索""按章节检索""按图书检索"等不同方式能够较为迅速准确查找所需内容，被各界人士誉为"用科学技术传播中国化马克思主义的重大创新工程"。

另一方面，数据库在数据分析和应用中的技术优势。从海量数据中挖掘"为我所用"的信息是大数据的核心价值所在。数据库在对海量异形数据进行自动感知、搜集存储的基础上，借助用户兴趣分析、情感语义分析、网络行为分析等手段，实现数字资源的结构化、条理化和可视化，进而为意识形态工作提供更先进的技术支撑。例如，近年在"数字人文"研究热潮的助推下，国内已有学者开始利用大数据技术进行意识形态相关研究并取得初见成效。重庆邮电大学的李文清等人以党和国家重要文献选编、习近平总书记系列重要讲话等作为数据源，使用智分析（Smart Analyze）平台［该软件是一款由重庆邮电大学与码有引力（重庆）科技有限公司联合开发的基于自然语言处理技术的智能化文本大数据分析平台］，着重从关键词汇分析、关键短语分析、无监督主题模型，以及网络社区划分等网络智能方法入手，从建党百年作风建设的相关文本中进行特征提取和总结。①总之,数据库技术能够对海量复杂的数据进行行之有效的存储管理、应用分析,为加强和改善我国社会主义意识形态建设实效提供了更为便捷智能的技术条件和传播平台。

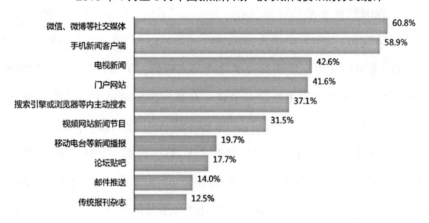

2016 年 1 月至 3 月中国新媒体用户获取新闻资讯的方式统计

样本:N=1727;根据2016年1月至3月iClick社区2016年调研问卷-网络新媒体调研数据获得.

图 7　2016 年 1 月至 3 月中国新媒体用户获取新闻资讯的方式统计

(二)算法技术为意识形态建设提供技术支撑

作为计算机科学的一个概念,算法是用来描述"一种有限、确定、有效的并适合用计算机程序来实现的解决问题的方法。算法是计算机科学的基础,是这个领域研究的核心"②。在大数据时代,海量数据本身无法实现主动"发声",这就需要我们借助算法技术对其进行智能分析,从中筛选和挖掘出有价值的"金矿"。"数据本身是中性的,而且庞大的数据堆积是没有意义的。"③算

①　李文清,杨莉芸,陈蕊.中国共产党百年作风建设的特征分析及经验启示——基于大数据文本挖掘[J].广西社会科学,2021(7):31.

②　[美]Robert Sedgewick,[美]Kevin Wayne.算法(第 4 版)[M].谢路云,译.北京:人民邮电出版社,2012:01.

③　郑二利,王颖吉.人工智能时代的数据意识形态——基于大数据对价值观和行为活动影响的思考[J].新闻与传播评论,2019(1):75.

法技术的应用是将数据从"生产要素"转化为"技术赋能"的关键所在。"算法是人工智能技术与大数据技术的关联节点。在移动互联网上,社交媒介、定位技术、搜索引擎等给用户日常生活提供极大便利的同时,也实时生成和储存着大量相关数据。"①

大数据时代的到来使得算法技术逐渐从"幕后"走向"台前",深度嵌入社会生活诸领域,人类开始进入"算法社会"。可以说,算法既是一种技术性存在,同时也可以从更宽泛的社会文化视角去理解。美国著名的社会学家尼克·西弗认为,虽然算法主要是一个建立在数理逻辑基础上的计算机概念,但这并不是理解算法的唯一视角。我们应该从更广泛的视角探讨算法与文化的关系。他甚至认为在数字化生存的今天,算法已不仅是社会文化建构的影响因素,更是已然成为社会文化实践本身,即他所谓的"算法文化"(algorithms as culture)②。基于当下算法技术对社会生活的广泛介入,国内也有学者将算法视为"多元传递模式下的一种技术制度和文化实践"③。对于我国社会主义意识形态建设而言,算法也成为一个我们应关注的重要技术因素。"大数据时代的算法技术快速发展,改变互联网信息传播方式,影响网络空间意识形态分布格局和延伸领域。"④

"现代社会中的意识形态分析,必须把大众传播的性质与影响放在核心位置,虽然大众传播不是意识形态运作的唯一场所。"⑤从人类传播技术发展史来看,传播技术的每一次重大变革都在不断突破信息传播的时空局限,促成人类社会在更大范围和更广领域的信息交互,从而为异质意识形态和多

① 完善算法技术 规范算法应用(数字时代的美好生活)[N].人民日报,2021-05-14(20).

② N.Seaver,"Algorithms as Culture:Some Tactics for the Ethnography of Algorithmic Systems"Big Data & Society,2017(2):1-12.

③ 孙萍,刘瑞生.算法革命:传播空间与话语关系的重构[J].社会科学战线,2018(10):185.

④ 陈联俊.算法技术影响网络空间意识形态安全探析[J].马克思主义理论学科研究,2021(8):109.

⑤ [英]约翰·B.汤普森.意识形态与现代文化[M].高铦,等译.南京:译林出版社,2005:286.

元价值观念的交流交融交锋创造有利的技术前提和丰富的媒介载体。我国传统意义上主流意识形态传播更为强调传者主导模式，即"我讲你听、我打你通"的单向灌输模式。但是在大数据时代，随着以"三微一端"为代表的新媒体不断发展，算法推荐技术已成为信息分发的重要模式。算法推荐技术通过对场景、内容、用户偏好和平台优先级的权重分配和综合分析，以实现信息的聚合和过滤，借助画像与分发以提升信息的流通和消费，利用反馈与修正以实现信息的引导和调控，有效解决了信息超载时代信息与人如何实现精准匹配的难题，引领了信息传播方式的新变革。对此，习近平总书记强调："新闻客户端和各类社交媒体成为很多干部群众特别是年轻人的第一信息源，而且每个人都可能成为信息源。有人说，以前是'人找信息'，现在是'信息找人'。"①在大数据时代，算法推荐技术正在推动传统意义上传者主导的信息传播模式向受众本位的信息传送方式的新变革，构成了影响我国社会主义意识形态建设实效的技术因素和底层逻辑。面对大数据时代算法推荐技术引发的传播革命，作为以承载与传播社会主义意识形态为己任的主流媒体也应顺势而为、应势而动，"要适应社会信息化持续推进的新情况，加快传统媒体和新兴媒体融合发展，充分运用新技术新应用创新媒体传播方式，占领信息传播制高点"②。"借助主流媒体的算法逻辑，将主流媒体的权威信息，社会创作者的海量优质内容推送至以用户为中心的新型主流媒体平台，塑造具有正向'价值观'引领的使用体验，无疑将有助于增强媒体的核心竞争力。目前，'总台算法'在央视频平台'影视'板块上线。'总台算法'将宣传导向、艺术价值和商业价值有机结合，根据用户兴趣喜好，在短视频、长视频、移动直

---

① 习近平.论党的宣传思想工作[M].北京:中央文献出版社,2020:353.
② 中共中央文献研究室.习近平关于全面深化改革论述摘编[G].北京:中央文献出版社,2014:84-85.

<<<< 183

播中实现多业务混合推荐,为用户提供良好收视体验。"①大数据时代,算法技术对于破解我国社会主义意识形态传播困境、提升传播效果,丰富与拓展意识形态建设载体平台带来了新的时代机遇。

（三）人工智能为我国社会主义意识形态建设提供智慧服务

"人工智能(Artificial Intellegence, AI)就是让计算机完成人类心智(mind)能做的各种事情。"②作为一个正式概念,"人工智能"最早是由摩尔、麦卡锡、明斯基、赛弗里奇、所罗门诺夫等计算机科学家们于1956年毛特达斯会议上提出来的,随后人工智能学科在发展中屡经沉浮。以2016年AlphaGo战胜世界围棋冠军李世石为标志,人工智能又一次重新回到大众视野,正在形成一股万众瞩目的时代热潮。"新一代人工智能则借助智能感知、互联网、大数据等技术,将智能建立在经验数据的基础上,依靠海量经验数据,通过数据挖掘、深度学习来获取经验和知识,从中提炼出智能所需要的理论和规律。"③当前新一代人工智能是大数据、物联网、云计算和算法等构成的技术复合体。新一代人工智能的发展趋向在于通过大数据与深度学习的有机结合,赋予机器类人性的具体功能。如果说大数据是信息社会发展的新阶段,那么在很大程度上,人工智能就是大数据发展的新阶段。"随着数据的海量增长、数据处理及运算能力的提升、机器深度学习技术的快速发展,人工智能不仅被广泛应用于自然科学领域,同样涉足于政治、文化、法律等人文社会科学领域,被用来广泛采集用户信息、分析用户特征,以此为基础判断、干预甚至操控社会问题与社会现象。"④马克思主义关于科学技术与意识形态的内在关联性论析启示我们,人工智能与意识形态之间也存在着相互影响、

① 主流媒体如何驾驭算法? 有思路了……[EB/OL].https://36kr.com/p/1417567117802882.

② [英]玛格丽特·博登.AI:人工智能的本质与未来[M].孙师慧,译.北京:中国人民大学出版社,2017:3.

③ 黄欣荣.新一代人工智能研究的回顾与展望[J].新疆师范大学(哲学社会科学版),2019(4):88.

④ 杨爱华.人工智能中的意识形态风险与应对[J].求索,2021(1):68.

密不可分的互动关系。"当今时代完全疏离意识形态的人工智能,或者完全疏离包括人工智能在内的科技革命成果的意识形态,都是不可想象的。"①

　　人工智能成为赋能我国社会主义意识形态建设的新的技术动能和载体手段,为加强和改善意识形态工作提供了新的时代机遇。首先,人工智能有助于提升我国社会主义意识形态的建设精度。例如在智能媒体领域,人工智能与大众媒体的深度融合,进一步强化了智媒时代"用户至上"的传播理念和多对多的传播模式。"仰仗智能算法技术,传统'一刀切'式的信息推送模式将被'个性化'的推送模式所淘汰和取缔,意识形态的传播模式迎来了新变化。"②基于算法推荐技术的人工智能通过对用户进行"精准画像",主动推送满足其个性化需要的信息,极大地改变了传统信息传播的单向线性模式,提升了信息分发的精准化和个性化,增强了用户"黏性",为提升我国社会主义意识形态建设精度提供了新利器。其次,人工智能有助于提升我国社会主义意识形态的建设力度。在人工智能技术背景下,传播权力的扁平化和去中心化特征更为明显,传播载体和方式更加多元多样。与此同时,伴随语音识别、人脸识别、智能合成、VR/AR/MR、可穿戴智能设备的技术加持,将极大提升用户的感官体验,营造出"沉浸式"的传播环境,改变过去主要依靠文字、声音、图片、视频为主要载体的"平面化"呈现模式,使我国社会主义意识形态建设载体更为智能化、多样化、立体化,有效提升我国社会主义意识形态建设的吸引力、感染力,从而增强其建设力度。最后,人工智能有助于提升我国社会主义意识形态的建设效度。习近平总书记强调党的新闻舆论工作要坚持和体现"时度效"的原则。对于我国社会主义意识形态建设而言,无疑也具有指导意义。在万物互联、人技协同、人机共生的智能时代,我们主动促进

---

　　① 张志丹.保持人工智能与意识形态之间的张力[J].东华大学学报(社会科学版),2020(4):327.

　　② 范洁,张志丹.人工智能时代意识形态工作面临的机遇与挑战[J].南通大学学报(社会科学版),2020(5):2.

人工智能与我国社会主义意识形态建设的有机融合，最终目的是提升社会主义意识形态建设的实效性。当前，以新华社、人民网、中央广播电视总台等为代表的主流媒体"国家队"积极利用人工智能技术，通过开发智能写稿机器人、创设虚拟主播等方式，有效提升了信息生成与传播的效率和范围，也为提升我国社会主义意识形态建设实效性提供了智能化技术服务和智能化载体支撑。

第六章　大数据时代我国社会主义意识形态建设面临的严峻挑战

　　历史与现实证明，先进的科学技术在助推人类社会深刻变革的同时也对人类社会发展带来诸多风险，科技的进步似乎总是以牺牲人类的利益为代价。诚如马克思所言："技术的胜利，似乎是以道德的败坏为代价换来的。随着人类愈益控制自然，个人却似乎愈益成别人的奴隶或自身的卑劣行为的奴隶。甚至科学的纯洁光辉仿佛也只能在愚昧无知的黑暗背景上闪耀。我们的一切发明和进步，似乎结果是使物质力量成为有智慧的生命，而人的生命则化为愚钝的物质力量。"①科学技术的"双刃剑"效应告诉我们，大数据在赋能我国社会主义意识形态建设的同时也使其面临着前所未有的严峻挑战。

一、数据至上思潮弱化意识形态的权威属性

　　从意识形态视角来看，大数据凭借其巨大魔力和神奇力量正在催生一

---

　　①　马克思恩格斯文集(第二卷)[M].北京:人民出版社,2009:580.

种新的社会思潮,即"数据至上"的社会思潮。这一思潮将数据视为识别事物的唯一标识,将数据看作评判事物价值的至上原则,对我国社会主义意识形态的权威属性和主导地位提出了严峻挑战。

(一)数据至上思潮的意识形态审视

关于何谓思潮,马克思主义经典作家并没有作出过明确的概念界定,但经典作家对于思潮或社会思潮的相关论述颇具启发价值。例如,马克思恩格斯就将自己创立的学说称之为"新思潮",马克思认为:"新思潮的优点就恰恰在于我们不想教条式地预料未来,而只是希望在批判旧世界中发现新世界。"①恩格斯也曾在《关于共产主义者同盟的历史》一文中回顾了这个曾一度被他人耻笑的"新思潮"逐渐发展成为引领世界工人运动理论指南的斗争历程。列宁曾对"思潮"作过近似概念的解读,"所谓思潮,只是指这样一种政治思想的总和,这些政治思想无论在革命(因为我们离革命很近,而且我们在各方面都是以革命为转移的)还是反革命的一切最重要问题上都是观点明确的,此外,这些政治思想由于在工人阶级广大阶层中得到传播而证明自己有权作为一种思潮而存在"②。这一论断阐明了思潮所代表的阶级利益、思潮所内含的明确观念及思潮所产生的社会影响。按照《中国大百科全书(哲学卷)》的界定,思潮就是"反映特定环境中人们的某种利益或要求并对社会生活有广泛影响的思想趋势或倾向。思潮有时表现为由一定理论形态的思想作主导,有时又表现为特定环境中人们的社会心理,是社会意识的综合表现形式"③。综上,我们可以对"思潮"或者"社会思潮"作出如下界定:思潮是受特定社会环境影响的、反映社会群体利益诉求的、产生较大社会影响的一

---

① 马克思恩格斯全集(第1卷)[M].北京:人民出版社,1956:416.

② 列宁全集(第20卷)[M].北京:人民出版社,1989:348-349.

③ 中国大百科全书出版社编辑部.中国大百科全书(哲学卷)[M].北京:中国大百科全书出版社,1987:416.

种意识形态具体形式。

伴随泛在网、云计算、智能感知、数据科学等新一代信息技术的不断发展，大数据时代逐渐到来。大数据技术正以超乎想象的速度、深度、广度介入人类社会各个领域，并对人们的生产、生活乃至思维方式形成巨大冲击。大数据使得"一切皆可数据化"成为可能，有学者甚至作出了大数据"越来越被理解为接近'现实'本身"[①]的论断，或许我们可以将这种倾向视为古希腊时期毕达哥拉斯学派关于"数是万物本源"观点在大数据时代的新面孔。关于由大数据引发的人类社会深刻变革，《大数据时代：生活、工作与思维大变革》的作者舍恩伯格和库克耶直言："大数据开启了一次重大的时代转型。"在大数据时代，数据正在成为日益重要的生产要素，大数据也寓意着新的世界观和价值观的出现。大数据凭借其巨大魔力和神奇力量正在催生出一种新的社会思潮，即"数据至上"的社会思潮。这一思潮认为世间万物和人类社会正在趋向"数据化"，不断激增的数据逐渐彰显着世界的本质，数据构成了世界的本源。"让数据发声"成为人们解决一切问题的灵丹妙药，大数据技术成为人们认识世界和改造社会的一把万能钥匙。这种思潮追求世间万物的数据化，是一种试图单纯依靠数据进行思考、管理、决策的极端倾向。此外，人们还用"数据拜物教""大数据主义""数据原教旨主义""数据宗教"等不同的称谓来指代它。

数据至上思潮体现为两大特征：一是以"数本主义"取代"人本主义"的价值倾向，人的主体地位淹没于数据海洋。"在18世纪，人本主义从以神为中心的世界观走向以人为中心，把神推到了一旁。而在21世纪，数据主义则可能从以人为中心走向以数据为中心，把人推到一边。"[②]二是秉持所谓的"价值中立"的客观性原则。数据至上思潮遵循如下逻辑："首先，大数据几乎可以

---

① David.Chandler. A world without causation：big data and the coming of age of posthumanism[J]. Millennium，2015（3）：833-851.

② ［以色列］尤瓦尔·赫拉利.未来简史[M].林俊宏，译.北京：中信出版社，2017：354.

看成是客观世界和人类行为的真实映像;其次,大数据的技术化收集是客观中立的;再次,大数据的技术化挖掘与分析是客观中立的;最后,大数据所自动揭示出来的'洞见'必定是真实、有用的。"①然而实际上从数据采集开始,大数据技术及其应用的每一个环节都隐含着人为干预的因素和意识形态的隐形影响,所谓的"价值中立""绝对客观"是不存在的。"数据化的范式在今天实际上具有强烈的意识形态或者说价值取向。"②可以说,在"数据为王"的大数据时代,大数据技术正在重塑人类社会的价值观,驱动主体价值的多元化趋向。数据至上思潮对我国社会主义意识形态的权威属性提出了严峻挑战。

(二)意识形态的权威属性阐析

权威是人类社会的普遍现象。权威源自人类的群体生活需要和根植于社会的生产关系,在不同历史阶段具有不同的表现形式。权威的来源主要有两个方面:一是权力的强制命令,二是对威信的自觉服从。正如恩格斯所言:"这里所说的权威,是指把别人的意志强加于我们;另一方面,权威又是以服从为前提的。"③特定社会制度下的国家政权必定存在着唯一的权威性意识形态。意识形态的权威性源自其"主导"与"主流"的有机结合。其中,"主导"是指在国家制度框架内,以国家权力为背书,意识形态以制度化方式确证其统治地位;"主流"是指意识形态为罗普大众主动接受和自觉认同,在事实上确认其主导地位。"统治阶级的思想在每一个时代都是占统治地位的思想。"④就当代中国而言,社会主义制度决定了以马克思主义为指导的社会主义意识形态理应成为党和国家的主流意识形态,从而彰显其政治权威性。就现实而言,一种意识形态能否成为主流意识形态,还需要看其能否在应对引领多

① 杨子飞."第三洞穴"与"数据主义"——论大数据社会科学的内在矛盾[J].自然辩证法研究,2016(8):65.

② 林建武.数据主义与价值重估:数据化的价值判断[J].云南社会科学,2020(3):48.

③ 马克思恩格斯文集(第三卷)[M].北京:人民出版社,2009:335.

④ 马克思恩格斯文集(第一卷)[M].北京:人民出版社,2009:550.

种意识形态的斗争中真正赢得大众的支持和认同,展现其理论权威性。意大利共产党的代表人物葛兰西将这种基于自觉认同的理论权威视为不同阶级对"文化领导权"的激烈争夺。从理论维度来看,以马克思主义为指导的社会主义意识形态具有鲜明的人民性、科学性、时代性、实践性等特征,具有掌握群众的理论权威。然而就现实状况而言,我国改革开放以来各方面体制机制的深刻调整带来了经济社会的全方位变革,意识形态随之出现世俗化、生活化、文化化、媒介化、信息化等时代转向,意识形态领域呈现了前所未有的复杂态势,我国社会主义意识形态的政治权威和理论权威面临着严峻挑战。习近平总书记强调:"任何一个社会都存在多种多样的价值观念和价值取向,要把全社会意志和力量凝聚起来,必须有一套与经济基础和政治制度相适应、并能形成广泛社会共识的核心价值观。"①如何在应对与引领多样化社会思潮中巩固马克思主义的主导地位,实现意识形态领域"一元主导"和"多样并存"的良性互动、协同发展考验着中国共产党的执政智慧和社会主义意识形态的领导能力。

（三）数据至上思潮弱化意识形态权威属性的具体表征

如上所述,权威的产生和存在具有历史的必然性。人类社会的群体性特征决定了共同秩序的需求,这就需要有一些人或者机构通过某些社会职能调节社会冲突、统一社会意志,促进该社会生产生活的有序进行。恩格斯在《论权威》一文中列举了诸多客观事实进而说明:"不论在哪一种场合,都要碰到一个显而易见的权威。"②就意识形态建设的权威性而言,"一种意识形态想要既在制度上确立主导地位又在社会生活中确立主流地位,就必须坚持政治权威和理论权威相结合"③。就我国社会主义意识形态的权威性而言,

---

①　习近平.论党的宣传思想工作[M].北京:人民出版社,2020:52.

②　马克思恩格斯文集(第三卷)[M].北京:人民出版社,2009:337.

③　刘伟.论马克思主义意识形态的理论权威建设[J].理论探索,2016(6):47.

以马克思主义为指导的社会主义意识形态凭借其雄厚的经济基础与强大的政治权力无疑具有超强的政治权威。另一方面,在多样化社会思潮和价值观念的冲击下,社会主义意识形态的理论权威彰显不足。政治权威与理论权威的失衡现象制约了社会主义意识形态权威性的体现,也削弱了其凝聚共识、统一思想的职能。

伴随大数据时代的到来,各行各业都在谈论大数据、应用大数据,在思想文化领域催生出一股"数据至上"的社会思潮。这一思潮也从两个方面对我国社会主义意识形态的权威属性提出了严峻挑战。一方面,这一思潮对我国社会主义意识形态政治权威的挑战。大数据时代,数据如同工业时代的石油一般,正在成为数字时代的战略资源和生产要素,大数据相关产业成为新一轮的投融资风口,正在形成推动我国经济发展的新动能,技术与资本的合谋对我国的经济基础和政治权力产生严重威胁,进而影响我国社会主义意识形态的政治权威。"现阶段,我国存在国有资本、集体资本、民营资本、外国资本、混合资本等各种形态资本,并呈现出规模显著增加、主体更加多元、运行速度加快、国际资本大量进入等明显特征。"[1]就我国大数据产业发展现状而言,"现有大数据企业多数为外资控股或具有外资背景,民族企业尤其是国有企业稀缺,国有资本在这一领域不仅不占主体地位,而且缺乏必要的控制力"[2]。例如,拥有海量数据资源和强大技术优势的"BAT"——百度、阿里巴巴、腾讯,其均是股权结构复杂的互联网公司。以阿里巴巴为例,日本的软银是第一大股东,占比为25.9%;美国的Altaba则为第二大股东,持有9.4%的股份;马云作为创始人,仅拥有6.2%的股份,位居第三。与阿里巴巴类似,"目前已有上百家中国企业利用VIE在境外资本市场上市,数千家企业以VIE

---

① 习近平谈治国理政(第四卷)[M].北京:外文出版社,2022:218.

② 透析国家安全视野中的大数据发展问题[EB/OL].http://theory.people.com.cn/n1/2016/1109/c40531-28846681-2.html.

架构接受了国外私募股权基金(PE)、风险资本(VC)投资。VIE 模式①已成为我国互联网企业获取融资的重要途径。通过这种方式,我国互联网企业与外资实现了大规模结合"②。列宁曾深刻指出:"凡是资产阶级经济学家看到物与物之间的关系(商品交换商品)的地方,马克思都揭示了人与人之间的关系。"③私营资本、外资企业等非公经济形式对我国大数据产业的资本操控极有可能演变为严峻的经济和政治风险,进而消解我国社会主义意识形态的政治权威。另一方面,这一思潮会对我国社会主义意识形态理论权威产生负面影响。这一思潮导致数据主义的泛滥,正如史蒂夫·洛尔所言,大数据主义主张"所有决策都应当逐渐摒弃经验与直觉,并加大对数据与分析的倚重"④,单纯的数据分析极可能减弱我国社会主义意识形态建设"以理服人""以情感人"的传统优势,降低意识形态工作应该有的感性色彩与人文情怀。

当"数据至上"成为各行各业信奉的畸形价值观,由此引发的网络乱象便成为影响我国社会主义意识形态理论权威的"数字噪声"。例如,数据至上社会思潮在数字经济中容易形成"流量为王"的价值取向,甘当"数字劳工"的狂热粉丝为自己喜欢的明星打榜应援,不同粉丝群体在网络世界为捍卫各自的偶像尊严杀得你死我活,经纪公司联合粉丝群并结合"流量造假"提升明星曝光度等娱乐圈乱象层出不穷。对此,有学者指出:"政治与娱乐在新媒体和新技术时代相互裹挟,成为一种新的流量政治奇观,却无助于在复杂的历史和现实情境中缓解冲突、加强共识。"⑤"饭圈文化"导致青少年盲目跟

　　① VIE 模式一般指可变利益实体。可变利益实体(Variable Interest Entities;VIEs),即"VIE 结构",也称为"协议控制",其本质是境内主体为实现在境外上市采取的一种方式。

　　② 黄浩.外资控股中国互联网企业的隐患与解决对策[J].经济纵横,2021(5):37.

　　③ 列宁专题文集　论马克思主义[M].北京:人民出版社,2009:69.

　　④ [美]史蒂夫·洛尔.大数据主义[M].胡小锐等译.北京:中信出版社,2015:93.

　　⑤ 童祁.饭圈女孩的流量战争:数据劳动、情感消费与新自由主义[J].广州大学学报(社会科学版),2020(5):78.

风，主张极化思维，滋生享乐主义、拜金主义倾向，传播大量低俗、庸俗、媚俗的误导性话语，稀释了主流意识形态在网络空间中的注意力，也无益于主流意识形态凝聚社会共识、整合价值观念和引领社会思潮的作用发挥。更有甚者，数据至上社会思潮也直接影响了我们党自身的建设，造成了大数据时代党内形式主义的新症候，影响了马克思主义理论在公众心目中的理想形象，降低了先进理论的说服力，制约了大众的理论认同感，从而进一步消解我国社会主义意识形态的理论权威。例如，为了适应大数据时代的信息化新形势，我们党提出了"智慧党建"的新要求，这原本是创新党建工作的新方式、开辟党员教育的新阵地、联系党群关系的好方法和提高党建工作质量和效率的好思路，"但在推进过程中，个别党组织为了应付上级要求或显示更好的'业绩'，片面采用'刷数据'的方式'冲榜'，欺上瞒下、大兴'数据至上'的党建之风，夸大投入、人为扩大党建成效，把党建工作变成了数据上的'政绩'。这无疑是党组织建设的'毒瘤'，虽不能直指其弄虚作假，但形式主义倾向已表露无遗，其危害是巨大的"[①]。2018年11月，习近平总书记在第十九届中央政治局第十次集体学习时着重批评了流行于党政机关之中的所谓的"痕迹管理"弊病，要求把党政干部从琐碎事务中解脱出来，指出："现在'痕迹管理'比较普遍，但重'痕'不重'绩'、留'迹'不留'心'；检查考核名目繁多、频率过高、多头重复；'文山会海'有所反弹。这些问题既占用干部大量时间、耗费大量精力，又助长了形式主义、官僚主义。这种状况必须改变。"[②]大数据时代，我们要高度警惕这种形式主义在党内的泛滥，不能任其发展成为消解以马克思主义为指导的社会主义意识形态理论权威的新型数字化隐患。

---

① 刘晓坤.莫让"数据党建"成为形式主义"新玩法"[N].大理日报，2020-07-24(03).

② 习近平：严把标准公正用人拓宽视野激励干部 造就忠诚干净担当的高素质干部队伍[EB/OL].https://news.china.com/zw/news/13000776/20181126/34518002_all.html#page_2.

二、数据孤岛问题离散意识形态的整合功能

数据孤岛问题既是影响我国大数据健康发展的重要梗阻，也对我国社会主义意识形态整合功能产生了较强的离散效应。数据孤岛问题普遍存在于政府主体与非政治主体之中，其通过不同方式对我国社会主义意识形态整合功能产生负面影响。

（一）数据孤岛问题的内涵及成因

"数据孤岛"问题是"信息孤岛"现象在大数据时代的新症候。信息孤岛现象最初用来指代那些在信息上无法实现互联互通，在功能上不能关联互助的计算机应用系统，后来泛指网络信息系统之间因平台、技术、语言、标准等的不统一而造成彼此孤立、缺乏共享性、业务数据被隔离、信息流程被割裂的网络问题。这些孤立的网络信息系统犹如广袤海洋中的一个个孤岛，彼此分散、相互封闭，影响了不同信息之间的正常流通。大数据时代的到来使得数据的资源属性愈发明显，而数据的开放共享便成为时代的呼声。伴随1991 年免费操作系统 Linux 的横空出世和互联网的不断普及，自由软件运动逐渐兴起，越来越多的公司和个人都采取了开放源代码的做法，开源（open source）逐渐成为全球软件行业的普遍共识。软件由代码与数据构成，当开放源代码成为一种行业共识时，数据开放（open data）也必将成为一种共同选择。然而遗憾的是，"开放代码面对的对象仅仅是程序员，也就是说，它停留在技术的层面；但数据的开放，其涉及面却广得多，它不仅和技术人员相关，还和数据的来源、性质以及过去和未来的使用人员都息息相关。"①进言之，数据开放不但涉及技术问题，而且关系诸多错综复杂的利益关系。因而，大

---

① 涂子沛.大数据[M].桂林:广西师范大学出版社,2013:191.

数据时代又产生了新的孤岛现象,导致海量数据无法汇聚,最终影响大数据的动能释放,形成"数据孤岛"问题。"所谓数据孤岛,简单来说,就是在政府和企业里,各个部门各自存储数据,部门之间的数据无法共通,这导致这些数据像一个个孤岛一样缺乏关联性,没有办法充分利用数据和发挥数据的最大价值。"①就作为市场主体的企业而言,有些数据属于企业的核心商业机密,不便于公开共享,因而形成不同企业之间的"数据孤岛";另外,即是在同一个企业内部,由于信息系统的职能和部门不同也会产生"数据孤岛"问题。

对于治理主体的政府而言,其拥有其他社会主体所无法比拟的数据优势,但受制于政府服务理念的缺失、部门利益的牵制、共享机制的不完善和技术标准的不一致等问题,导致不同政府部门形成信息来源彼此独立、发布平台相互排斥、数据处理难以融通、信息资源无法共享等典型的数据孤岛问题。对此,时任国务院总理李克强认为:"现在我国信息数据资源80%以上掌握在各级政府部门手里、'深藏闺中',这无疑是极大的浪费。……过去较长时期,一些地方和部门的信息化建设各自为政,形成一个个互不相连的'信息孤岛'和'数据烟囱',严重制约了政府效能的提升,给企业和群众办事创业造成很大不便。"②从价值取向与意识形态的视角来看,各级各地政府错误的政绩观也是产生政务数据孤岛问题的重要原因。"部分单位领导和技术管理人员视数据为'私产',从部门利益、资源管控等角度考量,主观上不愿开放。比如,有些单位视输出数据为输出利益,认为在'数据为王'的网络时代,要稳住自己的'地位',就得控制住数据。有些部门内部各个机构以种种理由

---

① 林子雨.大数据导论——数据思维、数据能力和数据伦理(通识课版)[M].北京:高等教育出版社,2020:176.

② 李克强.深化简政放权放管结合优化服务 推进行政体制改革转职能提效能——在全国推进简政放权放管结合优化服务改革电视电话会议上的讲话[EB/OL].http://www.xinhuanet.com//politics/2016-05/23/c_1118910840_2.htm.

把数据藏着掖着,从不考虑是否应该将数据共享,切实提高老百姓的办事效率。"①这在很大程度上影响了数字化时代背景下我国治理体系和治理能力现代化的进程,限制了党和政府治理效能的提升,也从根本上破坏了我国社会主义意识形态在大众心目中的良好形象,降低了主流意识形态在民众中的接受度和认同度。

(二)意识形态的整合功能简论

整合是一个与分化相对应的概念,意指将零散的东西有机衔接,因而具有协调、沟通、融合、统摄之意。创制"社会整合"概念的法国学者涂尔干就非常重视道德、"集体情感"在维系社会团结中的重要作用。从一般意义来看,任何意识形态都具有整合的功能,正如钟启东指出:"意识形态不同于一般的社会意识,它是具有主宰性、发挥统摄作用的核心社会意识,它要求并且总是尽力保持自身在社会意识领域的主导优势。"②意识形态的整合功能主要借助思想建构、价值宣传、信仰确立等方式对社会秩序和思想文化进行协调、聚合和统摄,使分化的社会成为有机整体,发挥葛兰西所谓的"有机混凝土"③或者汤普森所言的"社会胶合剂"④的凝聚统摄作用。意识形态的整合功能集中体现在维护和批判功能上,是占统治地位的意识形态发挥主导作用的基本实现方式。在阶级社会中,"支配着物质生产资料的阶级,同时也支配着精神生产资料,因此,那些没有精神生产资料的人的思想,一般地是隶属于这个阶级的"⑤。以马克思主义为指导的社会主义意识形态是我国的主流意识形态。"社会主义意识形态的整合功能,是指社会主义意识形态对社会

---

① 顾伯冲.剪断"信息孤岛"背后的利益链[N].人民日报,2016-06-08(05).

② 钟启东."意识形态力量"的本质内涵[J].学术界,2020(12):125.

③ [英]恩斯特·拉克劳,[英]查特尔·墨菲.领导权与社会主义的策略[M].尹树广,等译.哈尔滨:黑龙江人民出版社,2003:72.

④ [英]约翰·B.汤普森.意识形态与现代文化[M].高铦,等译.南京:译林出版社,2005:3.

⑤ 马克思恩格斯文集(第一卷)[M].北京:人民出版社,2009:550.

关系和思想文化的聚合作用、统领作用。"①整合功能构成了我国社会主义意识形态建设的重要内容。

就当代中国而言,伴随我国经济政治体制不断改革,我国社会结构、就业形式、利益格局等逐渐趋向分化,意识形态领域也随之出现多元多样多变的复杂态势。当代中国社会主义意识形态应该正视经济多样化、政治民主化和思想文化领域分散化的客观现实。正如马克思在《路易·波拿巴的雾月十八日》中强调:"在不同的财产形式上,在社会生存条件上,耸立着由各种不同的,表现独特的情感、幻想、思想方式和人生观构成的整个上层建筑。整个阶级在其物质条件和相应的社会关系的基础上创造和构成这一切。"②由此观照转型中的当代中国,我国意识形态领域"不仅在主流意识形态之外出现了非主流意识形态,而且非主流意识形态也日益分化和多元化。这深刻说明了主流意识形态所受到的巨大压力及所承负的引领和整合非主流意识形态的巨大社会责任"③。尤其伴随社会信息化、数字化、智能化程度不断提升,网络空间逐渐成为各种意识形态激烈博弈的主阵地,我国社会主义意识形态建设更应把握好"时度效"的基本原则,引导好网络舆论、维护好网络空间、凝聚好网络共识,充分发挥主流意识形态的整合功能。正如习近平总书记强调:"我说过,人在哪儿,宣传思想工作的重点就在哪儿。网络空间已成为人们生产生活新空间,那就应该成为我们党凝聚共识的新空间。"④可以说,如何积极顺应宣传思想阵地由现实世界向虚拟空间的重心转移,如何有效应对数字社会对我国社会主义意识形态整合能力提出的时代挑战,考验着中国共产党领导意识形态工作的能力和智慧。

---

① 郑永廷.论社会主义意识形态的功能发展[J].中山大学学报(社会科学版),2002(6):93.

② 马克思恩格斯文集(第二卷)[M].北京:人民出版社,2009:498.

③ 张雷声.论社会主义社会主流意识形态[J].马克思主义研究,2008(4):38.

④ 中共中央党史和文献研究院.习近平关于网络强国论述摘编[G].北京:中央文献出版社,2021:74.

（三）数据孤岛问题离散意识形态整合能力的现实体现

从意识形态建设的视角来看，大数据时代的数据孤岛问题不单是指政府或者企业源于各种原因而导致数据无法真正实现互联互通的新问题，也包括不同社会群体乃至个人之间在面对数据洪流冲击下所形成的社群区隔、观点极化等新矛盾。在大数据时代，不同主体彼此隔离的数据孤岛现象对我国社会主义意识形态整合功能提出了诸多新挑战。

一方面，政府数据孤岛问题对我国社会主义意识形态整合能力提出的新挑战。对于政府而言，"数据孤岛"现象依然是影响我国电子政务健康发展，制约国家治理信息化程度的一个重要问题。这从联合国经济和社会事务部发布的《联合国电子政务调查报告》（EGDI）中可见一斑，该报告是针对全球190多个国家的电子政务发展现状的全面调查，具有一定的权威性。近年来，我国在EGDI的排名已经从2003年的第74位升至2020年的第45位，表明我国电子政务的发展已取得较大成果。但在该报告众多测评指数中，政府数据开放指数始终是影响我国电子政务发展的一个突出"短板"。就现实而言，如上所述，我国政务数据开放程度尚有待提升，再加上我国"数据基础不牢、数据管理不规范、数据安全威胁等问题"，更加剧了数据孤岛问题的严峻形势。可以说，政务数据孤岛问题成为影响大数据在国家治理中发挥整合、分析与应用功能的重要"梗阻"，制约了大数据赋能国家治理的效能，影响了廉洁型、服务型、创新型政府的建设，使之无法有效解决"让百姓少跑腿、信息多跑路、解决不办事难、办事慢、办事繁的问题"。这在很大程度上影响我国政府良好形象的现实构建，进而也削弱了主流意识形态的社会认同。正如屈群苹所言："良好的政府形象意味着政府与其民众能够分享一套价值观念，民众依赖这套共有的精神文化与价值观念系统对政府产生真正的认同。"①此外，还有学者基于集体利益与个体利益发生冲突时将导致集体困境

---

① 屈群苹.论现代政府的意识形态形象构建[J].浙江学刊,2016(2):20.

的"集体行动"理论,指出:"在政府数据开放价值创造过程中,由于缺乏强制或激励等措施促使个体为实现集体利益而行动,因此理性的个体会优先考虑自身利益,从而有可能出现行为不当。这会对信任、价值观、满意度等产生负面影响,引起连锁反应,出现价值共同破坏。"①由此可见,政务数据孤岛问题还可能导致价值共识的不断消解,进而削弱我国社会主义意识形态的整合功能。

另一方面,非政府主体数据孤岛问题对社会主义意识形态整合功能提出的新挑战。这里的"非政府主体"泛指除政府主体之外的其他社会主体,例如企业组织、社会族群、个体公民等,其基于各自利益的不同考量也会导致数据孤岛问题。例如,掌握海量数据的企业主体凭借垄断地位侵犯消费者合法权益、干扰市场秩序甚至威胁国家数据安全,导致社会主义意识形态整合能力受限。在信息时代,网络经济、数字经济逐渐成为国民经济的基础产业和支柱产业。作为市场主体的网信企业不能仅有谋利的冲动,还应履行其作为国计民生基础设施的社会责任。尤其是在大数据时代,网信企业应该树立维护国家数据安全、数据主权和意识形态安全的意识和义务。"几乎大部分互联网服务企业都是大数据企业,如阿里巴巴、腾讯、百度、京东等企业都具有垄断地位,掌握着上亿中国消费者的行为数据和消费数据。这些数据背后是相互联系的各种人群和国家宏观经济信息。这些数据甚至连国家统计局也无法获知。"②有学者从强调非权威、差异性、多元化的后现代主义理论视角出发,认为大数据思维带来了"个性化知识"的崛起,指出:"随着个人移动数据终端的广泛推广,个体本身的社会生活、活动也以数据化的方式在网络空间中得到了呈现,作为主体的'人'逐渐成为一种数据化的存在。在虚拟的网络世界中,个体能够更加自由地发表自己的观点,谈论自己对于事物的看

---

① 韩啸,陈亮.政府数据开放价值创造缘何失败?——基于价值共同破坏视角的新解释[J].公共管理评论,2021(3):96-97.

② 黄浩.外资控股中国互联网企业的隐患与解决对策[J].经济纵横,2015(7):38.

法,个体的智力价值在其中得到了最大程度的发挥。"[1]"个性化知识"的崛起确实反映了大数据在助推个体自由方面的新契机,但这也容易导致个体之间的数据孤岛问题。

从意识形态整合功能的视角来看,社会作为由个体构成的有机整体,我们除了要不断满足个体对美好生活的向往以促进其自由全面发展,也需要在大众中培育具有统摄凝聚功能的核心价值观以确保社会秩序的和谐有序。以传播领域中的"信息茧房"为例,美国学者凯斯·桑斯坦认为伴随数字时代个性化信息服务的兴起,在通信领域将出现"信息茧房",即"我们只听我们选择的东西和愉悦我们的东西"[2]。实际上,早在 20 世纪 90 年代,尼葛洛庞帝就曾在《数字化生存》中预测了这一可能,并将其命名为"我的日报"。虽然桑斯坦提出"信息茧房"时,信息个性化服务尚未真正实现,但其对此已表达了忧思。他认为"信息茧房"会导致受众接受相同或者近似的信息和社群,逐渐形成信息窄化和群体极化的"回音室效应",并进而导致受众对信息重要性的价值判断出现偏差。其后,互联网活动家帕里泽在《过滤气泡:互联网没有告诉你的事》一书中进一步提出了"过滤气泡"的概念,他认为搜索网站可以随时了解用户偏好并过滤掉异质信息,使其始终处于自己的兴趣"气泡"中,从而在不同受众之间筑起信息和观念的"隔离墙",使得社会共识难以形成,进而弱化社会主义意识形态的整合功能。

三、数据伦理失范遮蔽意识形态的道义形象

以马克思主义为指导的社会主义意识形态之所以能够赢得最广大人民

---

[1] 刘伟伟.大数据思维的相关哲学问题研究[M].北京:科学出版社,2021:157.
[2] [美]凯斯·R.桑斯坦.信息乌托邦:众人如何生产知识[M].毕竞悦,译.北京:法律出版社,2008:8.

的支持、接受和认同，一个重要的原因在于它始终"占据着真理和道义的制高点"①。我国社会主义意识形态建设致力于推动人的自由全面发展、实现人的真正解放，具有鲜明的人民立场和强大的道义基础。大数据时代，"透明人"主体危机、价值迷失乱象、"数据鸿沟"问题等数据伦理失范现象成为大数据技术风险中的突出问题，对我国社会主义意识形态的道义形象产生了不利影响。

（一）数据伦理失范的内涵及表征

数据伦理失范是大数据技术风险中的一个突出问题。从国内大数据发展趋势来看，大数据热潮初显时，人们多是以一种理想主义眼光看待大数据技术的变革意义。因而，大数据被想当然地视为一种"善"的技术。但从现实而言，大数据的发展却并没有按照人们预想的理想轨道顺利进行，而是产生了诸多崭新的问题和风险，人们逐渐意识到大数据"坏"的一面。"大数据由'好'到'坏'、由'善'到'恶'的演变说明，大数据伦理问题已经凸显出来，人们应该引起警觉，及时干预。"②因为涉及对大数据技术及应用的善恶认知和价值判断，因而以伦理学视角观照大数据技术及其应用便显得尤为重要了。"伦理学所研究的内容，主要是属于哲学的价值问题和非经验性实然问题，而其中的价值问题又是伦理学的核心问题。"③大数据伦理是指大数据技术及应用的相关主体在数据获取、储存、分析和应用等环节中应该遵循的价值观念、道德规范和伦理准则，是伴随大数据时代的到来而产生的一种新型伦理关系。"失范"是一个最初由法国社会学家涂尔干创制的，后经美国社会学家默顿进一步完善的社会学概念，是指一种非正常、反常态的社会现象和病态偏差的个人心理征兆。在大数据时代，由于虚拟人格的异变、大数据技术的负面效应、相关法规空缺，以及政府监管乏力等原因出现了新的伦理失范行为。

---

① 习近平.论党的宣传思想工作[M].北京:中央文献出版社,2020:221.
② 彭知辉.论大数据伦理研究的理论资源[J].情报杂志,2020(5):143.
③ 《伦理学》编写组.伦理学[M].北京:高等教育出版社、人民出版社,2012:7.

　　大数据伦理失范特指由于大数据技术及应用而引发的各种伦理问题，其中，"透明人"的主体危机、价值迷失乱象以及"数据鸿沟"问题构成了其主要表征。一是，"透明人"的主体危机。"大数据让物质世界变得可计算，把人们的生活痕迹印刻在互联网上，也让用户失去了安全感，变成了'透明人'。"①大数据时代人的隐私将无处可藏，数据确权变得越发困难。心理学认为，表演欲和隐藏欲是人的两种心理，前者在于通过引发别人关注而维系人际关系，后者则是基于避免伤害的安全需要，人们希望借助二者的交互使用以构建一个理想的社会形象。然而人们在"数据圆形监狱"的全面监控下容易在交往中形成心理学上的"假面现象"，进而引发信任危机。"社会共同体逐渐分裂为相互芥蒂的'猜疑群体'，一方是大数据技术掌控者前所未有的'自由'，另一方则是普通大众自由被前所未有地被'窥视'，社会安全感、信任感降到极点之时社会信用体系的整体危机。"②二是，价值迷失乱象。大数据技术进一步强化了信息传播中圈层化、去中心和碎片化的趋势。"随着大数据时代下互联网由固定端变成移动端，智能手机在社会不同阶层、不同年龄段普遍使用，过去不易传播、小范围传播的价值思想，通过数据技术得以聚焦，并以大范围、快速度、高频度传播，多元价值的发展更为广泛。"③三是，"数字鸿沟"问题。受城乡差别、地域分布、阶层差异等因素影响，我国不同社会群体在大数据基础设施、大数据技术应用、大数据素养水平等方面存在较大差距，我们可以将这种差距及由此带来的社会不公形象地称为"数据鸿沟"。"数据鸿沟"看似是一个技术失衡问题，但本质上更是一个社会公正问题。它进一步加剧了数据资源的失衡、数据垄断的扩张等现实问题，与我国以人民为中心的发展思想相背离，不断冲击我国社会主义意识形态的道义形象。

① 周宇尘.大数据，让你成为"透明人"[N].人民日报，2014-01-22(22).
② 唐永，张明.大数据技术对社会心理的异化渗透与重构[J].理论月刊，2017(10):46.
③ 吴欢.大数据时代价值观的发展趋向[J].中学政治教学参考，2015(18):13.

（二）意识形态的道义形象解读

从词源学上考察，"道义"一词最初源自《周易·系辞上传》，其曰："成性存存，道义之门。"它意指如果人们用《周易》的道理修身养性，而成就人之性并且不断涵养这种德性时，人就进入了道义的境界。由此观之，所谓"道义"是指使人成为人，是对人之为人的应然理解和理想追求，即道德和正义。就这个意义而言，以马克思主义为指导的社会主义意识形态无疑具有鲜明的道义形象。正如习近平总书记指出："无论时代如何变迁，科学如何进步，马克思主义依然显示出科学思想的伟力，依然占据着真理和道义的制高点。"①可以说，马克思主义的理论魅力既源自其作为科学理论体系的真理性，也离不开其始终坚持"以人为中心"的崇高道义性。由上可知，我国社会主义意识形态实现了真理性与价值性的有机统一，是追求"使人成为人"的科学理论和思想武器。

马克思主义是一个内涵丰富、体系完备、逻辑严密的理论体系，具有无可置疑的科学性。同时，马克思主义又凭借鲜明的人民立场和追求人类解放的崇高理想，占据着道义的制高点。有学者认为："如果马克思主义只是冷冰冰的与价值无涉的社会科学，很难想象剥离了道义，马克思主义会有如此的感召力和生命力！"②作为马克思主义的创始人，马克思恩格斯自始至终都非常强调该理论的道义追求。可以说，马克思的一生就是为人类解放寻求科学真理的一生，彰显了伟大的人格魅力，同时也赋予了以他的名字命名的科学理论体系以强大的道义力量。1867年，在《资本论》第一卷出版前，马克思在致齐格弗里德·迈耶尔的信中坦言："我一直在坟墓的边缘徘徊。因此，我不得不利用我还能工作的每时每刻来完成我的著作，为了它，我已经牺牲了我

---

① 习近平.论党的宣传思想工作[M].北京:中央文献出版社,2020:221.

② 刘永安."事实"与"价值"的统一 ——马克思主义整体性理解的一个视角[J].河海大学学报（哲学社会科学版）,2014(2):16.

的健康、幸福和家庭。我希望,这样的解释就够了。我嘲笑那些所谓的'实际的'人和他们的聪明。如果一个人愿意变成一头牛,那他当然可以不管人类的痛苦,而只顾自己身上的皮。但是,如果我没有全部完成我的这部书(至少是写成草稿)就死去的话,那我的确会认为自己是不实际的。"①马克思恩格斯更是在《共产党宣言》中旗帜鲜明地表达自己的道义追求,那就是无产阶级在科学理论的指引下通过暴力革命推翻资产阶级的非人统治,最终实现自身的自由与解放。作为马克思主义的忠实传人,中国共产党始终坚持全心全意为人民服务的根本宗旨,践行党的群众路线和群众观点,坚定地捍卫和发展马克思主义的道义形象。正如习近平总书记所言:"我们党在不同历史时期,总是根据人民意愿和事业发展需要,提出富有感召力的奋斗目标,团结带领人民为之奋斗。"②综上,马克思主义以其强烈的人民情怀和民本立场塑造了我国社会主义意识形态良好的道义形象。因而,努力赢得广大人民群众对主流意识形态的道义性认同成为加强和改善我国社会主义意识形态建设的题中应有之义。

(三)数据伦理失范遮蔽意识形态道义形象的具体表现

就主流意识形态与道德伦理的关系而言,二者存在相辅相成、相互作用的内在关联。一方面,一定社会的主流意识形态引领和规范着人们价值观念的性质和方向,构成该社会道德伦理的主导内容;另一方面,一定社会伦理道德等价值观念也影响着主流意识形态作用的发挥和功能的实现。有学者指出:"社会伦理道德等价值观念对意识形态的接纳与否直接影响着意识形态的功能发挥以及意识形态所维护的制度安排的成败,而且这种影响是潜移默化的。"③因而,从道德伦理维度来看待我国社会主义意识形态建设问题

---

① 马克思恩格斯文集(第十卷)[M].北京:人民出版社,2009:253.

② 习近平谈治国理政(第一卷)[M].北京:外文出版社,2018:12.

③ 马耀鹏,张敏.刍议意识形态与伦理道德耦合的现实意蕴[J].科学·经济·社会,2010(2):128.

也成为我们需要关注的一项重要议题。

大数据时代的到来催生出新型的道德伦理关系和社会规范，导致人与人、人与社会乃至人机、人技之间出现了前所未遇的道德伦理问题。如上文述所言，"透明人"的主体危机、价值迷失乱象，以及"数据鸿沟"问题构成了数据伦理失范的主要表征，对我国社会主义意识形态的崇高形象构成了严重冲击，遮蔽了其道义魅力。

首先，"透明人"的主体危机遮蔽社会主义意识形态的人学色彩。追求人的解放和幸福是以马克思主义为指导的社会主义意识形态的道义基础。马克思恩格斯指出："代替那存在着阶级和阶级对立的资产阶级旧社会的，将是这样一个联合体，在那里，每个人的自由发展是一切人的自由发展的条件。"[1]他们高举人学的旗帜对资本主义社会导致人的异化和奴化问题进行了深刻揭批。正如恩格斯在《反杜林论》中指出，资本主义制度下的大机器生产致使包括资本家在内的所有人的奴化异变问题，"不仅是工人，而且直接或间接剥削工人的阶级，也都因分工而被自己活动的工具所奴役；精神空虚的资产者为他自己的资本和利润欲所奴役；律师为他的僵化的法律观念所奴役，这种观念作为独立的力量支配着他"[2]。在"万物皆数"的大数据时代，人的主体地位遭到前所未有的严峻冲击，人本身也在从有血有肉的"有机人"向数据化的"透明人"转移。在数字生存的时代境遇中，作为主体的人的各种信息都可以通过数据的形式被记录、储存、分析和应用，由此引发的隐私泄露、大数据杀熟、数据歧视等问题层出不穷。"许多被集成到我们的工作和个人生活中的社会化媒体平台、互联网服务和有用的工具，都是免费的。……在大多数情况下，当你使用免费的服务时，真正销售的是你，以及当你使用这些服

---

① 马克思恩格斯文集(第二卷)[M].北京：人民出版社，2009：53.
② 马克思恩格斯全集(第20卷)[M].北京：人民出版社，1971：317.

务时你所提供的所有数字数据金块。"①总之,大数据技术对人的独立人格和人性本身丰富性的侵蚀使其从为人服务的新工具异化为操控人、奴役人的数字型杀伤武器,进而遮蔽了社会主义意识形态的人学色彩。

其次,价值迷失乱象解构社会主义意识形态的核心角色。就哲学层面而言,大数据革命是后现代主义思潮在数字化时代的新表征。以反对理性权威和消解宏大叙事的后现代主义具有强烈的去中心、多元化、碎片化的解构主义色彩。后现代主义对现代性的理论批判为大数据革命标明了技术变革的方向,成为大数据时代到来的重要思想理论来源。正如有学者指出:"后现代主义的去中心化思维为大数据的多元化数据思维提供了哲学基础,大数据的多样性数据策略是后现代主义去中心化的技术响应。"②特别是在5G、大数据、云计算、物联网、人工智能等新技术的赋能下,媒体网络化、融合化、智能化趋势越发明显,信息的生成、发布与流通"无处不在、无所不及、无人不用",新媒体、自媒体、智能体、融媒体层出不穷,媒体格局、舆论生态、传播方式正在发生深刻变化,党的新闻舆论工作面临新的时代挑战。例如,宣称"记录美好生活"的抖音App,依靠草根化、非中心、低门槛、娱乐化的传播特征,借助智能算法推荐的技术赋能,导致其作品呈现了"众神狂欢""群魔乱舞"的文化景象,不断消解用户对主流意识形态的价值认同,解构主流意识形态的主导地位。"抖音平台在搜索引擎广告投放中,曾出现侮辱英烈邱少云的内容。可见,抖音短视频的去中心多元化极易冲击社会主义核心价值观的一元主导性。"③最后,"数据鸿沟"问题弱化我国社会主义意识形态的公正形象。"'道义'主要

---

① [美]特蕾莎·M.佩顿,[美]西奥多·克莱普尔.大数据时代的隐私[M].郑淑红,译.上海:上海科学技术出版社,2017:43-44.

② 王英.从后现代主义、后工业社会到大数据时代[J].新疆师范大学学报(哲学社会科学版),2017(3):128.

③ 唐亚阳,黄蓉.抖音短视频与社会主义核心价值观的融合共生:价值、矛盾与实现[J].湖南大学学报(社会科学版),2019(4):4.

是道德上的公正,即公平正义。"①从追求公平正义的视角来看,马克思主义所追求的未来社会就是一个主张取消一切社会不公、彰显公平正义理念的美好社会。"现在的资产阶级私有制是建立在阶级对立上面、建立在一些人对另一些的剥削上面的产品生产和占有的最后而又是最完备的表现。从这个意义上说,共产党人可以把自己的理论概括为一句话:消灭私有制。"②伴随大数据时代的来临,"数据鸿沟"引发了新的社会失衡问题。在大数据时代,大数据及相关基础设施、大数据技术应用能力、大数据核心素养等在城乡、区域、阶层等不同社会群体中出现的发展差距,进一步加剧了社会不公的问题。有学者以中国综合社会调查(Chinese General Social Survey,简称CGSS)为数据来源对我国城乡数字鸿沟的变化态势作出详细考察。他们选取2010年、2012年、2013年、2015年和2017年五年的调查数据,通过对这些数据整理和清洗,共获得51556个有效样本。经过统计分析得出2010—2017年间城乡居民网络使用率的态势对比:城镇居民由2010年的47.67%增加到2017年的72.26%,而农村居民则由2010年的11.74%上升到2017年的36.05%。③这从一个侧面反映了我国"数据鸿沟"的严峻现实。"数据鸿沟"问题极易引发社会信息化进程中新的"马太效应",进一步加剧社会固化、分化、极化的困境,不利于"网信事业为人民"的践行,影响"共同富裕"奋斗目标的实现,弱化了我国社会主义意识形态的道义形象。

四、数据资本逻辑挑战意识形态的人文精神

"人文精神是人类精神本质的外显,从一定意义上讲,是人对自身的设

---

① 江畅.核心价值观的合理性与道义性社会认同[J].中国社会科学,2018(4):16.

② 马克思恩格斯文集(第二卷)[M].北京:人民出版社,2009:45.

③ 张家平,程名望,龚小梅.中国城乡数字鸿沟特征及影响因素研究[J].统计与信息论坛,2021(12):92-102.

定,并将这种设定投射到对象中从而体现出人的丰富多彩的精神形态。"[1]我国社会主义意识形态作为谋求人的自由和解放的理论学说和价值体系,具有强烈的人文精神和深沉的人文关怀。然而大数据技术发展和现实应用深受资本逻辑的支配,技术与资本的合谋正在形塑一种新的社会权力结构,给人的自由和解放蒙上阴影,也遮蔽了我国社会主义意识形态的人文精神。

（一）数据资本逻辑的意识形态批判

"资本逻辑指的是资本运动的内在逻辑,指称资本无止境地自行增殖的本性和必然性。"[2]它是指贯穿于资本生产发展全过程的内在规律和必然趋势,集中体现为资本力求扫除一切障碍以实现不断增值的根本目的,并由此而形成的试图影响一切的泛在权力。表面上看,资本逻辑反映的是利润主导下的人与物关系,但实质上体现的是人与人之间的关系。马克思在《资本论》中曾一针见血地指明了资本的实质,即资本不是物与物的关系,而是特定社会关系的反映。伴随大数据时代的到来,数据开始成为关键性的生产要素,数据的资本属性更为凸显。从马克思主义政治经济学的视角来看,"数据资本是一种建立在数字信息技术及其相应的基础设施之上的资本形态,其形成、发展离不开数据商品的生产与价值实现,更无法离开价值产生的根本来源——人类劳动。"[3]数据的资本化过程体现了双重逻辑:一方面,作为一种生产要素,数据在参与生产过程中实现价值增值的经济功能;另一方面,作为一种社会要素,数据在广泛渗透日常生活世界中逐渐成为一种新型的物化权力。在大数据时代,在资本的裹挟中,海量数据和数据分析工具逐渐生成一种影响经济社会关系的支配性力量。更为重要的是,资本逻辑所带来的

---

① 杨岚.中国当代人文精神建构的总体原则[J].中共天津市委党校学报,2000(4):63.

② 朱贻庭.应用伦理学辞典[M].上海:上海辞书出版社,2013:93.

③ 孟飞,郭厚宏.数据资本价值运动过程的政治经济学批判[J].中国矿业大学学报(社会科学版),网络首发:2021-12-21.

这种新型权力已然成为源自人的数据反过来"压迫""剥削""奴役"人的新表征。因此,这就需要我们以马克思主义为理论指导,对数据资本逻辑进行深入的意识形态批判,进而引领我国数字经济的健康发展和"数字中国"战略的顺利实施,凸显社会主义意识形态的人文精神。

"各种经济时代的区别,不在于生产什么,而在于怎样生产,用什么劳动资料生产。"①大数据时代的到来极大彰显了数据的经济属性,使其逐渐成为推动经济社会转型和综合国力竞争的战略资源。围绕数据采集、储存、分析和应用的数字经济成为助力世界经济改革创新的新引擎。"新经济,也被称为数字经济,作为独特的全球竞争力新来源的经济和技术发展前沿,正在成为当前各国优先发展,并试图抢占的制高点。全球 GDP 的 22%与涵盖技能和资本的数字经济密切相关,经济的数字化趋势不可逆转。"②对此,习近平总书记强调:"浩瀚的数据海洋就如同工业社会的石油资源,……谁掌握了大数据技术,谁就掌握了发展的资源和主动权。"③基于此,党和政府相继对促进数字经济发展、建设数据强国作出了一系列战略性安排,例如提出将数据列为新的生产要素、加快培育数据要素市场等具体要求。与劳动、土地、厂房、管理等传统生产要素相比,数据要素具有非排他性、规模优势性、可循环利用性、强渗透性等鲜明特征,这些特征赋予数据商品化的属性,在以逐利为本性的资本操纵下,一条从数据采集、储存、分析及应用的全产业链条构建完成。在数据与资本共谋下的数据资本不仅在赋能我国企业升级改造、发展方式转型和国家宏观调控等方面带来革命性影响,也对中国社会生活与人们的精神世界产生了巨大冲击。"随着数字经济深入发展,资本利用数字

---

① 马克思恩格斯文集(第五卷)[M].北京:人民出版社,2009:210.

② 宋宇,稽正龙.论新经济中数据的资本化及其影响[J].陕西师范大学学报(哲学社会科学版),2020(4):123.

③ 中共中央文献研究室.习近平关于科技创新论述摘编[G].北京:中央文献出版社,2016:76.

平台和各种应用程序,竭力抓取人类生产生活信息并将其转化为数据。数据的资本剥夺性占有,本质上就是一种'数据殖民'。……'数据殖民'利用意识形态正面叙事,美化、'自然化'资本对数据资源的攫取和占有,从而在大众不经意间进行数据资本的原始积累。"①由此可见,数据资本逻辑还催生出一种隐形的、非强制性的新型权力,承载着意识形态功能。从意识形态的视角来看,数据的资本逻辑不仅没有给人的自由与解放带来新福音,而且成为剥削与压迫人的新工具。因而,如何抵消这种"数据奴役"成为我国在发展数字经济中必须认真思考和严肃对待的新挑战。

(二)意识形态的人文精神特征

以马克思主义为指导的社会主义意识形态具有强烈的人文精神,真正体现了"以人为本"的价值理念。"在我国,以马克思主义为指导的社会主义意识形态已经确立了主导地位,我们要弘扬的人文精神,在总体上无疑是这种意识形态的有机组成部分,其实质即社会主义的精神文明,而不是游离于社会主义精神文明之外的东西。"②可以说,马克思主义所追求的人文精神是对西方传统人文主义和中国传统民本思想的超越和扬弃,是立足中国特色社会主义实践基础之上,关注人的生活、维护人的尊严,以追求人的自由和解放为终极理想的真正的人文精神。马克思主义从物质第一性的实践观出发,主张劳动是人们生存和发展的根本前提,是创造幸福生活的唯一源泉。一定程度而言,马克思主义对实践决定性的重视就是对人本身的关怀,对人民群众历史地位的强调。从唯物史观出发,马克思主义从人学视角去展望人类社会的前途命运,再次肯定了人的主体地位。正如马克思在《政治经济学批判》(1857—1858年草稿)中强调:"每个个人以物的形式占有社会权力。如果你从物那里夺去这种社会权力,那你就必须赋予人以支配人的这种权

---

① 黄再胜.数据的资本化与当代资本主义价值运动新特点[J].马克思主义研究,2020(6):132.

② 冯虞章.试谈人文精神[J].清华大学学报(哲学社会科学版),1998(2):4.

力。"①随后,马克思提出了人类社会发展的"三形态说",其中,以人的全面发展和自由个性为特征的第三个阶段展现了人类社会的美好前景。马克思主义认为只有消灭资本主义制度下的异化劳动,人的自由和解放才能真正实现。而要做到这一点,需要作为历史主体的人在尊重历史规律的前提下自觉努力。综上,马克思主义从科学实践观出发,明确人的主体地位,突出对人性的理解和关注,主张人的目的性与手段性的统一,强调人的权利与义务的结合,倡导小我与大我的有机融合,彰显了真正的"以人为本"的价值追求,赋予了社会主义意识形态强烈的人文精神特征。

(三)数据资本逻辑挑战意识形态人文精神的时代症候

在大数据时代,"人类的生活,正以有利可图的抽象数据的形式,变得更像是马克思笔下的生产要素的种子或肥料——曾经只是人类与土地互动循环的一部分"②。大数据正在引发资本形态的新变化。在 5G 网络逐渐普及、智能手机广泛应用、App 深度使用、数字化平台不断崛起的数字经济时代,资本重心也从过去的产业资本、金融资本逐渐发展至今天的数据资本(也有学者称之为数字资本,本书认为二者大体上具有通约性,可相互使用)。"数字资本正在以巨大的规模扩张,将一切可以纳入其框架的个体甚至物品都毫无例外地纳入它的支配之下。"③在大数据时代,"数据驱动"成为促进经济发展的新增长极和便利人们生活的新技术架构,但同时也催生了新的拜物教和造成了新的异化现象,资本与数据的合谋正在创造一种新型的社会权力结构。

首先,数据资本逻辑增强了大数据工具理性倾向。在数据化生存的时代

① 马克思恩格斯全集(第46卷上)[M].北京:人民出版社,1979:104.

② Nick C.,Ulises A.M.,"The Costs of Connection:How Data is Colonizing Human Life and Appropriating it for Capitalism",Stanford:Stanford University Press,2019,p.17.

③ 蓝江.数字资本、一般数据与数字异化——数字资本的政治经济学批判导引[J].华中科技大学(社会科学版),2018(4):43.

境遇中,万事万物每时每刻都被泛在网络所链接,大数据通过隐形渗透和有机嵌入的方式进入社会生活并逐渐凭借其强大的工具理性获得了对人的操控和支配权力。"让数据发声、由数据决策"的认知模式和实践建构开始成为人们认识和改造世界的新途径,并逐渐形成了优化资源配置、改善生活福祉以及提升公共治理效能的认识论基础。法国学者吉尔·德勒兹认为与传统惩戒社会不同,数字化社会主要"通过持续的控制和即时的信息传播来运作",而这种信息控制对人而言,又"仿佛是亲切而美妙的回忆"。[①]

其次,数据资本逻辑带来了"数字劳动"异化问题。英国著名的马克思主义者克里斯蒂安·福克斯以马克思劳动异化理论为视角,对数字化时代的劳动形态进行了理论批判,较为全面地分析了数字劳动与自身异化、与工具异化、与劳动对象异化、与劳动产品异化等的异化劳动本质。他认为在大数据、云计算时代,人们创造、使用的数字技术及从事的数字劳动,正在演变成外在的异己力量来支配人、奴役人,从而使人成为数据网络技术链条上的一个个环节。[②]

最后,数据资本逻辑导致了"平台霸权"现象。"互联网平台组织的出现是由私有资本推动的信息革命深入发展的结果,平台组织的所有制结构中私有资本占据着重要地位,平台组织构建的平台经济系统也同样充斥着资本逻辑。"[③]大数据时代,由大型网络企业为代表的平台公司凭借软硬件的绝对优势将本应开放共享的网络空间打造成了大型"数据采矿场",不断扩充"数据领地"和进行"圈数运动",通过对用户生成的海量数据进行全方位采集、分析和应用,将数据由本应服务人的载体变成了操纵人、剥削人的残酷

---

①　[法]德勒兹.哲学与权力的谈判——德勒兹访谈录[M].刘汉全,译.南京:译林出版社,2014:191.

②　李仙娥.数字经济时代数字劳动的辩证法[N].中国社会科学报,2016-11-24(04).

③　王彬彬,李晓燕.互联网平台组织的源起、本质、缺陷与制度重构[J].马克思主义研究,2018(12):69.

工具。《新共和》(*The New Republic*)精神领袖、前主编富兰克林·福尔认为超级数字平台通过垄断知识生产，操控信息流通等对人的独立思考精神形成严重冲击，造成了一个没有思想的世界。"最大的科技公司除了别的特征，也是这个世界上出现过的最强大的守门人。谷歌通过对信息提供某种分级制度，帮助我们对网页排序；脸书利用自己的算法和对我们社交圈的复杂理解，推送我们看到的新闻；亚马逊利用在图书市场上的压倒性优势支配着图书出版领域。"①以传播领域为例，大数据时代的传播方式呈现"平台优先"的鲜明态势，其体现为两个方面：一方面，基于算法推荐的平台媒体成为信息推送的主要平台。"今日头条"等 11 家新闻客户端聚集着 95% 以上的信息量和网民流量，可产生百倍甚至千倍于传统媒体的影响力。随着此类 App 的普及，用户不再像以前一样关注新闻内容的来源，主流媒体的品牌效应日益丧失。与平台媒体相比，以党报、党刊、党网等为代表的主流媒体受资金、人才、体制等因素制约，面临受众流失、阵地边缘、影响弱化的传播窘境。另一方面，"平台优先"还体现在信息内容的平台优先推荐。例如，"今日头条每天阅读 5.1 亿，头条号贡献的阅读数 3.7 亿，占比 73%。头条号每天贡献 3.2 万篇文章，却仅占文章总数 30%~40%"。传媒领域"平台优先"趋势引发了传播权力的再分配，对主流媒体在信息生态中的主导地位提出严峻挑战，同时在"流量为王"的利诱下，在迎合受众浅表的感性需求中，极易导致信息生态中呈现出众声喧哗、众神狂欢的喧嚣之势，减弱社会主义意识形态的人文关怀，解构社会主义意识形态的人文精神属性。

五、西方数据霸权加剧意识形态的安全风险

大数据时代，数据作为国家战略资源的地位不断提升，世界各个大国围

---

① ［美］富兰克林·福尔.没有思想的世界[M].舍其,译.北京:中信出版社,2019:Ⅳ.

绕大数据的战略竞争日趋激烈。就现实而言,以美国为首的西方国家凭借历史上的先发优势和现实中的雄厚实力,对全球大数据发展拥有更大的影响力和更强的话语权。西方国家的帝国主义本质特征决定了其在大数据时代必然谋求数据霸权,对我国社会主义意识形态安全带来新的风险隐患。

(一)西方数据霸权的内涵及实质

在大数据时代,数据作为生产要素的重要性不言而喻,大数据技术赋能社会转型引人关注,国际社会围绕大数据的战略竞争也日趋激烈。"网络信息是跨国界流动的,信息流引领技术流、资金流、人才流,信息资源日益成为重要生产要素和社会财富,信息掌握的多寡成为国家软实力和竞争力的重要标志。"[1]大数据逐渐成为国际竞争和大国博弈的新焦点。工信部原部长苗圩认为:"世界各国对数据的依赖快速上升,国际竞争焦点将从对资本、土地、资源的争夺转向对大数据的争夺,……数字主权将成为继边防、海防、空防之后又一个大国博弈领域。"[2]毫不夸张地说,谁掌握数据的主动权,谁就能赢得未来。新一轮大国竞争在很大程度上便是各个大国借助大数据增强其对世界局势的影响力和主导权。以美国为代表的西方国家凭借先发优势和雄厚实力,在当前大数据国际竞争中占据优势地位,并催生出新的霸权形式——数据霸权,对包括中国在内的广大发展中国家的数据主权和意识形态安全形成严峻挑战。

从国际关系的视角来看,所谓的国家霸权是指"一国能在很大程度上将自己的规则和愿望(至少是以有效否决权的方式)强加于经济、政治、军事、外交甚至文化领域中去"[3]。具体到大数据领域,西方数据霸权是指以美国为

---

①　习近平.把我国从网络大国建设成为网络强国[EB/OL].http://www.xinhuanet.com/politics/2014-02/27/c_119538788.htm.

②　苗圩.数据——变革世界的关键资源[J].信息安全与通信保密,2015(11):16.

③　Immanuel Wallerstein,The Politics of the World-Economy:The States,the Movements and the Civilizations,Cambridge University Press,1984,p.38.

首的西方数据强国凭借其在大数据技术及应用上的领先地位和垄断优势，通过对全球数据资源的采集、分析和应用对数据弱国实行数据渗透、数据控制、数据垄断，不断提升其对数据弱国的政治、经济、科技、意识形态等领域的影响力和主导权，其本质是以更为隐秘的方式谋取巨大利益的霸权行径。对于大数据时代的数据霸权问题，学界有不同的提法，和数据霸权类似的概念还有信息霸权、数字霸权等。笔者认为数据霸权的概念表示更为准确。正如李梅静所言："数字是数据的一种形式，数据包含数字数据，而数字数据的出现代表着真正的数据时代的开启；信息则与数据的相关关系和因果关系相联系，在一个数字网中，将时间上或空间上分散的数据源的数据收集在一起进行分析就成为信息。"[①]大而言之，上述几个概念并无本质区别。但具体来看，信息霸权或者数字霸权都是以数据为载体的，以数据垄断为前提的，特别是在大数据时代背景下，数据霸权的表述或许更为准确。

从本质上看，西方数据霸权是帝国主义在大数据时代的新表征。关于何谓"帝国主义"，列宁在《帝国主义是资本主义的最高阶段》一文中进行了精彩论述和科学界定。列宁认为："只有在资本主义发展到一定的、很高的阶段，资本主义的某些特性开始转化成自己的对立面，从资本主义到更高级的社会经济结构的过渡时代的特点已经全面形成和暴露出来的时候，资本主义才变成了资本帝国主义。……如果必须给帝国主义下一个尽量简短的定义，那就应当说，帝国主义是资本主义的垄断阶段。"[②]紧接着列宁在总结帝国主义五个基本特征的基础上对"帝国主义"这一概念进行了科学界定。在大数据时代，以美国为首的西方数据强国依托网络信息技术先发优势，凭借知识产权霸权，连接超大型数字垄断平台，借助智能化媒体在全球疯狂掠夺数据、知识、情报等信息资源，粗暴打压发展中国家的高科技企业，大肆实施

---

① 李梅静.资本逻辑下的"数据殖民"风险及数字中国建设[J].理论月刊,2021(10):62.

② 列宁专题文集 论资本主义[M].北京:人民出版社,2009:175.

数据监控计划,秘密进行文化与意识形态渗透等不法行径,从而不断扩展对数据弱国的影响力和控制力,使数据弱国逐渐沦为西方大国攫取超额利润的对象和政治决策的附属。"在数字经济时代,数据霸权会导致国际经济活动中生产、流通、消费等多个环节的权力不平等,继而为数字帝国主义提供多种更为高效也更为隐蔽的新型对外掠夺方式,使其不必像传统帝国主义那样利用军事或政治强权,便将越来越多的海外用户和用户行为拉入到帝国主义的资本体系之中。"①由此,在大数据时代,西方帝国主义扩张、掠夺和剥削的本质不仅没有消失,而且正在向数字化的云端转移,以美国为首的西方国家对全球数据垄断的图谋依然是我们判断其为帝国主义的根本标志,或许将其称为"数据帝国主义"更为合适。

(二)总体国家安全观视域下的数据主权与意识形态安全问题

"当前我国国家安全内涵与外延比历史上任何时候都要丰富,时空领域比历史上任何时候都要宽广,内外因素比历史上任何时候都要复杂,必须坚持总体国家安全观。"②党的十八大以来,针对"世界百年未有之大变局"的国际局势,面向"两个一百年"的奋斗目标,以习近平同志为核心的党中央着眼于实现中华民族伟大复兴中国梦的恢宏理想,统筹考虑发展与安全两件大事,创造性地提出了总体国家安全观的重要战略。

伴随大数据时代的到来,围绕大数据的激烈竞争成为世界主要国家斗争博弈的新焦点。特别是在全球"数据鸿沟"不断扩大的时代背景中,反对西方数据霸权,维护我国数据主权、捍卫我国数据主权便成为坚持和发展总体国家安全观的必然要求。从主权论的视角来看,反对西方数据霸权,宣示本国的数据主权具有无可辩驳的正当性和合理性。所谓"主权是共同体(com-

---

① 刘皓琰.数据霸权与数字帝国主义的新型掠夺[J].当代经济研究,2021(2):28.

② 习近平谈治国理政(第一卷)[M].北京:外文出版社,2018:200.

monwealth）所有的绝对且永久的权力"①。法国政治思想家让·博丹认为，国家主权是一国在本国范围内的对内最高统治权和对外独立权，具有不可转让、不可分割、不受限制的特征。依据博丹对主权的解读，我们可将数据主权视为在大数据时代境遇中，一国对本国数据及其跨境数据所拥有的归属权、管辖权、控制权，彰显为对内的最高数据管制权和对外的数据处理权，国家数据主权和公民数据权利共同构成了一国的数据主权。

早在 20 世纪末，美国未来学家阿尔温·托夫勒曾预言："未来世界政治的魔方控制在拥有信息强权的人手里，他们会使用手中掌握的网络控制权、信息发布权，利用英语这种强大的文化语言优势，达到暴力、金钱无法达到的征服目的。"②当社会信息化的发展进程开始步入大数据时代，西方数据强国则以数据替代了信息，挥舞着霸权的大棒，对数据弱国大肆劫掠，不断侵蚀其数据主权，对包括意识形态安全在内的国家安全形成严峻威胁。"每一种工具里都嵌入了意识形态偏向，也就是它用一种方式而不是用另一种方式构建世界的倾向，或者说它给一种事物赋予更高价值的倾向。"③在追求"一切皆可量化"的大数据时代，人类社会和客观世界出现不断数据化的进程。伴随大数据技术的广泛应用，"让数据发声""靠数据驱动"逐渐成为人类生产生活的常规模式，甚至改变了人类的思维方式和塑造新的价值观念。大数据技术及应用作为属人的产物或者活动，具有鲜明的意识形态属性。在全球大数据"西强东弱"的整体格局尚未根本改变的时代背景下，西方数据强国凭借数据霸权，试图将大数据作为一种新型数字化武器，威胁我国社会主义意识形态安全。对此，有学者提醒："我们必须清醒地看到，大数据领域风险正从'黑天鹅'变成'灰犀牛'，世界各国均面临来自大数据领域的非对称

---

① [法]让·博丹.主权论[M].李卫海，等译.北京：北京大学出版社，2008：25.
② [美]阿尔温·托夫勒.权力的转移[M].周敦仁，译.成都：四川人民出版社，1992：105.
③ [美]尼尔·波斯曼.技术垄断：文化向技术投降[M].何道宽，译.北京：北京大学出版社，2007：7.

风险。美国等西方国家把媒体和政治大数据作为维护本国政治安全、输出价值观、实现国家意志的战略手段。"①

（三）西方数据霸权加剧意识形态安全风险的双重隐患

习近平总书记指出："网络意识形态安全风险问题值得高度重视。网络已经是当前意识形态斗争的最前沿。掌控网络意识形态主导权，就是守护国家的主权和政权。"②以美国为首的西方国家凭借历史上的先发优势和现实中的雄厚基础，在主导全球大数据发展方面拥有更多的话语权和更大的影响力，在全球大数据竞争中占据相对优势地位。西方世界在对全球数据垄断的基础上形成了数据霸权现象，对我国社会主义意识形态安全形成严峻挑战。"美国的大数据分析技术对涉事国家安全的冲击波震动世界，也标志着美国的政治意识形态输出进入了可以量化、更具靶向性的新阶段。技术优势和互联网垄断资本巨头，成为美国政治意识形态输出的重要借助工具。"③

一方面，西方世界在大数据及相关设施的技术霸权削弱了我国社会主义意识形态安全的技术保障。以美国为例，美国在大数据软硬件基础上拥有压倒性的绝对优势。从大数据公司而言，美国既拥有 IBM、惠普、亚马逊、谷歌、微软、甲骨文、Teradata、SAP、EMC 等擅长于数据库管理、数据分析软件等的老牌厂商，也涌现出了 Cloudera、Hortonworks、Splunk、MapR 等精于数据分析的新兴企业。从大数据核心软硬件情况而言，英特尔、高通、海思、超微、联发科、英伟达等半导体公司基本上垄断了世界信息市场中 90% 的中央处理器芯片，而微软的 Windows、谷歌的 Android、苹果的 IOS 和 MacOS 等则主导了全球电脑、手机、平板等数字产品的操作系统。另外，全球 13 台域名根服务器中包括 1 台主根服务器和 9 台副根服务器都在美国。美国商务部下属

---

①　中璋.操纵——大数据时代的全球舆论战[M].北京:中信出版社,2021:XV.

②　习近平.论党的宣传思想工作[M].北京:中央文献出版社,2020:22.

③　李艳艳.美国互联网政治意识形态输出战略与应对[M].北京:社会科学文献出版社,2018:68.

的互联网名称与数字地址分配机构((ICANN)负责在全球范围内对互联网唯一标识符系统及其安全稳定的运营进行协调,拥有全球互联网的控制权。美国凭借强大的技术霸权,将大数据的美国标准强加给其他国家,力求使之成为世界标准,对其他国家的网络安全和数据主权产生了严峻威胁。同时,"在技术统治的基础上,各种非经济的上层建筑也体现出跨国垄断集团的价值取向"①。美国的技术霸权还表现在对我国相关企业进行无理打压上,肆意发动技术战、贸易战等,试图通过"数字技术政治化"②阻止我国信息产业发展和"数字中国"战略的实施,这从某种程度上也弱化了我国维护网络意识形态安全的技术能力。

Rank	Company	Market value	
1	Apple		$2.8T
2	Microsoft		2.2T
3	Aramco		2.0T
4	Alphabet		1.8T
5	Amazon		1.6T
6	Tesla		905.7B
7	Bershire Hathaway		700.6B
8	Nvidia		613.0B
9	TSMC		600.3B
10	Tencent		589.8B
11	**Meta**		**565.4B**

图8 2021年全球市值前十的公司

　　另一方面,西方政府与平台巨头的合谋进一步增加了我国社会主义意

---

① 杜娟.透视帝国主义在互联网时代的新变化[J].马克思主义研究,2018(7):54.
② "数字技术政治化"是将数字技术与大国战略竞争、制度及价值观差异挂钩,是技术优势垄断者阻碍后发者的一种策略。

识形态安全风险。加拿大学者尼克·斯尔尼塞克认为平台是一种以控制和提取数据为核心的新型商业模式和公司类型。当前,美国在数字平台领域依然占据绝对优势。有关数据显示,截至 2021 年在全球市值排前十的公司中,除沙特阿美(排名第三)、中国台湾地区的台积电(排名第九)和中国的腾讯(排名第十)外,其他七家都是源自美国的平台巨头,分别为苹果、微软、谷歌、亚马逊、特斯拉、伯克希尔·哈撒韦和英伟达。对此,韩裔学者金达永以"平台帝国主义"的概念对其进行了形象概括。他在《数字平台、帝国主义和政治文化》一书中开篇就指出,当前信息社会的权力中心正在从传统的网络向新兴的数字平台转移,特别是在全球"数据鸿沟"的现实中,美国互联网公司不仅借助各种数字平台造成了发展中国家对美国的数据依附,也通过社交媒体传递着自由主义的价值观,其体现了平台帝国主义数字化侵略的本质特征。[①] 2013 年"斯诺登事件"让我们更为直观地感受到美国政府与该国平台巨头相互勾连的帝国主义本质。"美国政府情报部门通过加深与这些互联网行业垄断资本巨头的合作,在培育海外市场消费群体和消费习惯的过程中,潜移默化地改变这些人群的政治价值观。同时,利用植入产品之中的后门,窃取用户的大量隐私,用以为美国政府服务。"[②]事实表明,西方政权与垄断资本的合谋对我国信息安全形成了严重威胁。

此外,西方国家以平台巨头为载体,对包括中国在内的发展中国家进行更为隐秘的价值观宣传和意识形态渗透。例如以推特、脸书、照片墙为代表的社交媒体就成为美国发动"颜色革命"的导火索和助燃剂,这种"推特革命""脸书革命"在乌克兰、埃及、缅甸等国家屡试不爽。美国前驻华大使洪博培也曾叫嚣将美式价值观和政治理念通过社交媒体灌输给中国青年人进而

---

① Dal Yong Jin, Digital Platforms, Imperialism and Political Culture, New York: Routledge, 2015, p.4.

② 李艳艳.美国互联网政治意识形态输出战略与应对[M].北京:社会科学文献出版社,2018:68.

颠覆我国政权的图谋,其为"扳倒中国"战略。2017年,脸书的CEO马克·扎克伯格在一篇长文中宣称,脸书致力于打造一个全球化社区,他认为:"在脸书上的绝大多数对话都是社交性的,而非意识形态的。"①尽管脸书宣称坚持"价值无涉"的技术中立观,但实际上丝毫无法掩饰其作为超级平台的强烈意识形态属性。有学者指出:"美国推特公司2020年6月宣布关闭17万个'与中国政府有关联''传播对中国政府有利的虚假信息'的账号。而何谓'关联'?何谓'虚假'?并无合理认定规则,皆是由平台根据自身利益以及美国利益和价值观进行判断。"②这进一步暴露了美国政府与平台巨头相互勾结的帝国主义本质。在大数据时代,美国对华意识形态输出的网络化、数字化、平台化趋势更为明显,进一步增加了我国意识形态的安全风险。

六、数据人技短板制约意识形态的建设动能

2018年3月,习近平在参加全国人大广东省代表团审议时,听取归国创业代表袁玉宇发言后,提出"发展是第一要务,人才是第一资源,创新是第一动力"的明确论断。"三个第一"的论断深刻揭示了我国发展变革的"三重密码",为我国高科技领域走自主创新之路指明了方向。当前,我国大数据发展面临人才短缺和核心技术受制于人的双重挑战。数据人技短板不仅是制约我国大数据技术研发和广泛应用的两大命门,也成为大数据时代影响我国社会主义意识形态建设动能的两大突出问题。

(一)数据人技短板是阻碍我国大数据创新发展的两大命门

一方面,大数据人才短缺问题较为突出。习近平强调:"人才资源是第一

---

① 扎克伯格发表万字公开信,这次他又有什么雄心勃勃的计划[EB/OL].https://www.thepaper.cn/newsDetail_forward_1621921.

② 杨云霞,陈鑫.霸权国家互联网平台巨头话语权垄断及我国应对[J].世界社会主义研究,2021(11):89.

资源,也是创新活动中最活跃、最为积极的因素。"①大数据人才主要是指数据规划师、数据工程师、数据架构师、数据分析师、数据应用师、数据科学家,以及与其相关的创新型、应用型、复合型人才群体。当前,大数据人才短缺是一个全球性问题,但这一问题在我国数字经济迅猛发展的背景下显得尤为突出。2011 年麦肯锡全球研究院(MGI)发布的大数据报告认为,制约大数据价值发挥的一个重要原因就在于人才短缺,特别是在统计和机器学习方面具有深厚造诣的人才,以及知道如何通过使用大数据来运营公司的经理和分析师们。该报告预测到 2018 年,美国大数据行业中对深度分析职位的需求可能远远超过当前的供应量,将达到 14 万至 19 万个岗位。另外,可能还需要 150 万名可以有效提出正确的问题并处理大数据分析结果的经理和分析师。该报告以美国这一数据强国作为分析样本,由此更能反映出人才短缺这个全球大数据产业发展面临的普遍性问题。就中国而言,大数据人才更为匮乏,我国大数据人才缺口位居世界前列。"2016 年中国大数据产业峰会上,清华大学计算机系教授武永卫透露了一组数据:未来 3—5 年,中国需要 180 万数据人才,但目前只有约 30 万人。"②同年,依据数联寻英发布的我国首份《大数据人才报告》显示,当时全国范围内的大数据专业人才仅 46 万,而在未来三五年内,伴随我国数字经济的迅猛发展,这一人才缺口更是将高达 150 万。从当前大数据人才的行业分布比例来看,移动互联网行业占据的比例最高,达到了 33%,而硬件、旅游、社交、教育等行业则瓜分了剩余部分人才。2019 年,猎聘发布的《中国 AI & 大数据人才就业趋势报告》,报告同样给出了我国大数据人才缺口将高达 150 万的预测结果。伴随我国数字经济持续快速发展,数字化人才荒的现象更为严峻。"《数字经济就业影响研究报告》(该报告是 2021 年 9 月由中国信息通信研究院发布)指出,数字经济新

①　中共中央文献研究室.习近平关于科技创新论述摘编[G].北京:中央文献出版社,2016:110-111.
②　专家:我国数据人才缺口约 150 万[N].中国青年报,2016-05-31(05).

就业模式将对就业形态带来全新影响,加快了相关行业就业比重的提升。数据显示,2020 年中国数字化人才缺口接近 1100 万,伴随全行业的数字化推进,需要更广泛的数字化人才引入,人才需求缺口依然在持续放大。"①

另一方面,大数据核心技术受制于人的问题更为严峻。习近平总书记指出:"互联网核心技术是我们最大的'命门',核心技术受制于人是我们最大的隐患。"②综观全球大数据竞争态势,大数据发展领先的国家无不在大数据技术实力与创新能力上占据优势地位,尤其是在大数据核心技术占据优势的数据强国,往往能够在全球大数据竞争中拥有更多的话语权,占据主导地位。工信部发布的《"十四五"大数据产业发展规划》显示,"'十三五'时期,我国大数据产业快速起步。据测算,产业规模年均复合增长率超过 30%,2020 年超过 1 万亿元,发展取得显著成效,逐渐成为支撑我国经济社会发展的优势产业。"③就事实而言,我国大数据发展中普遍存在着"重现实应用而轻技术创新"的突出问题。"我国在大数据重点领域的关键技术创新还处于跟随状态,与发达国家相比,在数据采集、分析、存储管理、数据安全以及数据实时在线处理、非结构化处理等方面都存在较大差距。"④西方发达国家不仅在大数据技术及其应用的各个环节具有显著优势,更重要的是在底层架构、核心算法、基础软件、数据库、核心元器件乃至大数据产业链和生态系统等核心技术领域优势明显,涌现出以 IBM、微软、亚马逊、谷歌、甲骨文、脸书、推特、英特尔、AMD、高通等为代表的大型跨国公司,以 Apache、Google Developer Groups、GitHub、Linux 等国际开源社区,以 Hadoop、Spark、Flink 等为代表的数据分析

---

① 数字经济打开就业新空间[N].人民日报海外版,2021-11-19(08).

② 中共中央党史和文献研究院.习近平关于网络强国论述摘编[G].北京:中央文献出版社,2021:108.

③ 工业和信息化部关于印发"十四五"大数据产业发展规划的通知[EB/OL].http://www.gov.cn/zhengce/zhengceku/2021-11/30/content_5655089.htm.

④ 茶洪旺,郑婷婷.中国大数据产业发展研究[J].中州学刊,2018(4):22.

和处理框架。以数据库为例,大数据时代,数据库的架构逐渐形成了传统的SQL数据库(Oracle、Sybase、Informix)、NoSQL数据库(Cassandra、CouchDB、MongoDB)和NewSQL数据库(Spanner、ClustrixDB)共存共荣的局面,而在上述三类数据库中均由西方科技公司所垄断或者西方主导的国际开源社区所开发。习近平总书记强调:"实践反复告诉我们,关键核心技术是要不来、买不来、讨不来的。只有把关键核心技术掌握在自己手中,才能从根本上保障国家经济安全、国防安全和其他安全。"①总之,大数据核心技术受制于人的困境已经成为严重威胁我国数据主权和意识形态安全的"阿喀琉斯之踵"。

(二)创新是引领意识形态建设的动力之源

习近平总书记强调:"创新是引领发展的第一动力。必须把创新摆在国家发展全局的核心位置,不断推进理论创新、制度创新、科技创新、文化创新等各方面创新,让创新贯穿党和国家一切工作,让创新在全社会蔚然成风。"②就意识形态建设而言,回顾百年党史,我们党在领导人民不断进行革命、建设和改革的伟大历程中,总是能够做到审时度势、围绕中心、服务大局,不断推进党的意识形态建设创新发展。当前,伴随国内外形势的深刻变化和现代信息技术的迅猛发展,"做好意识形态工作,比以往任何时候都更加需要创新"③。因而,树立创新思维,提升创新能力也成为加强和改善我国社会主义意识形态建设的动力之源。

"所谓'意识形态创新',是指一定意识形态随着实践发展而不断发展,以此适应思想主导和社会发展需要的过程。"④作为我国主流意识形态,以马

① 中共中央党史和文献研究院.习近平关于网络强国论述摘编[G].北京:中央文献出版社,2021:118.

② 中共中央关于制定国民经济和社会发展第十三个五年规划的建议[EB/OL].http://www.qs-theory.cn/dukan/qs/2015-11/15/c_1117135373.htm.

③ 中共中央宣传部.习近平总书记系列重要讲话读本[M].北京:学习出版社,人民出版社,2016:196.

④ 张志丹.我国主流意识形态创新研究[J].当代世界与社会主义,2020(5):43.

克思主义为指导的社会主义意识形态面临着如何有效解答时代课题，引领时代发展的重任。我国社会主义意识形态建设的创新不是所谓的"另起炉灶式的创新"，而是"守正创新"，即在坚持和发展马克思主义的前提下，不断完善和发展自己，在"以我为主"的基础上，实现"强基固本"的根本目的。"宣传思想工作创新，重点要抓好理念创新、手段创新、基层工作创新。"①而从很大程度来看，高素质的人才队伍和先进的科学技术是推动我国社会主义意识形态"三维创新"的双重保障。尤其是在网络空间渐成意识形态建设主阵地和主战场的新时代，面对移动化、数字化、智能化的发展趋势，我国社会主义意识形态建设面临技不如人、能不如人乃至财不如人的困难境地，严重制约了自身建设的创新动能。为此，我国社会主义意识形态建设的创新发展中亟须创新思维的积极引领和创新能力的不断提升。

（三）数据人技短板制约意识形态建设动能的具体体现

当前，大数据已经逐渐广泛并深入地渗透至我国经济社会发展各个领域，成为引领经济转型、国家治理和民生服务的新动能。辩证地看，一方面，我国在发展大数据方面具有得天独厚的优势，例如我国的人口规模、网民人数和网络基础设施等均位居世界前列，广泛的国土面积和规模庞大的国内市场等也使得我国具有其他国家无法企及的数据资源和市场优势；另一方面，我们也要清醒地看到，我国在全球大数据竞争中起步相对较晚，在发展大数据中尚面临一系列问题，其中，人才短缺和核心技术受制于人是两大"命门"。从加强和改善意识形态工作的视角来看，这两个问题更为突出，其同样是严重制约我国社会主义意识形态建设动能的两大命门。

首先，大数据人才供给不足弱化我国社会主义意识形态的建设动能。大数据人才主要包括两大类：一类是指对海量异质数据进行收集、存储、分析、

---

① 习近平.论党的宣传思想工作[M].北京:中央文献出版社,2020:16.

处理、挖掘、可视化呈现等具体操作的数据应用型人才,另一类是指利用大数据进行科学决策并组织实施的数据驱动型人才。由于数据本身并不直接产生价值,从某种意义而言,数据分析能力直接决定大数据的价值,这对大数据人才的技术能力提出了较高要求。因而,高水平人才队伍成为影响大数据发展的首要资源。当前,大数据人才主要流向 IT 行业、智能制造、商业咨询、金融服务等高薪行业。党政机关特别是意识形态部门,在薪酬待遇、工作环境、职业前景等现实层面并不占绝对优势,对大数据人才的吸引力相对不足。此外,我国意识形态工作者人才队伍的学科背景和业务范围也决定了其在认识大数据、利用大数据上的"先天劣势"。正如习近平总书记强调:"党校、干部学院、社会科学院、高校、理论学习中心组等都要把马克思主义作为必修课,成为马克思主义学习、研究、宣传的重要阵地。"①这段话虽然强调的是加强我国社会主义意识形态建设的重要阵地,但也基本上指出了我国意识形态人才队伍的主要来源。我国意识形态人才队伍大多数出身于哲学社会科学的学科背景,主要进行的是意识形态的理论研究和宣教工作,突出的是做人的思想工作的业务重心,对信息技术尤其是前沿技术缺少前瞻性的关注和主动性的应用,而大数据专业人才在意识形态建设队伍中又面临奇缺的局面,因而在探索利用大数据加强和改善意识形态建设时容易产生很多矛盾,导致很多问题。以高校思政课为例,从技术层面来说,思政课专职教师在利用大数据改善思政课教学效果的实践中面临数据分析及应用的技术难题。对于大数据专业人才而言,由于缺乏思想政治专业素养也难以对所采集储存的相关数据进行有效分析。从认知层面来说,思政课教师由于缺少对大数据技术的辩证把握,容易形成全盘否定或者一味接受的两种极端态度,前者因为不愿、不会、不能利用大数据而无法有效适应和满足信息化时代思

---

① 习近平谈治国理政(第一卷)[M].北京:外文出版社.2018:154.

政课教学改革的需要,后者则可由于受到单纯技术主义思路的误导,可能在大数据赋能思政课教育教学中生成技术异化的潜在风险,无法实现立德树人的培育目标。

其次,大数据核心技术受制于人限制我国社会主义意识形态的建设动能。大数据技术是对海量异质数据进行科学分析并从中快速获取"为我所用"的信息的复合型技术集成体。就宽泛的意义而言,大数据核心技术既包括数据获取、存储、管理、分析和应用的各个环节,也与泛在的网络、云计算、人工智能等信息技术密切相关。如上文所述,虽然我国在发展大数据中具有众多的显著优势,但关键核心技术受制于人依然是我们最大的命门。习近平总书记强调:"只有把核心技术掌握在自己手中,才能真正掌握竞争和发展的主动权,才能从根本上保障国家经济安全、国防安全和其他安全。"①从发展现状来看,我国在信息技术领域虽然取得了较大进步和突出成果,但由于起步较晚、软硬件基础薄弱,在和以美国为首的西方国家竞争中尚不占优势。我国在大数据的底层架构、核心算法、数据库,以及平台系统、现实应用等层面上与美国相比存在较大差距。有数据显示,"截至 2019 年,全球市值前 50 的互联网公司,美国拥有 33 家企业,在电子商务、社交网络、娱乐、互联网金融等主要平台经济领域,美国的市场份额均居于世界前两位。尤其是在海外市场方面,几乎覆盖了除中国之外的主要国家和地区。而在各大数据库排行榜单中,美国的甲骨文(Oracle)、MySQL、MongoDB 等也是常年霸占前列,其强大的技术能力可见一斑"②。

大数据的国际竞争不仅是科技实力的较量,而且是综合国力的博弈,也必然隐含着意识形态的斗争。从根本而言,任何技术及其应用都不可能是"价值中立"的存在,作为人工物,技术自然要体现人的属性和需求,隐含着人

---

① 中共中央文献研究室.习近平关于科技创新论述摘编[G].北京:中央文献出版社,2016:46.

② 刘皓琰.数据霸权与数字帝国主义的新型掠夺[J].当代经济研究,2021(2):27.

的价值观、伦理观等。就此,有学者指出:"实际上,认为信息及其传播在文化层面上是中性的,是我们这个时代最大的神话。"[①]大数据核心技术受制于人的困境更是加剧了我国主流意识形态应对西方意识形态渗透的难度,进一步增加了我国文化安全和意识形态安全的风险隐患。在大数据时代,超级数字平台成为资本流动和价值实现的最重要端口。随着各类平台和应用层出不穷,超级数字平台借助迎合用户的信息吸引流量,掠夺大众的注意力时间(注意力时间是指用户专注在特定平台或事物上的时间),进而操控市场和主导价值观的传播。特别是西方国家凭借技术和平台优势,在大数据时代搞"和平演变"和"颜色革命"的图谋更应该引起我们的高度警惕并积极应对。

[①]　Hamid Mowlana,Global Communicaiton in Transition:the End of Diversity? California:Sage Publications,1996,p.179.

第七章　大数据时代我国社会主义意识形态建设的优化策略

马克思强调:"哲学家们只是用不同的方式解释世界,而问题在于改变世界。"①我们认识世界的最终目的在于改造世界,使其变得更好。针对大数据时代我国社会主义意识形态建设面临的严峻挑战,积极探索大数据赋能我国社会主义意识形态建设的优化策略便成为本书探讨的重中之重和核心内容。

一、培育数据素养,提升大数据赋能意识形态建设的主体能力

数据素养是指"研究者在科学数据的采集、组织和管理、处理和分析、共享与协同创新利用等方面的能力,以及研究者在数据的生产、管理和发布过程中的道德与行为规范"②。由此可见,数据素养是对研究者提出的综合性要求,既包括对大数据的理性认知,又体现为大数据的技能应用。利用大数据加强和改善我国社会主义意识形态建设首先需要以提升数据素养为主要抓

---

① 马克思恩格斯文集(第一卷)[M].北京:人民出版社,2009:506.
② 张静波.大数据时代的数据素养教育[J].科学,2013(4):29-32.

手,解决意识形态工作者"意识不强"和"本领不足"的问题。我国意识形态工作者主要是由从事社会主义意识形态理论研究和宣教工作的各类群体所组成,具体包括:"有从事理论研究工作的专家学者,也有从事主流意识形态宣传教育的新闻工作者、教育教学工作者;从职务身份看,有党政干部,也有科研机构、党校学校的专家学者、普通教师"①,以及其他相关人员。

在大数据时代,我国社会主义意识形态工作者数据素养相对欠缺,具体表现在:首先,对大数据重要性认识不清,数据意识不强。从现实情况来看,我国数据资源来源广泛、内容丰富、类型多样,是典型的数据大国、数据富国。根据中国互联网信息中心发布的《第49次中国互联网络发展状况统计报告》显示,截至2021年12月,我国网民规模已经达到10.32亿人,互联网普及率达到了73.0%。如此大规模的触网群体在进行信息检索、网络社交、文娱活动、商务交易等活动时必然会产生大量有待收集、储存、分析和挖掘的数据资源。然而,大数据的价值性特征表明,数据不经利用不会产生价值,反

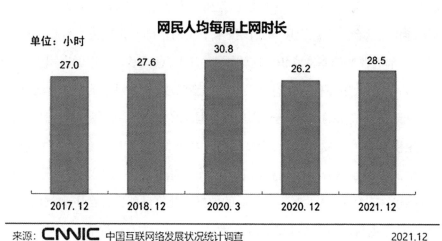

图9 网民人均每周上网时长

---

① 余守萍.社会主义意识形态工作队伍及其建设路径探析[J].思想政治教育研究,2018(6):106.

而可能会成为数据垃圾。"大数据的价值需要被挖掘和分析,数据价值的挖掘面对的最大困难就是人们的数据价值意识没有觉醒。"[①]意识形态工作者受人文哲学社会科学的学科背景和以春风化雨感性教育为主的传统工作方式等因素影响,普遍缺少主动收集保存数据的观念和"让数据发声"的意识。

其次,对大数据常识较为陌生,数据能力不足。我国意识形态工作者擅长以情感人、以理服人,对意识形态工作对象多采取问询、座谈、对话等感性方式力求实现教育之目的。面对扑面而来的大数据时代,意识形态工作者亟须提升自己的数据意识、数据思维和数据能力。习近平总书记强调,在大数据时代,善于获取数据、分析数据、运用数据,是领导干部做好工作的基本功。本书认为这不仅是对党政部门"少数关键"提出的时代要求,也为大数据时代提升我国意识形态工作者的数据素养指明了根本方向。

(一)意识形态工作者应自觉树立大数据意识

大数据意识,顾名思义,就是人们对大数据的认识和看法及在此基础上做出的各种决策。意识形态工作者自觉树立大数据意识,需要在确认大数据是推进我国社会主义意识形态建设技术手段的基础上,重视大数据的现实价值、了解大数据的基本常识。这就要求:首先,意识形态工作者应积极拥抱大数据时代。大数据作为信息社会发展的新阶段,是不以人的意志为转移的时代潮流,是更高阶的信息社会。面对大数据的时代趋势,我国意识形态工作者理应主动克服消极畏难情绪,积极拥抱大数据,尝试应用大数据,将涉及国计民生的海量数据视为实现意识形态工作内涵式发展的重要战略资源,利用以推崇客观精准、理性逻辑为核心的数据文化推动我国社会主义意识形态建设的改革创新。其次,意识形态工作者要高度重视大数据价值。在大数据时代,数据即是亟待开采的具有巨大潜在价值的"金矿"。意识形态工作者应重

---

① 张瑞敏,王建新.大数据时代我国数据意识培养路径探析[J].大连理工大学学报(社会科学版),2020(1):110.

视对相关数据的分析和挖掘,通过对不同群体"数字痕迹"进行有针对性的预测研判和精准应用,利用大数据技术分析其思想动向并及时解决倾向性问题,使意识形态工作由事后的被动应对变为事前的主动预防,达到防患于未然的良好效果。最后,意识形态工作者要主动了解大数据常识。就现实而言,让意识形态工作者都成为专门的数据科学家是不切实际的要求,但应通过媒体宣传、专题学习等方式支持和鼓励意识形态工作者了解大数据的基本常识、工作原理和运作流程,熟悉一些具有代表性的大数据应用,能看懂其分析结果。

(二)意识形态工作者应主动培育大数据思维

大数据技术及其广泛应用为变革意识形态工作者的思维方式提供了新的时代契机。大数据思维是指"在大数据应用过程中,以大数据为视角分析问题、解决问题而形成的思维"[1]。利用大数据提升和改善我国社会主义意识形态建设,需要不断提升意识形态工作者的整体思维、相关思维、底线思维、共享思维。

首先,提升意识形态工作者的整体思维。整体思维强调在多源异质数据激增的大数据时代,通过数据聚集关联、用户画像、精确预测等功能实现对人们的行为和思想之间内在关联的总体性了解,从而为意识形态工作者掌握相关领域的整体状况和发展趋势提供客观依据。这就要求意识形态工作者要注重运用大数据技术对网民群体的大规模数据进行分析,避免"只谋一域,不重整体"的片面性倾向,力求实现更为全面、准确感知网民知情意行的目标。

其次,培养意识形态工作者的相关思维。在小样本时代,人们只能从有限数据中采用抽样方法获悉对事物的规律性认识,进而形成因果性的思维方式。而社会实践的丰富性和偶然性使得因果关系无法成为认知事物规律的万能钥匙,"黑天鹅"事件频出便是例证。大数据时代,全样分析替代抽样分析,相关性分析变得更为直接有效。就意识形态工作而言,相比传统意义

---

[1]　彭知辉.论大数据思维的内涵及构成[J].情报杂志,2019(6):126.

上"出现问题—逻辑分析—探究因果—提出对策"的被动应付模式,大数据开创了一种"收集数据—量化分析—相关分析—提出方案"的主动治理模式。这既节约了意识形态工作的运行成本,也提高了工作效率。

再次,培育意识形态工作者的底线思维。底线思维是指"客观地设定最低目标,立足最低点争取最大期望值"①的思维方式。我国意识形态工作的底线便是防范化解意识形态风险,维护意识形态安全,务必确保意识形态话语权、管理权和领导权掌握在手,不能犯颠覆性的历史性错误。这就要求意识形态工作者应善于利用大数据预测功能及时精准感知意识形态风险源,对可能产生不良社会影响和误导社会舆情的相关问题进行及时研判和主动干预,确保意识形态安全底线。

最后,培育意识形态工作者的共享思维。"数据共享理念,即要认识到孤立的、小范围的数据所拥有的价值是有限的,只有通过数据联合、数据共享,才能充分地开发大数据所蕴藏的价值。"②这就要求意识形态工作者应破除部门分割与门户之见,在意识形态工作中充分发挥各自优势,形成意识形态工作的创新合力,提升社会主义意识形态建设实效。

(三)意识形态工作者应不断提升大数据能力

意识形态工作者树立大数据意识和增强大数据思维,最终应将其转变为应用大数据的能力。因此,意识形态工作者能否顺应大数据时代对我国社会主义意识形态建设提出的新要求,关键在于能否锻造较强的大数据能力。这就要求:一方面,提升意识形态工作者的数据鉴别能力。大数据时代,数据规模巨大、类型多样、瞬息万变,但也存在数据低质、数据冗余、数据失真等问题。意识形态工作者应在树立正确的大数据观的基础上,充分肯定利用大

---

① 中共中央宣传部.习近平新时代中国特色社会主义思想学习纲要[M].北京:学习出版社,2019:246.

② 张崔英,谢守成.大数据时代高校思想政治教育的"变"与"不变"[J].重庆大学学报(社会科学版),2019(2):192.

数据加强和改善意识形态工作是时代发展的必然趋势,力避落入"数据逻各斯主义"的技术陷阱,做到对大数据不盲从、不迷信,坚持从现实问题出发,以马克思主义的立场、观点和方法为指导,针对意识形态工作的现实需要,有规划、有选择、有侧重地对多元数据进行科学利用,增强数据鉴别能力和批判意识。另一方面,提升意识形态工作者的数据应用能力。大数据最大的价值在于通过大数据技术从纷繁复杂的海量数据中发现隐匿其间的规模性认识。这就要求意识形态工作者也需要掌握一些常用的代表性的数据采集获取、存储管理和分析应用的技术方法,提升意识形态工作的时代性、科学性和实效性。例如,面对当下媒体数字化、移动化和智能化的发展趋势,有些意识形态工作者积极探索主流意识形态、核心价值观的"微传播""智传播""融传播"等,在立德树人、理论创新、宣传教育等方面取得良好的传播成效。

二、关注运作过程,优化大数据赋能意识形态建设的实现机制

大体而言,大数据获取、大数据分析、大数据输出共同构成了大数据的运作过程。利用大数据加强和改善我国社会主义意识形态建设需要关注大数据运作过程,在深入研究大数据获取、分析与输出等各个环节之中积极探索我国社会主义意识形态建设的优化路径。

(一)在大数据获取中优化意识形态的内容供给

大数据获取是指利用大数据感知采集技术对各种数据库、智能设备、网站及客户端等进行数据实时采集及预处理的过程。针对不同的数据源,大数据获取主要分为四类:一是,针对传统的数据库,多采用 MySQL 和 Oracle 等关系型数据库;二是,针对系统日志数据,多选择基于 Hadoop 的 Chukwa、Apache 的 Flume、Facebook 的 Scribe 和 LinkedIn 的 Kafka 等分布式架构的日志采集工具;三是,针对海量的网络数据,网络爬虫技术和网站公开的 API

（Application Programming Interface，应用程序接口）技术成为主要选择；四是，针对感知设备数据，则需要借助各种摄像头、麦克风及其他智能终端来进行数据的采集及预处理。正如哈佛大学的盖·瑞金所言，伴随大数据的触角不断向日常生活渗透，"大数据革命"（big data revolution）扑面而来。他认为在学术界、科学界、工业界、政府和非营利组织等各个领域都出现了一场量化运动。①就意识形态建设维度而言，数据获取构成了大数据赋能社会主义意识形态建设的首要环节。

　　大数据作为信息社会发展的新阶段，正在助推人的生存方式和认知方式的数字化转型。大数据为更好地感知社情民意提供了新技术，成为加强和改善我国社会主义意识形态建设的新利器。马克思强调："问题就是公开的、无畏的、左右一切个人的时代声音。问题就是时代的口号，是它表现自己精神状态的最实际的呼声。"②大数据时代，面对意识形态日常生活化的发展趋势，更应以感知采集社会民生数据为重要抓手，为实现我国社会主义意识形态建设的提质增效探寻新的优化策略。中国特色社会主义进入新时代，人民对美好生活的向往更加强烈，人民群众关心的现实问题自然应成为党和政府着力解决的重点议题。意识形态工作虽然看起来是务虚的工作，但其根基始终扎在社会实践之中。因为"意识在任何时候都只能是被意识到了的存在，而人们的存在就是他们的现实生活过程。……不是意识决定生活，而是生活决定意识"③。在大数据时代，不断推进我国社会主义意识形态的内容创新、宣传教育和社会认同，根本路径依然在于真正反映并切实解决人民群众的现实需要。这就要求，我国社会主义意识形态建设应主动适应并引领大数据的发展，积极利用其技术优势以提升解决现实问题的能力和水平。"大数据

---

① Jonathan Show. why"big data" is a bigdeal［EB/OL］.https://www.harvardmagazine.com/2014/03/why-big-data-is-a-big-deal.

② 马克思恩格斯全集(第40卷)［M］.北京：人民出版社，1982：289-290.

③ 马克思恩格斯文集(第一卷)［M］.北京：人民出版社，2009：525.

归根到底是人们生活产生的数据,只有满足了生活需要的思想,能够回答时代之问的思想才能获得人们的认同。"①

　　党和政府应通过健全政策、法规等顶层设计,提升数据平台交互的便捷化和数据管理工具选择的灵活度等方式积极推进意识形态相关数据的开放进程,将不涉及国家安全和非敏感内容的相关数据最大程度地予以公开共享,不断提升数据的增值开发和创新利用。同时,以社会主义核心价值观引领和规制大数据及其相关产业的发展趋向,打破技术和资本相互勾连而形成的"数据宰制"倾向等,从而使大数据真正反映最广大人民群众对美好生活的向往、承载其现实需求和精神期待,为增强我国社会主义意识形态内容供给提供海量翔实的数据支撑。"大数据时代理论供给加速了国家、社会和个人层面的理论供给整合,大大增强了理论供给竞争力,全面提高了理论供给质量,这必然加快一个时代的理论共识达成和理论供给长效机制形成,且有利于全面实现思想理论与现代科学技术的深度结合。"②此外,在数据加速涌现的大数据时代,"大多数数据都只是噪声,就像宇宙的大部分都是真空区一样"③,这就要求我们在数据获取的基础上,还需要借助数据清洗、数据脱敏等预处理环节以降低数据噪声,尽可能降低涉及国家数据安全、个人数据隐私等各类应用风险和潜在隐患,提升大数据的可用性、真实性和针对性。总之,"一切皆数"的大数据时代能为我国社会主义意识形态建设提供丰富多元的数字资源,优化主流意识形态的内容供给。

　　(二)在大数据分析中凸显意识形态的价值导向

　　在以数据为研究对象的信息科学领域,有一个著名的 DIKW 金字塔体系,即数据(Data)、信息(Information)、知识(Knowledge)和智慧(Wisdom)的层

---

① 简福平.大数据时代的思想认同[J].自然辩证法研究,2018(7):62.

② 储著源.大数据时代理论供给:现实困境、战略对策与有效治理[J].重庆大学学报(社会科学版),2019(1):109.

③ [美]特纳·西尔弗.信号与噪声[M].胡晓姣,等译.北京:中信出版社,2013:212.

级模型。1988 年,美国著名的管理学家罗素·艾克夫在《从数据到智慧》一书中对该模型进行了系统阐释。艾克夫认为在知识的发现和智慧的产生中,数据仅是表征事物的数字符号,信息则是筛选和整理后的数据,知识是数据结构化后的产物,智慧是依据相关知识进行的最优决策。这一模型最早系统阐释了"数据驱动决策"的创新理念。对此,有学者坦言:"数据如果不能进一步地'深加工',即使收集的数量再'大',也毫无价值——因为仅仅就数据本身而言,它们是'一无所知'(Know-Nothing)的,数据的价值,在于形成信息,变成知识,乃至升华为智慧。"①进入 21 世纪,伴随大数据时代的来临,DIKW模型被赋予了新的理论内涵与技术架构,"大数据架构 Hadoop、算法语言Python 以及深度学习框架 Tensorflow 等技术框架为大数据的处理提供了高效的工具,使得面向大数据的知识发现成为现实。"②

Russell L. Ackoff 的"DIKW 金字塔"模型

图 10 Russell L. Ackoff 的"DIKW 金字塔"模型

---

① 张玉宏.品味大数据[M].北京:北京大学出版社,2016:105.
② 王宜鸿,叶鹰.DIKW 概念链上数据科学的理论与技术基础简论[J].图书馆杂志,2020(12):27.

在大数据分析中,算法技术是将数据提升为知识和智慧的核心因素。如果说数据是信息社会"原油"的话,那么算法便是将"原油"提炼成"石油"的关键所在。伴随大数据的崛起,算法逐渐从"幕后"走向"台前",深度嵌入社会生活诸领域,人类开始进入"算法社会"。算法作为一种技术与人工的"混合逻辑",并非价值中立的产物,也是包括意识形态在内的社会建构的产物。因此,在大数据赋能我国社会主义意识形态建设中,尤其要重视大数据分析中算法的价值导向问题。我们以智能媒体领域的算法推荐技术为例,探索我国社会主义意识形态在大数据分析环节的优化机制问题。针对媒体智能化的发展趋势,习近平总书记强调:"用主流价值导向驾驭'算法',全面提高舆论引导能力。"①在媒体智能化的时代趋势中,算法推荐逐渐成为一种主流的信息分发方式,一改过去人找信息的传统模式,大幅提升了信息分发的效率和精准度。这就要求:首先,在算法推荐设计编制的初始阶段就应体现主流意识形态的引领和规范,可通过对技术精英和商业领袖的价值观教育、增加负载主流价值观信息的变量权重等方式加以调适。其次,在算法推荐的数据喂食阶段,将主流意识形态的引领和规范贯穿数据选取、数据挖掘、数据清洗、数据析出的全过程,使数据再造中尽可能彰显真实客观、健康向上、正向审美的价值取向。再次,在算法推荐的核审阶段,通过人机结合的综合方式,尽可能屏蔽、淘汰那些标题悚人、内容空虚等不合乎主流意识形态要求的垃圾信息,强化对积极健康、向善向上的正向信息的推荐权重。又次,优化开发调控受众个性化信息服务的技术手段,可通过实行实名认证制度,开发儿童模式或者青少年模式设定、时长限定模式、防沉迷系统等,从技术层面有效破解算法推荐的价值偏差问题。最后,针对后真相时代假新闻泛滥的传播困境,还可探索应用人工神经网络、机器学习、深度学习等无监督学习方法对"网络水军""标题党"等加以智能识别,再经由人工审核确认召回或者撤销

①　习近平谈治国理政(第三卷)[M].北京:人民出版社,2020:318.

的方式净化信息生态系统，为负载主流意识形态的良性信息营造健康的拟态环境。

（三）在大数据输出中丰富意识形态的呈现方式

所谓的"大数据输出"主要是指在依次经过数据获取和数据分析之后的大数据应用场景和展示方式，其中，可视化和可视分析技术是代表性内容。从2014年到2020年，在中国大数据技术大会上中国计算机学会（CCF）的大数据专家委员会每年都发布"大数据发展趋势十大预测"，可视化和可视分析历来是大数据学界关注的核心议题：2014年，第四：大数据分析与可视化；2015年，第八：可视化分析与可视化呈现；2016年，第一：可视化推动大数据平民化；2017年，第十：可视化技术和工具提升大数据分析工具的易用性；2018年、2019年、2020年均为基于知识图谱①的大数据应用成为热门应用场景（2018年，第十；2019年和2020年，均为第五）。由此可见，大数据业界对可视化和可视分析给予的高度期望。可视化是指通过可视表达提高人们完成某些任务的效率，具有信息记录、支持对信息的推理和分析，以及信息传播与协同的主要功能。伴随大数据时代的到来，以数据为研究对象的数据科学的兴起，"现代的数据可视化技术综合运用计算机图形学、图像处理、人机交互等技术，将采集或模拟的数据变换为可识别的图形符号、图像、视频或动画，并以此呈现出对用户有价值的信息"②。数据可视化具有"视物致知、宽视善知"的重要作用，即通过对数据的可视化表达洞悉和传递真善美。

就文化与意识形态的视角而言，以视觉文化为表征的"看"的艺术逐渐成为助推当下文化与意识形态理论转型和实践转向的重要趋向。大数据助推视觉文化的数字化转型，兼具技术属性和人文精神的数据叙事（Data Sto-

---

① 知识图谱也指知识域可视化或知识领域映射地图，是显示知识发展进程与结构关系的一系列各种不同的图形，用可视化技术描述知识资源及其载体，挖掘、分析、构建、绘制和显示知识及它们之间的相互联系。

② 陈为等.数据可视化(第2版)[M].北京:电子工业出版社,2019:25.

rytelling)应运而生,改变了传统意义上视觉文化单向维度和线性叙事模式,交互性、非线性、可视化特征更为突出,成为科技人文主义和数据主义相结合的新文化景观,也成为形塑社会主义意识形态建设的新境遇。正如英国学者汤普森所言:"在以大众传播的发展为特点的社会里,意识形态分析应当集中关注大众传播的技术媒体所传输的象征形式。"①这就要求我国社会主义意识形态建设应主动寻求与大数据输出的可视化技术和可视分析实现有机融合,从而将晦涩难懂、抽象深奥、体系完备的意识形态理论内容转化为感性直观、形象生动、丰富多彩的表现形式。

首先,提升我国社会主义意识形态的理论内涵和文化品格是借助大数据可视化实现有效传播的根本所在。"理论只要说服人,就能掌握群众;而理论只要彻底,就能说服人。所谓彻底,就是抓住事物的根本。而人的根本就是人本身。"②这就要求主流意识形态必须紧跟时代潮流、观照大众生活,从而不断提升自身的人民性、科学性、权威性,为实现可视化呈现提供丰富鲜活的内容基础。

其次,强化队伍建设和培育公众素养是保障。意识形态工作者应从提升政治站位和政治觉悟、在树立和提升大数据时代视觉化传播理念和传播技能上下功夫。对于人民群众而言,则需要借助学校教育、大众媒体、专题培训、组织竞赛、参观考察等方式,深化公众对大数据基础知识、运行机制、可视化呈现以及利弊效应的辩证认知。此外,提升大众的视觉素养也是必然要求。"视觉素养是应用各种视觉形象参与认知,从而获得搜索、分析、评价和交流信息的能力。"③通过提升大众对视觉文化的鉴别能力、欣赏品位,助力其更好地对视觉化的主流意识形态做到主动接受和积极认同。

---

① [英]约翰·B.汤普森.意识形态与现代文化[M].高铦,等译.南京:译林出版社,2005:286.

② 马克思恩格斯选集(第一卷)[M].北京:人民出版社,2012:9-10.

③ 王帆,张舒予.读图时代的大众素养:媒介素养或视觉素养[J].中国电化教育,2008(2):23.

最后，丰富我国社会主义意识形态建设在大数据可视化呈现中的多样化表达。大数据输出的可视化多以各种图形、表格乃至视频格式进行感性化、多维度、灵活性的具体呈现，且可运用虚拟现实、增强现实、混合现实等先进技术实现呈现方式的增强和优化。这对我国社会主义意识形态建设而言，无疑有助于改善其表现能力和提升其传播效果，借助这种隐形传播方式能够更好地强化大众对其传播内容的接受和认同。"在党的宣传工作中，面向宣传对象，借助大数据可视化工具和方法，实现数据资源的可视化呈现，立体、生动地展现党的宣传工作的发展全貌、总体态势、变化趋势、重大主题、先进典型和突出成就，不仅能为宣传工作的'图像叙事'提供便利，从而精准定位宣传工作的问题点、优势点、着力点，也能进一步强化宣传对象的视觉感知，以大量精美的可视化图表、曲线、特效、动漫等形式使宣传对象更好、更便捷地理解和内化宣传内容。"①

三、重视载体建设，拓展大数据赋能意识形态建设的中介环节

利用大数据赋能我国社会主义意识形态建设需要重视平台载体的创新性应用，不断拓展其中介环节。正如列宁所言："一切 vermittelt=都是经过中介，连成一体，通过过渡而联系的。"②我国社会主义意识形态建设的平台载体是指那些承载意识形态内容的，能为意识形态工作者操作的，连接意识形态工作者与工作对象的中介环节。就广泛意义而言，只要能使意识形态工作的主客体之间产生互动关系的方式和手段都可以视为其载体中介。关于媒介与意识形态的隐匿关联，我们可以通过美国媒介文化学者尼尔·波兹曼"媒介即隐喻"的观点加以确证。他认为："每一种媒介都为思考、表达思想和

---

① 韩文彬,周明明.大数据融入新时代党的宣传工作的路径选择[J].思政教育研究,2020(8):145.

② 列宁全集(第55卷)[M].北京:人民出版社,1990:85.

抒发情感的方式提供了新的定位,从而创造出来独特的话语符号。"①因此,"实现主流意识形态认同,不仅应注重意识形态本身的特征,同时也应重视其呈现形式,即意识形态表达及传播方式"②。伴随大数据时代的到来,海量数据在更为数字化、智能化的平台载体上实现着隐含其间的意义与价值的承载和流动,相比于肢体、铅字、声波、影像、会议、教室等传统载体而言,以存储与处理数据见长的专业数据库、以大数据技术为底层逻辑的智能媒体、赛博时代的话语方式等正在逐渐成为大数据赋能我国社会主义意识形态建设的新型中介环节,是提升其建设实效必不可少的平台载体。

(一)重视意识形态数据库建设

数据库是指依据数据结构实现数据的组织、存储和管理的仓库,简而言之,是能够高效存储和处理数据的载体。伴随大数据时代的来临,海量数据资源亟须数据库的有效存储和高效管理。夫子曰:"工欲善其事,必先利其器。"加强和改善我国社会主义意识形态建设离不开科学高效的工具和载体。"工具可以作为知识进步的仪器,就好比是显微镜和望远镜,可以帮助我们看到小到人眼看不清的和远到人眼望不到的东西。"③大数据时代,重视我国社会主义意识形态数据库建设,不断丰富我国社会主义意识形态建设的技术平台和媒介载体,有助于提升意识形态工作的信息化、技术化、实效化水平。习近平总书记指出:"要运用互联网和大数据技术,加强哲学社会科学图书文献、网络、数据库等基础设施和信息化建设,加快国家哲学社会科学文献中心建设,构建方便快捷、资源共享的哲学社会科学研究信息化平台。"④就

---

① [美]尼尔·波兹曼.娱乐至死·童年的消逝[M].章艳,等译.桂林:广西师范大学出版社,2009:11.

② 王寅申,朱忆天.智能时代的主流意识形态认同面临的挑战及其应对[J].大连理工大学(社会科学版),2022(2):1.

③ 包弼德,夏翠娟,王宏甦.数字人文与中国研究的网络基础设施建设[J].图书馆杂志,2018(11):19.

④ 习近平.论党的宣传思想工作[M].北京:中央文献出版社,2020:236.

现实而言,我国社会主义意识形态数据库建设应主要从两个方面着手:一方面,在现有数据库的基础上,结合大数据技术和我国社会主义意识形态建设的发展实际,对现有数据库进行技术升级和数据更新;另一方面,开发使用数据采集更为全面系统、数据管理更为科学高效、数据输出更为丰富灵活的大型专业化数据库。

第一,完善现有的意识形态数据库。早在 2004 年 12 月,由中办和国办联合印发的《关于加强信息资源开发利用工作的若干意见》就为我国信息资源开发利用做了初步的顶层设计和实践部署。2006 年 5 月,中办和国办又联合印发《2006—2020 年国家信息化发展战略》,明确将"建立和完善信息资源开发利用体系""加强全社会信息资源管理,促进信息资源的优化配置"等作为国家信息化的战略重点。2015 年国务院印发的《促进大数据发展行动纲要》明确提出"利用大数据、云计算等技术,对各领域知识进行大规模整合,搭建层次清晰、覆盖全面、内容准确的知识资源库群"。随之而来,我国社会主义意识形态建设的相关数据库不断增多,涌现了由人民出版社开发建成的中国共产党思想理论资源数据库、人民网主办的人民数据库和习近平系列重要讲话数据库、社会科学文献出版社创办的马克思主义学科专题数据库,以及相关性较强的国家哲学社会科学学术期刊数据库、中国知网、中国社会科学文库等代表性成果。这些数据库为我国社会主义意识形态建设提供了海量数据资源,成为促进其信息化、科技化、时代化的重要载体。但从实践应用而言,许多现成的专业化数据库尚存在"不专业"现象,例如内容更新不及时、次级库设计不合理、用户体验不佳、使用成本过高等问题又限制了其作用发挥。解决上述问题,既需要国家相关部门加大政策、财政、人才和技术的支持力度,更需要意识形态工作者和数据库专业人员通力合作,充分运用大数据、人工智能、深度学习等先进技术感知国内外马克思主义研究的最新动态,汲取我国社会主义意识形态建设的最新成果,及时整合和吸纳相关理论内容和文献资源,不断丰富原有数据库的内容和优化其子库设计,本着"用户至上"的理念,不断改善用户体验,提升数据库利用效率。

第二,创办国家级的权威性数据库,可以考虑由中宣部牵头,联合中国社科院、中央党校、中央党史和文献研究院、高校的全国重点马院、国家图书馆、人民出版社、中央广播电视总台等相关单位,破除各自为政、条块分割的"数据孤岛"问题,充分发挥各自在意识形态数据库创建中的优势条件,通过公开招投标形式引入专业公司进行数据库的研发和运维,在坚持公益属性的基础上兼顾商业化诉求,打造一个功能完善、资源丰富、功能完备、安全可靠的国家级意识形态数据库。从子库设计上,首先,以人物为线索,创建马克思、恩格斯、列宁,以及党的领袖文献数据库;其次,以专题为线索,创建马克思主义哲学、政治经济学、科学社会主义、政治、法学等专题数据库;再次,以国别为线索,创建中国、苏联、东欧国家、朝鲜、古巴、越南、老挝、欧美等国共产主义运动理论与实践数据库;最后,以载体为线索,创建文字类、音频类、视频类等不同介质的数据库。通过实施这一国家工程,可以将之前分散在各个单位的、各有侧重的海量异质相关数据进行汇集整合,形成一个全面的、系统的、完备的意识形态文献信息资源库。在此基础上,充分利用大数据、人工智能等先进技术对用户在该数据库平台的行为数据进行深入挖掘,形成个性化的"用户画像",借助智能推荐功能为用户提供"私人订制"的精准化服务,同时借助用户的信息反馈进一步提升数据库的服务效能。

(二)优化意识形态的传播载体

传播学认为,每一个新技术的出现都催生了传播的新神话。"大数据为传播开辟了新的时代,大数据之于传播,有着与所有含动态技术特征的领域一样的基本目标,就是优化传播行为,增益传播效果。"①大数据时代的传播

---

① 全燕.大数据技术背景下的传播转型及其异化风险[J].南京社会科学,2018(6):123.

是利用数据和算法缔造的一种组织化传播。①基于海量数据与智能算法的双重加持,大数据时代传播的微型化、精准化、智能化特征更为明显。大数据为推动我国社会主义意识形态传播的创新发展提供了新的技术条件。大数据时代要求我们应更加重视以党报、党刊、党台、党网为代表的主流媒体在传播主流意识形态中的阵地作用。

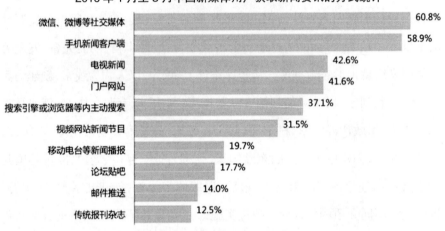

2016 年 1 月至 3 月中国新媒体用户获取新闻资讯的方式统计

微信、微博等社交媒体	60.8%
手机新闻客户端	58.9%
电视新闻	42.6%
门户网站	41.6%
搜索引擎或浏览器等内主动搜索	37.1%
视频网站新闻节目	31.5%
移动电台等新闻播报	19.7%
论坛贴吧	17.7%
邮件推送	14.0%
传统报刊杂志	12.5%

样本:N=1727;根据2016年1月至3月iClick社区2016大调研问卷-网络新媒体调研数据获得.

图 11　2016 年 1 月至 3 月中国新媒体用户获取新闻资讯的方式统计

首先,借助大数据提升我国社会主义意识形态传播的微型化。大数据时代的传播模式呈现载体微型化、信息简短化、对象具体化、结构扁平化的显著特征。在大数据时代,我国社会主义意识形态可以借助以微博、微信、微视频、新闻客户端等为代表的微载体提升传播效果。艾瑞咨询发布的《2016 年中国网络新媒体用户研究报告》显示,以微型化为特征的新媒体正在逐渐取代传统媒体成为使用率最高的媒体形态。例如, 微信作为一款用户超过 10

---

①　组织化传播,就是组织成员之间、组织内部机构之间、组织与更大的社会环境之间的信息交流和沟通。具体地说,组织传播是由各种相互依赖的关系结成的网络,为应付外部环境的不确定性,也是为了完成组织目标而创造和交流信息的过程。

亿人的现象级国民应用，已逐渐成为人们的生活方式。有学者通过对全国154个马克思主义理论学科微信公众号的统计分析证明了微信在助力理论传播中的巨大效能。"统计发现，马克思主义理论学科学术期刊的微信公众号平台自2017年1月1日至2019年6月10日共发布文章14946篇，总阅读数达到77860032，总点赞数达到915468。……马克思主义理论学科学术期刊微信公众号文章的总阅读数达到175285265，总点赞数达到2716641，说明马克思主义理论学科学术期刊新媒体平台受到社会广泛关注，在网络思想舆论领域产生了相当的影响力。"[①]这启示我们，承载主流意识形态的主流媒体和作为意识形态建设主力军的意识形态工作者都应该主动适应并引领微传播的时代潮流，不断拓展微传播载体、锤炼微传播能力，为提升我国社会主义意识形态的传播实效探寻更有效的中介环节。例如，"人民日报以'中央厨房'作为深度融合枢纽，推动管理架构从以报纸版面为中心转向报纸与新媒体齐头并进，目前，人民日报发行的330万份报纸，294个新媒体终端，已经覆盖用户6.6亿人次"[②]。

其次，借助大数据提升我国社会主义意识形态传播的精准化。囿于传统"灌输论"的宣教理念和信息传播的技术条件，过去意识形态传播是一种典型的"大众传播"模式，"大水漫灌"的传播方式也带来了传播目标不明晰、传播方式不精准等问题，影响我国社会主义意识形态传播实效。伴随海量数据的收集和分析，意识形态工作者可以通过对受众在社交媒体上生成的多维数据进行精准化的"用户画像"，在意识形态传播中针对不同的受众进而制定不同的传播策略，选取个性化的传播内容、方式和手段，实现"滴灌式"的精准传播，提高主流意识形态的传播效能。这就要求，我国主流媒体应顺应

① 张瑜，金哲.马克思主义理论学科的新媒体影响力研究——基于微信公众平台的大数据分析[J].思想教育研究,2020(2):144.

② 新华通讯社课题组.习近平新闻舆论思想要论[M].北京:新华出版社,2017:232.

大数据时代分众化、个性化、差异化的传播趋势,不断构建立体多样的现代传播体系。例如,人民日报社拥有官方微信、人民网、《环球时报》、侠客岛等多个微博账号和微信公众号,初步形成了报纸、PC 端、微博、微信、客户端等多终端构成的传播矩阵,改变过去"一对多"的传播模式,在为不同用户提供"私人订制"的信息服务中不断提升意识形态传播的精准度。"懂得大数据,用好大数据,既可以帮助更有效把握受众的需求与心理,实现更精准的传播,也可在更广泛领域帮助做好工作。"①

再次,借助大数据提升我国社会主义意识形态传播的智能化。在大数据时代,主流媒体必须充分利用算法推荐的技术优势不断提升智能化水平,拓展负载主流意识形态信息的渗透程度和传播空间。第一,主流媒体应树立"关爱算法"的传播理念。算法推荐本质上是一种因顺从受众需求而容易出现价值偏差的"母爱算法",而传统主流媒体则属于过于强调政治正确而影响传播效果的"父爱算法"。在智媒时代,主流媒体应树立平等理念,实现传受结合的"关爱算法"理念。这一理念要求主流媒体应更为主动参与算法推荐的内容供给,通过精心制作图文音频等传统内容产品和更多服务型、特色类的新产品,满足用户多样化信息需求。第二,针对主流媒体的发展困境,应通过改革体制机制、加大资金投入、充实专业队伍等助力主流媒体的智能化转型,重点支持人民网、新华社、央视新闻、澎湃新闻等中央和地方主流媒体的算法推荐应用。例如 2018 年 6 月 11 日,人民日报社首创党媒算法——"人民号",积极探索构建兼具主流价值与创新活力的新媒体内容生态。第三,在推动媒介融合中,加强主流意识形态对算法推荐的引领和规范。这就要求以算法推荐为结点,实现主流媒体与平台媒体的融合发展。一方面,主流媒体要主动对平台媒体应用算法推荐进行价值导向和话语规训。例如,2017 年 9 月《人民日报》"三评算法推荐"即释放了这一明确信号;另一方面平台媒体

① 本书编写组.习近平新闻思想讲义(2018 版)[M].北京:人民出版社,学习出版社,2018:142.

应主动为主流媒体提供技术支持和传播平台。例如上海报业旗下的澎湃新闻借助今日头条的算法优势不断提升自身的市场影响力成为双方合作共赢的范例。第四,平台媒体还应主动邀请党政机关入驻平台,通过划分正能量池加以置顶推荐,优化算法推荐的权重配比等,以主流意识形态引导平台媒体的健康发展,以平台媒体扩展主流意识形态的传播平台,在融合共赢中实现社会主义意识形态的有效传播。

（三）创新意识形态的言说方式

从某种程度而言,人类创造的语言就是社会化数据的信息系统和表意符号。美国消费电子协会(CEA)首席经济学家肖恩·杜布拉瓦茨认为:"数据的历史简单说就是人类试图再现大脑数据处理能力的历史。……语言身处第一批数据接收和理解方面的革命之中,它让人类可以将自己大脑里的数据传递给其他人。"[1]因而,从信息通道和表意系统的视角来看,人类的语言与数据具有同质性,语言是社会化数据的实现形式。马克思恩格斯认为:"'精神'从一开始就很倒霉,受到物质的'纠缠',物质在这里表现为振动着的空气层、声音,简言之,即语言。"[2]由此观之,语言与意识形态具有密不可分的内在关联,人类的语言是意识形态的中介载体,而意识形态则规定着语言的表意导向。从文化学维度来看,语言作为一套表意系统和文化符号,只有在情境化的言说中才能转化为话语。话语则意味着语言对社会实践主体具有支配性和役使性的强大社会力量。由此,法国思想家米歇尔·福柯作出了"话语即权力"[3]的论断。英国语言学家诺曼·费尔克拉夫也认为:"话语不仅是表现世界的实践,而且是在意义方面说明世界、组成世界、建构世界。"[4]在大数据时代,我

---

① [美]肖恩·杜布拉瓦茨.数字命运[M].姜昊骞,等译.北京:电子工业出版社,2015:9.

② 马克思恩格斯文集(第一卷)[M].北京:人民出版社,2009:533.

③ 米歇尔·福柯认为权力生产于话语的建构及真理化之中,而话语又充当工具为权力所用,话语言说的实质就是权力的运用。

④ [英]诺曼·费尔克拉夫.话语与社会变迁[M].殷晓蓉,译.北京:华夏出版社,2004:60.

国社会主义意识形态的言说方式应顺应移动化、数字化、智能化趋势,在推动官方话语大众化、政治话语学理化与传播话语时代化有机融合过程中不断提升数字时代主流意识形态的建设实效,不断掌握意识形态话语权。

首先,推动官方话语大众化。"官方传播媒体在生成主流舆论、引领社会前进中发挥着积极作用。官方话语风格沉稳庄重,但其模式化的话语体系往往会形成先在性的框架,并对人们的话语方式形成了支配与控制。"①伴随社会急剧转型和自媒体的蓬勃发展,以党报党刊、国家电视台、国家通讯社为代表的官方舆论场和以网络社群为代表的民间舆论场"同台竞技"构成了当今我国舆论领域新格局,并且民间舆论场影响力呈现日益扩大之势。这就要求我国社会主义意识形态应密切关注受众的个体感受和其关心的现实问题,不断创新话语叙事逻辑,多运用群众听得明白、记得清楚的语言风格和言说方式,促进官方话语由"高居庙堂"到"下接地气"的时代转型。

其次,推动政治话语学理化。政治话语具有严谨规范、理性权威的独特优势,是社会主义意识形态的主要言说方式。但是政治话语要想更有说服力和感召力离不开学术性言说方式提供的学理支撑。这就需要将政治话语转化为学术话语,重视用学术话语讲清楚以马克思主义为指导的社会主义意识形态的理论逻辑、历史逻辑与现实逻辑等基础性问题。

最后,推动传播话语时代化。伴随互联网的发展和网民数量的激增,网络语言已然融入人类语言体系之中,成为人们日常生活中重要的言说方式。网络语言以通俗易懂、诙谐幽默、时尚新颖、具体生动等鲜明特征迎合了大众主体性的释放和狂欢化的表达需求,表现出强大的传播能力和社会动员潜力。"当代中国主流媒体和网络媒体应该及时跟进网民对网络语言的创造和使用,并通过灵活多变的语言方式不断将其转化为能够承载和宣传主流

---

① 吴琼.创新主流意识形态传播的话语表达方式[J].红旗文稿,2017(10):22-24.

意识形态的语言形式。"①

四、构建综治格局，形成大数据赋能意识形态建设的多元合力

利用大数据加强和改善我国社会主义意识形态建设是一个涉及面广、关联性强、复杂度高的系统性工程，需要通过构建党委领导、政府管理、企业履责、公众参与的综合治理格局，从而形成大数据赋能意识形态工作的多元合力。

（一）在大数据赋能意识形态建设中坚持党的方向引领

坚持党对一切工作的领导是中国特色社会主义最本质的特征和最大优势，网络空间也不例外。"必须旗帜鲜明、毫不动摇坚持党管互联网，加强党中央对网信工作的集中统一领导，确保网信事业始终沿着正确方向前进。"② 大数据作为信息社会发展的新阶段，是推动时代转型的新动能，已深度嵌入我国经济社会发展的全过程，也构成了影响我国社会主义意识形态建设的新的时代境遇。在此背景下，只有始终坚持党的集中统一领导，充分发挥党总揽全局、协调各方的领导核心作用，才能引领大数据赋能我国社会主义意识形态建设的正确方向。

党中央和地方各级党委应在大数据赋能我国社会主义意识形态建设中做好顶层设计、整体谋划和统筹协调的领导核心作用。当大数据时代刚一拉开序幕时，为了主动顺应和积极引领大数据的健康发展，以习近平同志为核心的党中央能够做到始终站在时代前沿，引领时代潮流，谋划解决时代课题，在不同场合多次强调我们要抓住用好大数据提供的时代机遇，明确提出"谁掌握了大数据技术，谁就掌握了发展的资源和主动权"的重要论断，并采取以中央政治局集体学习的方式专门研究部署我国大数据发展战略问题，

---

① 樊瑞科.大众文化视域下当代中国社会主义意识形态建设研究[M].北京:人民出版社,2021:172.
② 中共中央党史和文献研究院.习近平关于网络强国论述摘编[G].北京:中央文献出版社,2021:10.

体现了党中央对大数据技术及现实应用的高度重视和积极引领。习近平总书记明确提出要"运用大数据提升国家治理现代化水平""运用大数据促进保障和改善民生"和"切实保障国家数据安全"等具体部署,运用大数据加强和改善我国社会主义意识形态建设自然也是题中应有之义。在党中央的正确领导下,我国政府相继出台了一系列事关大数据发展的战略布局、行动纲要、产业规划,不断完善大数据相关法规,为大数据赋能我国社会主义意识形态建设提供了诸多有利的制度前提。科学技术的"双刃剑"属性告诉我们,大数据技术作为新一代信息技术的重要内容,其技术本身及现实应用对我国社会主义意识形态建设的创新发展提供了新的时代机遇,也造成了严峻的现实挑战。只要坚持党的领导,我国社会主义意识形态建设才能在应用大数据中做到趋利避害,发挥其最大效能,反过来,以马克思主义为指导的社会主义意识形态为价值引领,才能最大程度地为我国大数据的健康发展增加"价值动能"。党的领导需要党的各级组织来保证和推进,党中央和地方各级党委在促进大数据发展中应主动将大数据赋能意识形态建设纳入党和国家工作的全局中来考虑,尤其是要明确党委书记第一责任人的领导职责,培育"少数关键"在进行重要决策时的大数据思维和培养大数据能力。"各级领导干部要加强学习,懂得大数据,用好大数据,增强利用数据推进各项工作的本领,不断提高对大数据发展规律的把握能力,使大数据在各项工作中发挥更大作用。"①作为党的一项极端重要的工作,意识形态工作自然也属于各级党委重要决策的范畴之内,顺应大数据时代的发展要求,各级党委应积极主动、灵活应用大数据加强和改善党的意识形态工作。

(二)在大数据赋能意识形态建设中增强政府治理效能

针对大数据对我国社会主义意识形态建设带来的风险挑战,各级政府

---

① 审时度势精心谋划超前布局力争主动　实施国家大数据战略加快建设数字中国[N].人民日报,2017-12-10(01).

部门应通过完善信息公开机制、做好舆论引导机制和强化法治监督机制来提升大数据赋能我国社会主义意识形态建设的治理效能。

首先,完善大数据赋能我国社会主义意识形态建设的信息公开机制。相对于其他社会主体,我国各级政府作为政务信息的采集者、管理者和占有者,具有不可比拟的信息优势。各级政府掌握着海量的权威性的数据,是最大的数据拥有者。大数据时代的到来,要求各级政府不断推进政务数据的开放共享进程。"可以加快推进电子政务,鼓励各级政府部门打破信息壁垒、提升服务效率,让百姓少跑腿、信息多跑路,解决办事难、办事慢、办事繁的问题。"[①]考虑到意识形态工作的特殊性,可以通过在相关数据收集、审核、提取、公布、使用等具体流程中创建有针对性的规则制度,完善意识形态相关数据可信任、可验证、可溯源的实施机制,从而有效解决相关数据在使用和管理过程中的规范性、科学性、安全性问题。还可以通过深度学习等算法技术对不同类型的数据进行不同规格的标注,对风险系数较低的意识形态数据尽可能公开共享,而对于涉及国家安全和公民权利等敏感性数据,应严格遵守党和政府相关的法规要求,对相关数据进行脱敏处理后再进行公开共享。从社会主义意识形态建设视角来看,政府对不涉密、非敏感的意识形态相关数据进行公开共享,将有助于实现我国社会主义意识形态的"祛魅",增强主流意识形态大众化、通俗化、世俗化特征,为推进我国社会主义意识形态建设的多元共治提供扎实的数据支撑和牢固的群众基础。

其次,做好大数据赋能我国社会主义意识形态建设的舆论引导机制。当前,纷繁复杂的网络舆情生态已经成为影响意识形态建设实效的重要因素。我国政府应通过强化信息舆论引导机制,及时引领社会舆论,塑造良好网络生态。具体而言,政府可以借助基于大数据技术的新媒体、智媒体等数字平

---

① 中共中央党史和文献研究院.习近平关于网络强国论述摘编[G].北京:中央文献出版社,2021:19.

台,拓宽干部群众网络沟通渠道,对网络舆情生态进行全天候、立体式和精准化的感知采集、分析研判,为意识形态决策提供数据支持和技术服务。同时,正如习近平总书记强调:"各级党政机关和领导干部要学会通过网络走群众路线,经常上网看看,潜潜水、聊聊天、发发声,了解群众所思所愿,收集好想法好建议,积极回应网民关切、解疑释惑。"①各级政府机关及工作人员应树立和践行走好网上群众路线的理念,及时掌握网上网下舆论场的核心议题,通过及时对社会热点事件进行真相还原,发挥"意见领袖"的舆论引领作用。此外,政府机关及工作人员还应主动围绕关系广大群众切身利益的社会热点难点问题,主动进行议程设置,引领社会舆论导向,从而密切党群干群关系,增强政府的亲和力、公信力、权威性,提升我国社会主义意识形态的引领力、吸引力和凝聚力。

最后,完善大数据赋能我国社会主义意识形态建设的法治监管机制。习近平总书记在党的十九大报告中明确指出:"全面依法治国是中国特色社会主义的本质要求和重要保障。"②利用大数据加强和改善我国社会主义意识形态建设需要健全的法制保障。这就需要我国政府做好大数据和意识形态领域的相关立法工作,例如《中华人民共和国政府信息公开条例》(2019年修订)、《中华人民共和国网络安全法》《中华人民共和国数据安全法》《中华人民共和国个人信息保护法》等相关法规的颁布实施为政务信息公开共享、捍卫国家数据安全、促进数字经济发展和维护个人数据权利提供了基本的法制保障,也构成了大数据赋能我国社会主义意识形态建设的法规前提。进而言之,我国政府还应在结合大数据和意识形态工作实践发展基础上将已有法规具体化、细分化和融合化,从而提升相关法规的科学性、针对性和可执行性。本书认为,可以考虑组织意识形态相关部门、大数据业内人士、相关法律

---

① 习近平.论党的宣传思想工作[M].北京:中央文献出版社,2020:195.

② 习近平谈治国理政(第三卷)[M].北京:人民出版社,2020:18.

专家、社会群团组织和群众代表等多元主体就大数据时代我国社会主义意识形态建设的法治化议题进行集体协商，建议在全国人大法制委员会指导下，由中宣部先行制定一项专门性部门规章，以制度化形式初步明确大数据赋能意识形态工作的法律依据、指导原则、目标指向、基本要求和实现路径等核心问题，并在具体落实中逐步修订、丰富和完善。此外，就加强我国社会主义意识形态建设而言，我国政府应加强对以社交媒体、智能平台等为代表的网信企业实施更为严格有效的监管，防止其在用户数据采集、存储、分析和应用中的违法、违规、违德的不良行为，维护国家信息安全、数据主权，以及公民个体的合法权利。"要依法加强网络社会管理，加强网络新技术新应用的管理，确保互联网可管可控，使我们的网络空间清朗起来。"①通过各级政府部门依法依规的严格监管，规制大数据相关企业的安全风险，引导其坚持正确的价值取向，为大数据赋能我国社会主义意识形态建设提供良好的法治环境。

（三）在大数据赋能意识形态建设中倡导企业自觉履责

利用大数据加强和改善我国社会主义意识形态建立也需要各类企业的积极参与和主动配合，尤其是网信企业的支持和配合。习近平总书记强调："一个企业既有经济责任、法律责任，也有社会责任、道德责任。企业做得越大，社会责任、道德责任就越大，公众对企业这方面的要求也就越高。"②在大数据时代，网信企业作为最重要的市场主体，在追求自身经济利益的同时还应强化自我约束和素养提升，自觉肩负起维护良好网络生态的主体责任。任何有良知、负责任的企业在向社会公众提供产品和服务时应该满足"两个伦理原则"，网信企业也不例外。"其一，产品或服务不能'为恶'，不做危害国家、社会和用户的事；其二，在此基础上，企业要努力'为善'，合理定位产品

---

① 中共中央党史和文献研究院.习近平关于网络强国论述摘编[G].北京：中央文献出版社，2021：52.

② 习近平.在网络安全和信息化工作座谈会上的讲话[M].北京：人民出版社，2016：22.

或服务的商业价值与社会价值,实现二者的平衡发展。"①

就大数据赋能我国社会主义意识形态建设而言,一方面,网信企业应在维护数据安全和意识形态安全上承担主体责任。正如习近平总书记指出:"一些涉及国家利益、国家安全的数据,很多掌握在互联网企业手里,企业要保证这些数据安全。"②大数据时代,以跨境电商业务、App"出海"发展、国内企业赴海外上市等为实现形式的数据跨境流通不断激增,跨境数据不断流转成为影响整体国家安全观的利益形态,相关企业在从事数据跨境流通和数字贸易时极有可能威胁国家主权和数据安全。例如,2021年国家网信办对赴美上市后的滴滴(DIDI)公司依法启动网络安全审查便是一个典型案例。滴滴作为我国大型数字化平台,在运行中不断收集城市交通、教育、医疗、行政资源分布等核心数据,并通过数据分析和研判我国的方针政策。"如果滴滴将用户数据、地图信息以及使用过程中的国家统计数据等泄露至海外,实际上就相当于将国家的核心机密外泄,侵犯了国家的数据主权。"③因此,除了制定宏观政策、完善相关法规,加强行业监管等政府行为之外,相关企业也应通过加强国际合作、增强合规意识,采用多种形式在维护自身合法权益的同时也要维护国家安全和用户权益。总之,相关企业应以"不为恶"为底线,树立以不危害国家信息安全和数据主权,以及意识形态安全作为企业运营的底线思维。

另一方面,网信企业应坚持经济效益与社会效应并重的基本原则。伴随大数据时代的到来,数据成为各类企业尤其是互联网公司竞相争夺的核心资源。围绕数据采集、储存、分析和应用的经济行为不断激增,已成为我国数

① 张乐.数字生态向善中的企业责任与行动路径[J].人民论坛,2020(36):74.

② 习近平.论党的宣传思想工作[M].北京:中央文献出版社,2020:207.

③ 韩洪灵,陈帅弟,刘杰,陈汉文.数据伦理、国家安全与海外上市:基于滴滴的案例研究[J].财会月刊,2021(5):20.

字经济的重要构成。当前，"数据至上"的极端倾向和"资本逐利"的本性相互交织，致使我国大数据产业发展面临数据垄断、数据歧视、数据侵权等有违公序良俗和人文伦理的风险挑战，魏则西事件、滴滴顺风车事件、美团配送员罢工事件等都凸显了网信公司或者数字平台"唯利是图"的丑恶一面。对此，习近平总书记强调："只有富有爱心的财富才是真正有意义的财富，只有积极承担社会责任的企业才是最有竞争力和生命力的企业。办网站的不能一味追求点击率，开网店的要防范假冒伪劣，做社交平台的不能成为谣言扩散器，做搜索的不能仅以给钱的多少作为排位的标准。"①针对"数据至上""流量为王"所导致的行业乱象，网信企业应以社会主义核心价值观为基本的价值遵循，不断增强"科技向善"②的经营理念，在追求经济效应的同时主动发挥其社会效益，在谋求企业利润的同时自觉履行其社会责任。近年来，阿里巴巴、百度、腾讯、字节跳动等互联网公司在我国扶贫攻坚、捐资助学、网络舆情监测、弘扬社会正能量等社会活动中不断履行社会责任，在塑造自己良好企业形象的同时也彰显了其社会责任意识。再如，浪潮作为国内唯一具有单独的政府数据开放平台产品线的厂商，"积极探索政府数据开放、社会化利用和创新，已成功为全国100多个省（区、市）政府建立大数据平台，实现了数据的共享共用，为山东、宁夏、广西、重庆、广州、成都、哈尔滨、佛山、济南、青岛等省（区、市）提供数据服务，为加快推动政府数据共享开放、数据流通以及应用创新注入全新活力"③。

---

① 习近平.论党的宣传思想工作[M].北京：中央文献出版社，2020：208.

② 企业科技向善是指企业主动地利用负责任的创新技术解决社会问题，把道德理念融入产品设计与科技应用中，为社会公共利益服务，追求社会服务效率提升和社会价值创造，在实现集体利益的过程中获得商业利润。

③ 中国政府大数据市场研究报告：浪潮竞争力居首[EB/OL].https://m.gmw.cn/baijia/2021-06/22/34939300.html.

（四）在大数据赋能意识形态建设中培育公民数据素养

公民素养是指"在现代生活中，为了更好地参与社会交往，实现自我价值，建成优良生活，公民在平等协商的基础上，就每个公民应该具备的价值观念、理性意识及交往美德所达成的共识"①。公民素养侧重强调公民后天习得的知识、习惯、规范等。基于社会信息化的发展趋势，学界进一步提出了数字公民素养的概念。"数字公民素养是数字时代下公民利用各种数字技术进行学习、工作和生活所需具备的关于安全、合法、符合道德规范地使用技术的价值观念、必备品格、关键能力和行为习惯。"②在构建大数据赋能我国社会主义意识形态建设的综合治理格局中，广大人民群众尤其是触网人员并非旁观者，而是重要的参与力量。培育公民素养，扩大公众参与是提升大数据赋能我国社会主义意识形态建设的社会基础。本书认为应通过重点培育公民的数据素养、媒介素养和意识形态素养来提升大数据赋能主流意识形态的建设实效。

首先，培育公民数据素养，提升公众数字化生存的意识和能力。培育公民数据素养是大数据时代公民适应数字化生存的必然要求。"从整个国家发展来看，大数据意味着未来的创新方向，因此，不仅专业的数据分析师、科学家应掌握和分析大数据，普通公民也必须具备基本的数据素养，并对数据有一个基本的认知，否则就无法适应未来的数字化生活。"③提升公民数据素养需要通过国家制定相关政策，加大资金投入，纳入国民教育，进行专题培训，借助媒体宣传和倡导公民自主学习等方式综合施策、同向发力、相互作用，进而不断增强公众的数据思维、数据伦理、数据规范和数据能力。从意识形

---

① 施向峰.公民素养：精神文明的主体境界[J].道德与文明，2017(6)：16.

② 郑云翔，钟金萍，黄柳慧，杨浩.数字公民素养的理论基础与培养体系[J]中国电化教育，2020(5)：70.

③ 金鹏.如何提升公民数据素养[J].人民论坛，2018(31)：76.

态建设视角来看，提升公民数据素养有利于引导其在负载纷繁复杂价值观的数据海洋中明辨是非、把握方向，提升其对主流意识形态与非主流意识形态、反主流意识形态的区分度和辨识度。

其次，培育公民媒介素养，提升公众媒介化生存的意识和能力。公民媒介素养主要包括对媒介认知和媒介应用两大内容。在大数据时代，承载社会主义意识形态的数据信息逐渐与传统的图书期刊报纸、电台电视电影等大众媒介相疏离，转而向网络、云端和客户端转移。尤其是伴随媒体数字化、智能化和平台化的发展趋向，我国社会主义意识形态的传播环境更为复杂多变，对公众媒介素养提出了更高的要求。培育公民媒介素养是一个系统工程，需要国家通过政策法规和政府行业监管等方式规制媒体在信息传播中的价值导向，也需要媒体通过加强行业自律意识提升其社会责任感，更需要网络用户在信息的生产、制作和传播中增强主体自觉意识。总之，只有增强公众对海量数据的科学解读和辨识能力，才能使其自觉抵制不良内容的干扰渗透，从而提升对承载社会主义意识形态信息的主动接纳和自觉认同。

最后，培育公民理论思维，提升公众过好意识形态生活的能力。古希腊哲学家亚里士多德认为："人类天生是政治动物。"[1]以此类比，我们也可将人类视为意识形态动物。事实而言，人总是在过一种意识形态的生活。这不仅是意识形态本身源于人的日常生活世界，而且是意识形态的社会教化功能使然。意识形态既不是抽象空洞的说教，也不是百无聊赖的絮叨，而是个人进入并生活于特定社会的许可证。个人只有通过社会教化与意识形态认同，才可能与以这种意识形态为指导思想的社会产生认同，进而过上正常的生活。为此，培育公民理论思维，提升公众对以马克思主义为指导的社会主义意识形态的理性认知、情感认同和主动践行，也是党的意识形态工作的必然

---

① ［古希腊］亚里士多德.政治学［M］.袁岳，编译.北京：中国长安出版社，2010：4.

要求。这就要求,一方面,不断推进马克思主义中国化时代化,为培育公民理论思维提供富有鲜活生活气息和时代特色的理论资源,新时代要重点引导大众对作为马克思主义中国化最新成果的习近平新时代中国特色社会主义思想的学习和理解,引导大众了解认识当前党和国家的路线方针政策;另一方面,采取多重方式和运用各种载体加强和改善我国社会主义意识形态的宣教效果,以通俗易懂、喜闻乐见的大众化方式推进理论的世俗化、通俗化、生活化。大数据时代的到来,海量数据逐渐成为社会主义意识形态的新载体,加强对公众进行马克思主义科技观、伦理观的宣教任务更为迫切。总之,提升公众理论思维,才能使大众更好地把握大数据与主流意识形态的内在张力,过好大数据时代的意识形态生活,为大数据赋能意识形态建设奠定坚实的群众基础。

五、捍卫数据主权,创设大数据赋能意识形态建设的安全环境

大数据时代的到来使得维护国家信息安全和数据主权的问题更为凸显。"数据主权是指国家对数据和与数据相关的技术、设备、服务商等的管辖权及控制权,体现域内的最高管辖权和对外的独立自主权、参与国际事务的合作权。"[①]当前以美国为首的西方国家依仗其在大数据及相关领域的优势地位,对我国数据主权和意识形态安全形成严重威胁。正如习近平总书记强调:"在互联网这个战场上,我们能否顶得住、打得赢,直接关系我国意识形态安全和政权安全。"[②]这就需要通过在抵制西方大数据霸权行径中维护数据主权和意识形态安全,在引领大数据治理体系变革中增强主流意识形态

---

① 刘皓琰.数据霸权与数字帝国主义的新型掠夺[J].当代经济研究,2021(2):25.

② 中共中央党史和文献研究室.习近平关于网络强国论述摘编[G].北京:中央文献出版社,2021:51.

的国际话语权，在利用大数据讲好中国故事中优化主流意识形态的对外传播等方式创设大数据赋能我国社会主义意识形态建设的安全环境。

（一）在抵制西方大数据霸权行径中维护数据主权和意识形态安全

以美国为首的西方国家凭借其网络信息技术上的先发优势和现实中的雄厚基础，逐渐形成了以技术霸权和平台垄断为两大特征的大数据霸权。"自20世纪下半叶开始，以美国为主的发达资本主义国家便已经开始通过信息产业的私有化和扩张进行了大规模的数据积累，并凭借着先动和技术优势及垄断地位在当前建立起了强大的数据霸权。"①就本质而言，基于数据霸权的数字帝国主义依旧在于维护和强化西方发达资本主义国家各方面权力和话语霸权，为垄断资本家的资本增殖和殖民政策服务。在大数据时代，西方的殖民政策和入侵方式发生了新的形变，开始更多借助数字技术和数据分析输出文化产品、价值观念和意识形态。在"中心—边缘"的解释框架下，西方大数据霸权行径将致使广大发展中国家成为西方数据强国进行数据采集、分析和输出的"数据殖民地"，更有可能带来西方数据强国凭借强大的数字产品和服务对广大发展中国家的"精神驯化"。因此，我们"要维护网络空间安全以及网络数据的完整性、安全性、可靠性，提高维护网络空间安全能力"②。可以说，坚决抵制西方大数据霸权成为维护我国数据主权和意识形态安全的必然选择。

首先，在深刻剖析数字帝国主义的本质基础上辩证地看待西方大数据技术及其应用。如上所述，在大数据时代，西方数据强国依仗其软硬件优势地位，试图通过数据感知收集、分析利用等看似"价值无涉"的技术方式对数

---

① 孙南翔,张晓君.论数据主权——基于虚拟空间博弈与合作的考察[J].太平洋学报,2015(2):65.

② 中共中央党史和文献研究院.习近平关于网络强国论述摘编[G].北京:中央文献出版社,2021:96.

据弱国进行数据殖民和入侵,使得大数据成为颠覆他国社会制度的新型数字化杀伤武器。基于此,我们应通过增强风险防范意识、培育文化自觉自信、强化核心技术的创新和应用能力、扩展主流意识形态的数字阵地、建立健全网络预警应急机制等构筑维护我国数据主权和意识形态安全的"隔离墙"。此外,在全球化的时代背景下,数字技术的全球应用和数据的跨境流通成为无法回避的时代潮流,我们还应以开放包容的心态和借鉴创新的理念对待西方大数据技术及其应用,通过引进消化吸收再创新的间接方式力争将其转化为维护我国数据主权和意识形态安全的新利器。

其次,在批判西方大数据工具主义倾向的基础上实现大数据价值理性的回归。西方国家对大数据技术及其应用的工具主义倾向是其霸权主义行径的典型表现。在大数据时代,西方政治精英、技术专家与金融资本的相互勾连,催生了对本国劳动者的"数字奴役"和数据弱国的"数据殖民"。西方国家重视大数据的根本目的依旧在于为垄断资本家谋取超额利润,大数据技术的工具理性得以极端化的张扬,大数据无所不能的神话油然而生。在大数据时代,维护我国数据主权和意识形态安全,需要在确证大数据技术工具属性的同时引导其价值理性的"复归"。马克思认为机器"是转化为人的意志驾驭自然界的器官或者说在自然界实现人的意志的器官的自然物质"[①]。抵制西方大数据霸权行径,应充分发挥以马克思主义为指导的社会主义意识形态的理论批判和价值引领作用,在对大数据神话进行"技术祛魅"的同时进行价值理性和人文精神的赋权,从而削弱西方大数据霸权对我国社会主义意识形态的消极影响和严重冲击。

最后,警惕西方大数据霸权借助文化形式对我国进行意识形态的隐形渗透。西方大数据霸权不仅是基于技术垄断的技术霸权,也体现为以信息产

---

① 马克思恩格斯文集(第八卷)[M].北京:人民出版社,2009:198.

业、数字产品为载体的文化霸权。"美国在信息领域的霸权不仅表现为对信息资源及其媒介的获取和掌控上，而且也表现在对信息本身的形塑和制造上。也就是说，美国是全球信息的最主要的来源和制造者，其比例可以占到全部信息总量的80%~90%。而这些源于美国的信息自然裹挟着美国的价值观和生活方式，成为美国意识形态对外扩张最重要的媒介之一。"①以推特、脸书、照片墙等为代表的社交媒体便是西方国家向全球推销其生活方式、价值观念和意识形态的数字平台，其对滥觞于我国网络空间的消费主义、泛娱乐主义、历史虚无主义等错误思潮发挥着推波助澜的负面作用。对此，我们应在高度警惕的基础上坚持以马克思主义的立场观点和方法来深刻剖析西方文化霸权的历史逻辑、宰制模式及数字化趋势，科学解码其在大数据时代的内在结构和外在表征、现实风险。更为重要的是，我们还应综合运用国家权力、政策法规、行业监管、技术工具等防范化解西方大数据文化霸权对我国数据主权和意识形态安全带来的风险隐患。

(二)在引领大数据治理体系变革中增强主流意识形态国际话语权

针对当今世界信息化、数字化、智能化的时代转型，习近平总书记强调："大国网络安全博弈，不单是技术博弈、还是理念博弈、话语权博弈。"②在全球大数据"西强东弱"的整体格局中，西方国家在大数据的跨境流动、技术标准、伦理主张、政府治理、国际合作等领域依然具有强大的话语权。因此，积极引领大数据治理体系变革，提升我国在大数据国际治理体系中的话语权和影响力，成为确保我国大数据国家战略顺利实施的重要保障。对此，习近平总书记提出了"要共同完善数据治理规则，确保数据的安全有序""要加强国际数据治理政策储备和治理规则研究，提出中国方案""同各方探讨并制

---

① 张小平.当代文化帝国主义的新特征及批判[J].马克思主义研究,2019(9):128.
② 中共中央党史和文献研究室.习近平关于网络强国论述摘编[G].北京:中央文献出版社,2021:160.

定全球数字治理规则"等鲜明主张。法国后结构主义学者米歇尔·福柯提出"话语即权力"的著名论断,认为:"占主导地位的权力者总是通过编制特定的话语,嵌入其复杂的思想意图,进而传递着、产生着权力,并强化着权力。"①如上文所述,西方资本主义制度所倡导的价值观念和意识形态借助大数据话语霸权实现全球传播和对他国的隐形渗透。因此,积极引领大数据治理体系变革,建立多边参与、互利共赢、公平正义、公开透明的大数据国际治理体系,也是增强我国社会主义意识形态国际话语权的具体策略和实现方式。

伴随大数据国家战略的实施,我国在发展数字经济、创新数字技术、加强数字治理、维护数字安全等方面均取得了较为显著的成效,也积累了较为丰富的经验,具有引领全球大数据治理体系变革的相对优势和潜在实力。这就需要我们从构建人类命运共同体的高度,积极参与并主动引领全球大数据治理体系的变革,通过提出中国方案、倡导国际合作、主导规则制定等途径坚决反对数据霸权、反对和消除数据鸿沟,使其真正体现习近平总书记提出的国际互联网治理体系"四项原则""五点主张"的正确主张,构建惠及全球的大数据治理人类命运共同体。例如,针对近期美国政府频频打压中国互联网企业的霸权行径,2020年9月,在由中国互联网治理论坛举办的"抓住数字机遇,共谋合作发展"国际研讨会上,中国国务委员兼外交部部长王毅提出《全球数据安全倡议》,提出"各国有责任和权利保护涉及本国国家安全、公共安全、经济安全和社会稳定的重要数据及个人信息安全"②等主张,体现了我国对美国政府所谓的"清网计划"的反制,彰显了中国政府希望缩减"数字鸿沟"的主张。"中国已经提出《全球数据安全倡议》,我们可以共同探讨制定反映各方意愿、尊重各方利益的数字治理国际规制,积极营造开

① [法]米歇尔·福柯.性史[M].张廷琛,等译.上海:上海科学技术文献出版社,1989:99.

② 中方提出《全球数据安全倡议》[EB/OL].https://baijiahao.baidu.com/s?id=1677232615719253812&wfr=spider&for=pc.

放、公平、公正、非歧视的数字发展环境。"①我国政府在维护全球数据安全，促进国际数据公平上的积极发声，也赢得国际社会的支持和认同。又如，针对全球数据跨境流动的治理制度问题，"数据跨境流动制度的全球博弈明显加强，美国、欧盟都在推行最有利于自身发展的治理规则并扩大'朋友圈'。美国采取战略进攻模式，加紧构筑所谓'数据同盟体系';欧盟则采取防守反击模式，筑起'制度高墙'以谋求引领国际规则"②。我国应以签订双边、多边协议和深化国内区域试点改革为抓手，依靠内外联动扩大我国数字规则"朋友圈"，尽快提出数据跨境流动的"中国方案"，打破美欧对数据跨境流通规则的主导格局，赢得促进数字经济发展与维护数据主权的战略主动权。当前，我国提出的"数字丝路"倡议便是一个很好的探索，"相信随着'数字丝路'倡议的迅速扩展和持续深化，网络空间治理领域不对等、不平衡的局面将会得到显著改善，这对于构建全球网络'善治'格局将具有重大意义"③。再如，5G技术是大数据时代的核心技术，5G标准的讨论和制定主要在3GPP（国际标准组织）中展开，我国一开始就组织力量参与国际标准讨论，产、学、研、用力量协同，积累了相关的核心技术，向3GPP提供了8700多份文稿，占供稿总量的32%，我国牵头的5G标准化项目占40%。在引领未来智能社会的5G标准制定中，以中国三大电信运营商，以及华为公司等为代表的中国企业逐渐打破西方垄断全球通信标准的话语霸权。

　　总之，我国政府及国内相关主体通过积极参与并引领全球大数据治理体系变革，既能为我国大数据发展保驾护航，也为提升我国社会主义意识形态的国际话语权做出积极贡献。正如有学者指出："中国意识形态国际话语权的构建不是推行霸权，不是'输出中国模式'，更不是'输出革命'，而是要

①　习近平谈治国理政(第四卷)[M].北京:外文出版社,2022:481.

②　熊鸿儒,田杰棠.突出重围:数据跨境流动规则的"中国方案"[J].人民论坛,2021(Z1):54.

③　李海敏."数字丝路"与全球网络空间治理重构[J].国际论坛,2019(6):29.

让世界了解中国治国理政的理念和全球治理理念，从而获得全世界大多数国家和人民的认同，改善对中国国家形象的认识，不断提升中国意识形态的国际影响力、感召力、塑造力。"①

（三）在利用大数据讲好中国故事中优化主流意识形态的对外传播

"推进国际传播能力建设，讲好中国故事，展现真实、立体、全面的中国，提高文化软实力"是新时代我国社会主义意识形态建设的历史使命。经过全国各族人民几代人的接续奋斗，我国基本解决了"落后就要挨打"和"贫穷就要挨饿"的问题，但"失声就要挨骂"问题还没有得以有效解决。特别是在"西强东弱"国际舆论格局尚未根本改变的时代背景中，提升国际传播能力，增强国家话语权，塑造良好的国际形象便成为改革和创新意识形态工作的一项重大时代课题。大数据技术及其应用为提升我国社会主义意识形态的对外传播能力提供了新的技术动能和平台载体。

一方面，利用大数据讲好中国故事，需要扩展我国社会主义意识形态对外传播的媒介载体。以大数据赋能我国社会主义意识形态的对外传播能力建设，需要打造世界一流媒体和创新对外传播方式。大数据时代，信息生成与传播更为丰富迅捷、智能高效。针对西方媒体抹黑、丑化、妖魔化中国的卑劣手段，我国媒体，尤其是以新华社、《人民日报》、中央广播电视总台等为代表的中央主要媒体应在对外传播中发挥主力军的关键性作用，通过打造"外宣旗舰媒体"，提高涉华信息的供给能力，主动进行设置议程和及时发声，提升我国主流媒体和社会主义意识形态的国际话语权。例如，新华社已在全世界142个国家和地区建立了180个驻外机构，成为世界上本土之外的分支机构数量最多的媒体，拥有内派人员和外籍员工队伍近2000人，使用中、英、法、俄、西、阿、葡等多种语言对外发稿，对外报道发稿量稳步增长，采用

---

① 张志丹.论提升我国意识形态国际话语权[J].理论学刊,2019(3):117.

量大幅增加。大数据时代的到来,进一步推动信息传播的移动化、数字化和智能化趋势,我国中央主要媒体应加快媒介融合步伐,发挥传统媒体"内容为王"与新型媒体"流量优先"的综合优势,通过不断创新媒体平台、渠道和终端的"自建模式"和充分利用海外现成的平台、渠道和终端的"借船出海"方式拓展社会主义意识形态国际传播的媒介载体。例如《人民日报》、新华社、中央电视台、中新社等媒体在推特、脸书等海外社交媒体上持续发力,关注人数均位居世界前列。此外,我国媒体还可借助大数据技术实现分众化、本土化、个性化的传播变革,从而提升我国社会主义意识形态国际传播的落地率、渗透性和影响力。例如,"2016 年,新华社海外舆情分析中心依托大数据云平台采集了境外 3 万多个站点的 5 亿余条舆情信息,数据采集涵盖 200 多个国家和地区,时间跨度为 1 年,用大量的数据采集样本和长时间跨度样本,使用社会网络分析的方法,对海外媒体近 10 年关注中国'两会'的情况进行了深度画像"①。总结出海外受众三个特征,即以美、日为代表的西方媒体关注度最高,新媒体的报道量最大和对中国社会发展问题最感兴趣。总之,借助大数据分析可以有效提升我国社会主义意识形态在对外传播中的精准度、亲和力和实效性,积极引导海外受众正确看待中国人民和中华民族的故事,客观认识中国共产党和中国政府的故事,进而塑造我国社会主义意识形态在海外受众中的良好形象。

另一方面,以大数据赋能我国文化产业发展,丰富我国社会主义意识形态对外传播的文化载体。文化与意识形态的内在关联提醒我们,文化产业是赋能意识形态传播的有效载体,我国社会主义意识形态的对外传播也不例外,也离不开文化产业的载体支撑。"文化产业因其受众面广和时效性、渗透性和隐蔽性强的独特优势,能使社会主义意识形态得到有效的对外传播。"②

---

① 蒋洛丹.国家形象传播中的大数据技术应用[J].中州学刊,2018(11):169-170.

② 张传民.论文化产业与社会主义意识形态的对外传播[J].山东社会科学,2012(8):149.

大数据时代的到来,加速了文化产业与数字技术的有机融合,以数字媒体、数字电竞、数字动漫、网络文学、虚拟现实、数字教育等诸多新业态为代表的文化数字产业应运而生。"数字文化产业是以文化创意为核心、依托数字技术创新与发展的文化产业。"①数字文化产业已然成为大众文化消费的主要内容,是推动当前文化产业发展的新动能,也是维护国家文化安全的主阵地,更是异质意识形态激烈博弈的新战场。可以说,数字文化产业在维护国家文化安全、提升优秀传统文化的高位态、促进核心价值观的国际影响、增强国家文化软实力等方面均具有重要价值,成为提升我国社会主义意识形态对外传播能力的重要载体。

大数据时代,面对"西强东弱"的全球文化产业格局,在利用数字文化产业提升我国社会主义意识形态对外传播中,需要采取如下策略:一是,坚持正确导向。数字文化产业的本质依然是以文化为内核的内容生产,因此必须坚持正确的发展导向,实现价值引领。这就需要"坚持社会主义先进文化前进方向,继承和弘扬中华优秀传统文化,培育和践行社会主义核心价值观,防范和抵制不良文化的影响,掌握意识形态领域主导权,增强文化整体实力和竞争力"②。二是,加强制度建设。大数据时代,"流量为王"的倾向容易导致数字文化产业违法、违规、违德的行业乱象,因此需要通过完善政策法规和加强行业监管,健全市场准入审核制度等,加强数字文化产业的风险预警预防、反馈评估机制建设,织密织牢制度之网。三是,加强科技创新。数字技术是推动数字文化产业发展的核心动力。这就需要我国数字文化产业在数据挖掘、自然语言处理、核心算法、计算机视觉、人工智能、AR/VR等大数据技术上抢占先机,进而增强在国际市场的竞争力和提升防范化解意识形态风

---

① 江小娟.数字时代的技术与文化[J].中国社会科学,2021(8):12.
② 中华人民共和国国家安全法 [EB/OL].http://www.cac.gov.cn/2015-07/01/c_1115787841_3.htm.

险的技术能力。四是,精选核心内容。采取各种举措鼓励和支持我国数字文化产业聚焦中华优秀传统文化、中国革命文化,以及当代中国先进文化,赋能具有民族风格、中国特色和大国形象的内容生产和对外传播,将"中国道路""中国精神""中国梦""人类命运共同体"等主流话语融入其中,加强对外话语体系构建,发挥社会主义意识形态对外传播的内容优势。五是,进行本土化改造。我国数字文化产品要想赢得海外消费者的喜爱和认同,需要对文化产品和服务进行本土化的改造,尽量贴近所在国消费者的历史传统、风俗习惯、生活方式、消费观念等,降低异质文化之间的隔膜,增强其接受度和用户黏性。例如,抖音海外版 TikTok 之所以风靡全球,在世界各地圈粉无数,得益于以内容为导向的本土化策略。总之,在大数据时代,数字文化产业成为提升我国社会主义意识形态对外传播实效的绝佳载体,值得继续深入研究和重点关注。

六、提升创新能力,补齐大数据赋能意识形态建设的人技短板

"人技短板"问题是制约大数据赋能我国社会主义意识形态建设的关键所在。这就需要通过培育推动复合型人才、加强相关基础设施建设、聚焦核心技术创新等具体路径为大数据时代我国社会主义意识形态建设提供人才保障和技术支撑。

（一）促进大数据赋能意识形态建设的复合人才培养

习近平总书记强调:"推进自主创新,人才是关键。没有强大人才队伍作后盾,自主创新就是无源之水、无本之木。"[1]利用大数据加强和改善我国社会主义意识形态建设,尤其需要既具备大数据思维和大数据技能,又熟谙社会主义意识形态建设基本理论与实践经验的复合型人才。

---

[1]　中共中央文献研究室.习近平关于科技创新论述摘编[G].北京:中央文献出版社,2016:107.

　　一方面,培养和壮大大数据专业人才队伍,为大数据赋能社会主义意识形态建设提供人才储备。针对我国大数据人才,尤其是高级人才奇缺的现实困境,要加大相关人才的培养力度,通过整合高校、企业和社会资源,探索多层次、多类型的专业人才培养模式。例如,鼓励有条件的高校通过设置大数据专业或者建立大数据学院加快大数据人才培养。我国高校从2016年开始设置"数据科学与大数据技术(专业代码:080910T)"的本科专业,从2015—2020年共计749所高校申报这一专业。2015年10月8日,复旦大学正式成立了国内首家招收本科生的大数据学院,同时成立大数据研究院,在多学科交叉融合基础上聚焦复合型人才培养。此外,中国科技大学、电子科技大学、北京大学、中南大学、中国人民大学、北京邮电大学、哈尔滨工业大学、东北师范大学等众多高校也相继建立了以大数据学科、数据科学与大数据技术专业为主,培养大数据人才和新工科人才的大数据学院。积极探索校企联合的人才实习培训机制,实现高校人才培养专业性与大数据企业实习培养实践性的优势互补,尤其是要支持大数据相关企业与职业技术学院的强强联合。例如,"'福职阿里巴巴大数据学院'由福州职业技术学院、阿里巴巴集团、慧科集团三方强强合作成立,开办云计算、大数据、物联网、虚拟现实技术(VR)、网络技术、人工智能(AI)、信息安全等专业,采用'校企双主体'人才培养模式,校企共同办学,共建专业、实训基地、双师团队、大数据教学资源库,以项目实战和课证融合的教学模式培养高职特色大数据技术技能型人才,为福建省及福州市大数据、云计算、人工智能等前沿信息产业高速发展提供人才支撑"①。支持大数据企业开展在职员工的技能培训,培育高素质技术技能人才。培育大数据高端领军人才,引进海外高层次人才来华就业创业。鼓励大数据行业积极探索大数据技能的行业认证和评估标准等。更为重要的是,在

---

　　① 林智仁.全国首家阿里巴巴大数据学院落地福州职业技术学院[EB/OL].http://news.cyol.com/content/2017-05/05/content_16034406.htm.

大数据专业人才培养、实习、培训乃至引进过程中，应增加我国大数据发展战略、政策、规划等宏观视野，以习近平新时代中国特色社会主义思想为核心内容的马克思主义中国化发展历程及基本规律，马克思主义科技观、伦理观等基本原理的教育教学和培训内容，凸出以马克思主义为指导的社会主义意识形态在经济、政治，尤其是思想和价值取向方面的引领作用。

另一方面，着力培养适应我国社会主义意识形态建设的专兼结合的大数据人才队伍。这就需要通过加强意识形态工作者的学习培训，提升其大数据素养和技能。建议通过在党校、行政学院、干部学院等党政培训机构开设大数据素养和技能培训班对意识形态工作者进行更加符合新时代意识形态工作实际需要的专题培训，支持和鼓励熟悉量化研究和统计分析或者对大数据感兴趣的意识形态工作者继续深造，选拔和培养以青年群体为主力军的"网络红人"和"意见领袖"，提升社会主义意识形态在网络空间与社交媒体中的辐射力和引领力。以"大宣传"理念为引领，在各级各地党委的统一领导下，建立意识形态部门与政府相关部门、党校（行政学院）、社科院、相关智库、高校、网络平台、大数据企业等机构的协调机制，加强在社会舆情、网络热点抓取、大众心态监测、媒体导向引领等方面的合作机制，发挥不同机构人才组合的互补优势，构建大数据时代的"大宣传"格局。

（二）加强大数据赋能意识形态建设的基础设施建设

伴随大数据时代的到来，加强大数据相关基础设施建设、促进"数字中国"战略实施成为我国新基建的重要内容。"要加快构建高速、移动、安全、泛在的新一代信息基础设施，统筹规划政务数据资源和社会数据资源，完善基础信息资源和重要领域信息资源建设，形成万物互联、人机交互、天地一体的网络空间。"①这为加强和改善我国社会主义意识形态建设提供了必要的

---

① 审时度势精心谋划超前布局力争主动　实施国家大数据战略加快建设数字中国[N].人民日报,2017-12-10(01).

软硬件支撑。大数据相关基础设施主要包括云、网、智、链、端等技术载体。"云"是指云平台、云计算,其是一个面向组织和个人生产、存储、分析和发布数据、信息、应用以及服务的虚拟平台。国际著名政治传播学者文森特·莫斯可认为:"云计算作为棱镜,也反映并折射了每一个信息技术领域以及社会领域的重要议题,其中包括脆弱的环境、所有权和控制权、安全和隐私、工作和劳工问题、国家之间对全球政治经济主导地位的竞争,以及我们如何在话语和文化表达的层面上理解这个世界。"①"网"是指基于 5G 技术的泛在网络,"智"是指人工智能,"链"是指区块链。

具体而言,一是,提供意识形态相关数据的"云服务"。当前,我国"政务云"发展如火如荼,我国意识形态相关部门应在维护信息安全和数据主权的前提下积极将相关数据上传至"云端",通过意识形态相关数据的开放共享,借助大数据技术的分析和应用实现相关数据开发利用的价值最大化。

二是,推进泛在网络建设,拓展社会主义意识形态建设的虚拟空间。伴随 5G 技术不断普及,以"5C+5A"②为特征的泛在网络蓬勃发展。"随着芯片制造、无线宽带、射频识别、信息传感及网络业务等信息通信技术的发展,信息网络将会更加全面深入地融合人与人、人与物,乃至物与物之间的现实物理空间与抽象信息空间,并向无所不在的泛在网络(Ubiquitous Network)方向演进。"③我国社会主义意识形态建设应积极借助这一趋势,积极利用网络发声,借助网络了解民意,走好网上群众路线,不断提升我们管网、治网、用网的意识和能力。

---

① [加拿大]文森特·莫斯可.云端:动荡世界中的大数据[M].杨睿,等译.北京:中国人民大学出版社,2017:7.

② 5C 包括融合(convergence)、内容(contents)、计算(computing)、通信(communication)和连接(connectivity),(5Any)包括任意时间(anytime)、任意地点(anywhere)、任意服务(any service)、任意网络(any network)和任意对象(any object)。

③ 张平,苗杰,胡铮,田辉.泛在网络研究综述[J].北京邮电大学学报,2010(5):1.

三是,借助人工智能,改善社会主义意识形态建设实效。伴随脑科学、智能机器人、穿戴设备、脑机接口、智能芯片等新技术的发展,新一代人工智能成为推动科技革命和产业变革的新动能。美国知名技术咨询公司 GIGAOM 的 CEO 拜伦·瑞希从技术史的视角将人类社会划分为:第一纪(语言和火),第二纪(农业和城市),第三纪(文字和车轮),现在正在走向第四纪,"第四纪发展的催化剂是 AI 和机器人,他们会提高生产率、增加财富、加速知识获取、延长寿命,以及改变我们讨论过的其他一切"[①]。有学者以人工智能助力主流媒体变革为例,认为人工智能有助于"推进媒体智能化发展,机器人新闻、算法推荐、智能监测广泛作用于舆论传播,增强了舆论传播速度、影响广度和深度,延展了舆论场的包容性和开放性"[②]。从优化意识形态工作视角来看,这就需要在党和国家制定实施人工智能的国家战略、产业规划,建立和完善相关法律法规等顶层设计的基础上,通过引领人工智能技术与应用的"技术向善"的价值取向,借助制度、技术、监管等多重措施规制人工智能的技术风险,通过培育意识形态工作者人工智能思维和能力以引导其树立"人技协同、人机合一"的新理念,从而推动人工智能终端和智能介质与意识形态工作的有机融合,提升社会主义意识形态建设实效。

四是,加大区块链核心技术攻关,提升社会主义意识形态建设的技术赋能。"区块链技术是比特币的底层技术,简称 BT(Blockchain Technology),也被称为分布式账本技术,是一种分布式数据库技术。"[③]借助该技术加强和改善我国社会主义意识形态建设,需要通过着力解决区块链中的分布式账本、加密算法、智能合约、共识机制等核心技术,提升意识形态工作的预测力、安全性和共识度。

---

① [美]拜伦·瑞希.人工智能哲学[M].王斐,译.上海:文汇出版社,2020:264.

② 郑珊珊.人工智能给主流媒体带来全方位变革[J].人民论坛,2020(35):87.

③ 裴庆祺,马得林,张乐平.区块链与社会治理的数字化重构[J].新疆师范大学学报(哲学社会科学版),2020(5):114.

（三）聚焦大数据赋能意识形态建设的核心技术创新

习近平总书记明确指出："核心技术是国之重器。要下定决心、保持恒心、找准重心，加速推动信息领域核心技术突破。"①大数据技术中的基础理论、核心算法、分析框架、软件系统等构成了其核心技术和底层架构。就现实而言，我国在大数据核心技术上面临"卡脖子"的困难境地。"在大数据软件平台和算法方面，国外又一次走在我国前面。特别是近年来以开源模式发展起来的 Hadoop 等大数据处理软件平台及其相关产业已经在美国初步形成。而我国数据存储、处理技术基础薄弱，总体上以跟随为主，难以满足大数据大规模应用的需求。"②对此，习近平总书记强调："我们要瞄准世界科技前沿，集中优势资源突破大数据核心技术，加快构建自主可控的大数据产业链、价值链和生态系统。"③不解决核心技术受制于人的问题，就无法捍卫我国网络安全和数据主权，政治安全和意识形态安全也难以维系。当前，以美国为首的西方世界对我国全时全息全程的数据监听、对中兴和华为的技术制裁，对 TikTok 和抖音的全面封杀等都展现了技术背后的政治和意识形态逻辑。因而，积极攻克大数据核心技术难关，解决核心技术受制于人的困境是保障我国大数据持续健康发展的关键所在，也是大数据赋能我国社会主义意识形态建设的核心命题。

这就需要充分发挥我国科技创新的新型举国体制在助力关键核心技术创新上的制度优势。"所谓新型举国体制，就是在充分继承社会主义制度具有集中力量办大事的政治优势和制度优势基础上，更加重视市场配置科技资源的决定性作用，更加注重调动一切有利于创新发展的要素参与各类科技活动的积极性，更加突出科技创新成果经济效益、社会效益和生态效益的

---

① 习近平.论党的宣传思想工作[M].北京：中央文献出版社，2020：302.

② 大数据：国家竞争的前沿[EB/OL].http://www.rmlt.com.cn/2013/0916/149110.shtml.

③ 审时度势精心谋划超前布局力争主动　实施国家大数据战略加快建设数字中国[N].人民日报，2017-12-10(01).

整体统一。"①大数据核心技术研发具有投入大、周期长、成本高、收益慢、风险大等特征。某种程度而言，大数据核心技术属于市场经济下的准公共产品，这就需要党和国家采取各种方式和手段进行组织引领和统筹协调。

在联合攻克大数据核心技术难关中，党和国家可以通过政策规划、人才队伍、课题立项、资金投入等举措制定解决路线、明确公关方向和提供综合保障。相关科研院所作为基础研究、原始创新的主力军，应结合自身实际明确具体的攻关目标。大数据处理的技术图谱是由文件系统、数据储存、资源管理、计算协调和框架、数据分析与集成等各个环节构成的复杂系统。相关高校和科研院所应从本单位的研究基础和特征，充分发挥自身优势，集中力量攻克特定的技术难关。作为市场主体，相关企业也是大数据核心技术研发和产业化的核心力量。这就要求相关企业在提升研发实力的同时，树立"产学研"一体化的协同思维，积极将新技术新产品进行现实应用，并在应用过程中进一步验证和改进。支持龙头企业整合利用国内外技术、人才和专利等资源，加快大数据技术研发和产品创新，提高产品和服务的国际市场占有率和品牌影响力，形成一批具有国际竞争力的综合型和专业型龙头企业。国家还应通过各种方式积极引导市场资本和社会资金向大数据核心技术倾斜，为攻坚克难提供必要的资金保障。"加强对大数据基础软硬件、关键核心技术的研发投入，补齐产业短板，提升基础能力。鼓励政府产业基金、创业投资及社会资本，按照市场化原则加大对大数据企业的投资。鼓励地方加强对大数据产业发展的支持，针对大数据产业发展试点示范项目、DCMM 贯标等进行资金奖补。鼓励银行开展知识产权质押融资等业务，支持符合条件的大数据企业上市融资。"②

---

① 侯波.发挥新型举国体制对推进科技治理现代化的作用[J].中国党政干部论坛,2020(4):63.

② 工业和信息化部关于印发"十四五"大数据产业发展规划的通知[EB/OL].https://www.miit. gov.cn/zwgk/zcwj/wjfb/tz/art/2021/art_c4a16fae377f47519036b26b474123cb.html.

　　此外，通过政策、资金、财税等方式引导大数据技术及其应用的上下游企业，组建大数据技术与产业联盟，打造完善的产业链、价值链和生态链也是科技创新新型举国体制的内在要求。正如习近平总书记强调："要打好核心技术研发攻坚战，不仅要把冲锋号吹起来，而且要把集合号吹起来，也就是要把最强的力量积聚起来共同干，组成攻关的突击队、特种兵。"[①]中国共产党领导的科技创新新型举国体制有助于实现政、产、学、研、金多方力量的协同和整合，从而形成联合攻克核心技术难关的强大合力，进而有效解决大数据赋能我国社会主义意识形态建设的"阿喀琉斯之踵"。

---

①　习近平.论党的宣传思想工作[M].北京:中央文献出版社,2020:201.

结　语

　　就某种意义而言，我国社会主义意识形态建设是最需要紧跟时代不断创新的工作领域。从大体上看,我国社会主义意识形态建设可划分为两大任务:一是通过不断推进马克思主义中国化时代化实现理论成果的与时俱进,二是通过不断推进马克思主义大众化实现理论掌握群众的目的。上述两大任务相辅相成、相互影响,共同构成了我国社会主义意识形态建设的主要内容。不论是实践基础上的理论创新,还是以大众化的方式实现理论掌握群众的目的都离不开创新的牵引和驱动。这就要求我国社会主义意识形态建设不能因循守旧、不思进取、僵化教条,而应准确把握时代主题、反映时代呼声、顺应时代潮流、引领时代发展。唯此,党的意识形态工作才能做到因势而谋、顺势而为、应势而动,从而不断彰显其时代特征,提升其建设实效,体现其巩固党的执政地位、实现国家长治久安和确保社会安定有序的价值标准。习近平总书记指出:"大数据是信息化发展的新阶段。随着信息技术和人类生产生活交汇融合,互联网快速普及,全球数据呈现爆发增长、海量集聚的特点,对经济发展、社会治理、国家管理、人民生活都产生了重大影响。"①当今天的信息社会已然跃入"一切皆数"的大数据时代,我国社会主义意识形态建设自然要积极顺应并主动引领数字化时代的新变化新趋势,在辨识大数据及其应用正负效应基础上,通过对其进行创造性转化和创新性利用,使其有机嵌入我国社会主义意识形态建设过程之中,为不断与时俱进创新党的意识形态工作的思维观念、时代内容、方式手段和平台载体等提供新的技术支撑和注入新的发展动能。

---

① 审时度势精心谋划超前布局力争主动 实施国家大数据战略加快建设数字中国[N].人民日报,2017-12-10(01).

参考文献

一、经典著作及文献

1.马克思恩格斯全集(第 1 卷)[M].北京:人民出版社,1956.

2.马克思恩格斯全集(第 2 卷)[M].北京:人民出版社,1957.

3.马克思恩格斯全集(第 3 卷)[M].北京:人民出版社,1960.

4.马克思恩格斯全集(第 4 卷)[M].北京:人民出版社,1972.

5.马克思恩格斯全集(第 20 卷)[M].北京:人民出版社,1971.

6.马克思恩格斯全集(第 32 卷)[M].北京:人民出版社,1974.

7.马克思恩格斯全集(第 40 卷)[M].北京:人民出版社,1982.

8.马克思恩格斯全集(第 42 卷)[M].北京:人民出版社,1974.

9.马克思恩格斯全集(第 44 卷)[M].北京:人民出版社,2001.

10.马克思恩格斯全集(第 46 卷)[M].北京:人民出版社,1974.

11.马克思恩格斯全集(第 47 卷)[M].北京:人民出版社,1979.

12.马克思恩格斯选集(第一——四卷)[M].北京:人民出版社,2012.

13.马克思恩格斯文集(第一——十卷)[M].北京:人民出版社,2009.

14.列宁全集(第 20 卷)[M].北京:人民出版社,1989.

15.列宁全集(第 35 卷)[M].北京:人民出版社,1985.

16.列宁全集(第 40 卷)[M].北京:人民出版社,2013.

17.列宁全集(第 55 卷)[M].北京:人民出版社,1990.

18.列宁专题文集 论辩证唯物主义和历史唯物主义[M].北京:人民出版社,2009.

19.列宁专题文集 论无产阶级政党[M].北京:人民出版社,2009.

20.列宁专题文集 论马克思主义[M].北京:人民出版社,2009.

21.列宁专题文集 论资本主义[M].北京:人民出版社,2009.

22.列宁选集(第一——四卷)[M].北京:人民出版社,2012.

23.斯大林选集(上卷)[M].北京:人民出版社,1979.

24.毛泽东选集(第一——四卷)[M].北京:人民出版社,1991.

25.毛泽东文集(第一——八卷)[M].北京:人民出版社,1999.

26.邓小平文选(第二、三卷)[M].北京:人民出版社,1994,1993.

27.江泽民文选(第一——三卷)[M].北京:人民出版社,2006.

28.习近平谈治国理政(第一卷)[M].北京:外文出版社,2018.

29.习近平谈治国理政(第二卷)[M].北京:外文出版社,2017.

30.习近平谈治国理政(第三卷)[M].北京:人民出版社,2020.

31.习近平谈治国理政(第四卷)[M].北京:人民出版社,2022.

32.习近平.论党的宣传思想工作[M].北京:中央文献出版社,2020.

33.习近平.在网络安全和信息化工作座谈会上的讲话[M].北京:人民出版社,2016.

34.习近平.在纪念马克思诞辰 200 周年大会上的讲话[M].北京:人民出版社,2018.

35.中国社会科学院马克思主义学院.马克思 恩格斯 列宁论意识形态[G].北京:人民出版社,2009.

36.中共中央文献研究室.建国以来毛泽东文稿(第十册)[M].北京:中央文献出版社,1996.

37.中共中央文献研究室.习近平关于全面深化改革论述摘编[G].北京:中央文献出版社,2014.

38.中共中央文献研究室.习近平关于科技创新论述摘编[G].北京:中央文献出版社,2016.

39.中共中央文献研究室.习近平关于社会主义文化建设论述摘编[G].北京:中央文献出版社,2017.

40.中共中央党史和文献研究院.习近平关于网络强国论述摘编[G].北京:中央文献出版社,2021.

41.中共中央党史和文献研究院.习近平关于统筹疫情防控和经济社会发展重要论述选编[G].北京:中央文献出版社,2020.

42.中共中央文献研究室.十八大以来重要文献选编(上)[G].北京:中央文献出版社,2014.

43.新华社通讯社课题组.习近平新闻舆论思想要论[M].北京:学习出版社,2017.

44.中国共产党宣传工作文献选编(1915—1937)[G].北京:学习出版社,1996.

45.中共中央宣传部.习近平新时代中国特色社会主义思想学习纲要[M].北京:学习出版社,2019.

46.中共中央宣传部.习近平总书记系列重要讲话读本[M].北京:学习出版社,人民出版社,2016.

二、中文专著

1.艾四林,王明初.社会主义主流意识形态与当代中国社会思潮[M].北京:人民出版社,2014.

2.陈东生,王枫桥.马克思主义意识形态建设的基础问题探幽[M].北京:人民出版社,2019.

3.陈力丹.精神交往论——马克思恩格斯的传播观(修订版)[M].北京:中国人民大学出版社,2016.

4.陈为等.数据可视化(第2版)[M].北京:电子工业出版社,2019.

5.陈锡喜.意识形态:当代中国的理论和实践[M].北京:中国人民大学出版社,2018.

6.邓飞等.第三次工业革命:中国产业的历史性机遇[M].北京:中国发展出版社,2014.

7.樊瑞科.大众文化视域下当代中国社会主义意识形态建设研究[M].北京:人民出版社,2021.

8.侯惠勤.马克思主义意识形态论[M].南京:南京大学出版社,2011.

9.胡正荣.传播学概论[M].北京:高等教育出版社,2017.

10.黄传新等.社会主义意识形态的吸引力和凝聚力研究[M].北京:学习出版社,2013.

11.黄建国.从中国传统数学算法谈起[M].北京:北京大学出版社,2016.

12.季广茂.意识形态[M].桂林:广西师范大学出版社,2005.

13.李向国,李晓红.主流意识形态建设新论——中国特色社会主义理论体系指导地位研究[M].北京:人民出版社,2013.

14.李芸.马克思传播思想研究[M].北京:中国社会科学出版社,2018.

15.梁漱溟.朝话:梁漱溟讲述[M].上海:上海人民出版社,2017.

16.林子雨.大数据导论[M].北京:高等教育出版社,2020.

17.刘建明.马克思主义新闻观经典读本[M].北京:清华大学出版社,2009.

18.刘庆振等.计算传播学——智能媒体时代的传播学研究新范式[M].北京:人民日报出版社,2019.

19.刘伟伟.大数据思维的相关哲学问题研究[M].北京:科学出版社,2021.

20.刘英杰.作为意识形态的科学技术[M].北京:商务印书馆,2011.

21.《伦理学》编写组.伦理学[M].高等教育出版社、人民出版社,2012.

22.梅宏.数据治理之论[M].北京:中国人民大学出版社,2020.

23.任志锋.当代中国社会主义意识形态主导性研究[M].北京:中国书籍出版社,2015.

24.涂子沛.大数据[M].桂林:广西师范大学出版社,2013.

25.涂子沛.数文明[M].北京:中信出版社,2018.

26.汪行福,俞吾金,张秀琴.意识形态星丛——西方马克思主义的意识形态理论及其最新发展态势[M].北京:人民出版社,2017.

27.邬贺铨.数据之道:从技术到应用[M].北京:中国科学技术出版社,2019.

28.徐海波.中国社会转型与意识形态问题[M].北京:中国社会科学出版社,2003.

29.徐继华,冯启娜,陈贞汝.智慧政府:大数据治国时代的来临[M].北京:中信出版社,2014.

30.燕继荣.政治学十五讲[M].北京:北京大学出版社,2004.

31.杨立英,曾盛聪.全球化、网络化境遇与社会主义意识形态建设研究

[M].北京:人民出版社,2006.

32.俞吾金.意识形态论(修订版)[M].北京:人民出版社,2009.

33.喻国明等.新闻传播的大数据时代[M].北京:中国人民大学出版社,2014.

34.张岱年,方克立主编.中国文化概论(修订版)[M].北京:北京师范大学出版社,2004.

35.张玉宏.品味大数据[M].北京:北京大学出版社,2016.

36.赵恒.大数据的脚印:为你讲述数据背后的故事[M].北京:中国税务出版社,2017.

37.赵继伟.马克思主义意识形态接受论[M].武汉:武汉大学出版社,2009.

38.中国大百科全书出版社编辑部.中国大百科全书(哲学卷)[M].北京:中国大百科全书出版社,1987.

39.中国井冈山干部学院编.井冈山斗争时期文献导读[M].北京:党建读物出版社,2015.

40.中国社会科学院语言研究所词典编辑室.现代汉语词典(第7版)[M].北京:商务印书馆,2016.

41.中璋.操纵——大数据时代的全球舆论战[M].北京:中信出版社,2021.

42.周辅成.西方伦理学名著选辑(下卷)[M].北京:商务印书馆,1996.

43.朱贻庭.应用伦理学辞典[M].上海:上海辞书出版社,2013.

44.朱兆和.中国社会主义意识形态建设纵论[M].上海:上海人民出版社,2003.

45.邹茂扬,田洪川.大话数据库[M].北京:清华大学出版社,2013.

三、中文译著

1.[美]阿尔温·托夫勒.权力的转移[M].周敦仁,译.成都:四川人民出版社,1992.

2.[日]此本臣吾编,[日]森健、日户浩之著.数字资本主义[M].野村综研(大连)科技有限公司,译.上海:复旦大学出版社,2020.

3.[美]丹·席勒.数字资本主义[M].杨立平,译.南昌:江西人民出版社,2001.

4.[美]道格拉斯·C.诺斯.经济史中的结构与变迁[M].陈郁,等译.上海:上海人民出版社,1994.

5.[美]道格拉斯·C.诺斯.理解经济变迁过程[M].钟正生,译.北京:中国人民大学出版社,2008.

6.[美]道格拉斯·W.哈伯德.数据化决策[M].邓洪涛,译.广州:广东人民出版社,2013.

7.[英]恩斯特·拉克劳,[英]查特尔·墨菲.领导权与社会主义的策略[M].尹树广,等译.哈尔滨:黑龙江人民出版社,2003.

8.[瑞典]福克斯,[加拿大]莫斯可.马克思归来(上、下册)[M].传播驿站工作坊,译.广州:华东师范大学出版社,2016.

9.[意]葛兰西.狱中书简[M].田时纲,译.北京:人民出版社,2008.

10.[美]汉密尔顿等.联邦党人文集[M].程逢如,等译.北京:商务印书馆,1980.

11.[美]赫伯特·马尔库塞.单向度的人[M].刘继,译.上海:上海译文出版社,2008.

12.[德]霍克海默,[德]阿道尔诺.启蒙辩证法——哲学断片[M].渠敬东,等译.上海:上海人民出版社,2006.

  13.[英]卡萝塔·佩蕾丝.技术革命与金融资本:泡沫与黄金时代的动力学[M].田方萌,等译.北京:中国人民大学出版社,2007.

  14.[美]凯斯·R.桑斯坦.信息乌托邦:众人如何生产知识[M].毕竞悦,译.北京:法律出版社,2008.

  15.[德]克里斯多夫·库克里克.微粒社会[M].黄昆,等译.北京:中信出版社,2018.

  16.[英]克伦普.数字人类学[M].郑元荐,译.北京:中央编译出版社,2007.

  17.[法]德勒兹.哲学与权力的谈判——德勒兹访谈录[M].刘汉全,译.南京:译林出版社,2014.

  18.[法]路易·阿尔都塞.保卫马克思[M].顾良,译.北京,商务印书馆,2010.

  19.[美]罗伯特·基欧汉,[美]约瑟夫·奈.权力与相互依赖[M].门洪华,译.北京:北京大学出版社,2003.

  20.[德]马克斯·霍克海默.批判理论[M].李小兵,译.重庆:重庆出版社,1989.

  21.[加拿大]马歇尔·麦克卢汉.理解媒介:论人的延伸(增订评注本)[M].何道宽,译.南京:译林出版社,2011.

  22.[美]曼纽尔·卡斯特.网络社会的崛起[M].夏铸九,等译.北京:社会科学文献出版社,2003.

  23.[法]米歇尔·福柯.性史[M].张廷琛,等译.上海:上海科学技术文献出版社,1989.

  24.[美]尼尔·波斯曼.技术垄断:文化向技术投降[M].何道宽,译.北京:北京大学出版社,2007.

25.[美]尼尔·波兹曼.娱乐至死·童年的消逝[M].章艳,等译.桂林:广西师范大学出版社,2009.

26.[英]诺曼·费尔克拉夫.话语与社会变迁[M].殷晓蓉,译.北京:华夏出版社,2004.

27.[法]让·博丹.主权论[M].李卫海,等译.北京:北京大学出版社,2008.

28.[美]塞奇威克,[美]韦恩.算法(第4版)[M].谢路云,译.北京:人民邮电出版社,2012.

29.[美]史蒂夫·洛尔.大数据主义[M].胡小锐,等译.北京:中信出版社,2015.

30.[英]特里·伊格尔顿.历史中的政治、哲学、爱欲[M].马海良,译.北京:中国社会科学出版社,1999.

31.[美]托夫勒.第三次浪潮[M].黄明坚,译.北京:中信出版社,2006.

32.[美]托马斯·E.希尔.现代知识论[M].刘大椿,等译.北京:中国人民大学出版社,1989.

33.[美]托马斯·埃尔 等.大数据导论[M].彭智勇,等译.北京:机械工业出版社,2017.

34.[美]威尔伯·施拉姆,威廉·波特.传播学概论(第2版)[M].何道宽,译.北京:中国人民大学出版社,2011.

35.[英]维克托·迈尔·舍恩伯格,[英]肯尼思·库克耶.大数据时代:生活、工作与思维的大变革[M].盛杨燕,等译.杭州:浙江人民出版社,2013.

36.[美]西格尔.大数据预测:告诉你谁会点击、购买、死去或撒谎[M].周昕,译.北京:中信出版社,2014.

37.[美]肖恩·杜布拉瓦茨.数字命运[M].姜昊骞,等译.北京:电子工业出版社,2015.

38.[古希腊]亚里士多德.政治学[M].袁岳,编译.北京:中国长安出版社,

2010.

39.[以色列]尤瓦尔·赫拉利.未来简史[M].林俊宏,译.北京:中信出版社,2017.

40.[德]尤尔根·哈贝马斯.作为"意识形态"的技术与科学[M].李黎,等译.上海:学林出版社,1999.

41.[英]约翰·B.汤普森,意识形态与现代文化[M].高铦,等译.南京:译林出版社,2005.

42.[美]珍妮·V.登哈特,[美]罗伯特·B.登哈特.新公共服务:服务而不是掌舵[M].丁煌,译.北京:中国人民大学出版社,2004.

四、报刊文章

1.把握数字经济发展趋势和规律 推动我国数字经济健康发展[N].光明日报,2021-10-12(01).

2.包弼德,夏翠娟,王宏甦.数字人文与中国研究的网络基础设施建设[J].图书馆杂志,2018(11):18-25.

3.茶洪旺,郑婷婷.中国大数据产业发展研究[J].中州学刊,2018(04):19-25.

4.陈兵,徐文.数据跨境流动的治理体系建构[J].中国特色社会主义研究,2021(04):67-75.

5.陈丽荣,吴家庆.大数据时代党的意识形态话语权探析[J].思想理论教育导刊,2018(08):105-109.

6.陈联俊.算法技术影响网络空间意识形态安全探析[J].马克思主义理论学科研究,2021(08):109-117.

7.陈潭.国家治理的大数据赋能:向度与限度[J].中南大学学报(社会科

学版),2021(05):133-143.

8.陈文.政务服务"信息孤岛"现象的成因与消解[J].中国行政管理,2016(07):10.

9.储著源.大数据时代理论供给:现实困境、战略对策与有效治理[J].重庆大学学报(社会科学版),2019(01):107-117.

10.储著源.大数据时代人民群众理论需求:特征、类型与对策[J].马克思主义研究,2017(12):106-115+158.

11.大数据,新的战略资源[N].浙江日报,2013-06-28(14).

12.邓杭.试论算法推荐对网络空间价值引导的重塑[J].传媒评论,2019(01):41-43.

13.邓验,张苾莹.大数据时代国家意识形态话语权建构的逻辑进路[J].思想教育研究,2018(01):52-56.

14.董慧,李菲菲.大数据时代:数字活力与大数据社会治理探析[J].学习与实践,2019(12):20-27.

15.董青岭.大数据安全态势感知与冲突预测[J].中国社会科学,2018(06):172-182.

16.杜娟.透视帝国主义在互联网时代的新变化[J].马克思主义研究,2018(07):52-59.

17.樊瑞科,张茂杰.算法推荐视域下社会主义核心价值观有效传播研究[J].社会主义研究,2020(05):94-101.

18.范洁,张志丹.人工智能时代意识形态工作面临的机遇与挑战[J].南通大学学报(社会科学版),2020(05):1-8.

19.冯虞章.试谈人文精神[J].清华大学学报(哲学社会科学版),1998(02):3-7+38.

20.付安玲,张耀灿.大数据时代马克思主义理论教育的思维变革[J].学术论坛,2016(10):169-175.

21.付安玲,张耀灿.大数据助力网络意识形态治理及提升路径[J].马克思主义研究,2016(05):105-112.

22.付超.大数据背景下公民数据素养提升策略探析[J].图书馆理论与实践,2018(08):7-11.

23.付玉辉.大数据传播:技术、文化和治理[J].中国传媒科技,2013(05):61-63.

24.港实.坚持马克思主义法律观 科学认识我国法的本质属性[J].法学研究,1990(03):9-15.

25.高奇,陈明琨.大数据技术条件下的马克思主义大众化[J].马克思主义研究,2019(07):89-97.

26.高奇,陈明琨.大数据技术条件下的马克思主义大众化[J].马克思主义研究,2019(07):89-97.

27.高小平.借助大数据科技力量寻求国家治理变革创新[J].中国行政管理,2015(10):10-14.

28.高炎涛,钱建成.基于 CiteSpace 话语分析研究的可视化分析[J].贵州师范学院学报,2020(08):24-33.

29.顾伯冲.剪断"信息孤岛"背后的利益链[N].人民日报,2016-06-08(05).

30.郭超,王习胜.大数据时代思想政治教育决策科学化论析[J].广西社会科学,2017(12):191-196.

31.韩洪灵,陈帅弟,刘杰,陈汉文.数据伦理、国家安全与海外上市:基于滴滴的案例研究[J].财会月刊,2021(15):13-23.

32.韩文彬,周明明.大数据融入新时代党的宣传工作的路径选择[J].思想教育研究,2020(08):143-147.

33.韩啸,陈亮.政府数据开放价值创造缘何失败?——基于价值共同破坏视角的新解释[J].公共管理评论,2021(03):92-112.

34.何大安.大数据思维改变人类认知的经济学分析[J].社会科学战线,2018(01):47-57+281-282.

35.侯波.发挥新型举国体制对推进科技治理现代化的作用[J].中国党政干部论坛,2020(04):63-66.

36.侯惠勤.我国意识形态建设的第二次战略性飞跃[J].马克思主义研究,2008(07):5-11+17.

37.胡惠林.要把文化产业作为意识形态建设来抓[N].中国文化报,2002-03-23(01).

38.胡键.基于大数据的国家实力:内涵及其评估[J].中国社会科学,2018(06):183-192.

39.胡潇.马克思恩格斯关于意识形态的多视角解释[J].中国社会科学,2010(04):4-20+220.

40.胡亚谦.大数据预测能力对公共决策的影响[J].东北大学学报(社会科学版),2016(03):281-287.

41.黄欣荣.大数据对科学认识论的发展[J].自然辩证法研究,2014(09):83-88.

42.黄欣荣.大数据对思想政治教育方法论的变革[J].江西财经大学学报,2015(03):94-101.

43.黄欣荣.大数据、数据化与科学划界[J].自然辩证法通讯,2018(05):118-123.

44.黄欣荣.大数据、透明世界与人的自由[J].广东社会科学,2018(05):85-92.

45.黄欣荣,李世宇.舍恩伯格大数据哲学思想研究[J].长沙理工大学学报(社会科学版),2017(03):5-11.

46.黄欣荣.新一代人工智能研究的回顾与展望[J].新疆师范大学学报(哲学社会科学版),2019(04):86-97.

47.黄再胜.数据的资本化与当代资本主义价值运动新特点[J].马克思主义研究,2020(06):124-135.

48.黄再胜.数据的资本化与当代资本主义价值运动新特点[J].马克思主义研究,2020(06):124-135.

49.季乃礼,兰金奕.大数据思维下政府治理理念转变的机遇、风险及应对[J].山东科技大学学报(社会科学版),2020(02):84-92.

50.继续把党史总结学习教育宣传引向深入 更好把握和运用党的百年奋斗历史经验[N].人民日报,2022-01-12(01).

51.加快推进网络信息技术自主创新 朝着建设网络强国目标不懈努力[N].人民日报,2016-10-10(01).

52.坚持以新时代中国特色社会主义外交思想为指导 努力开创中国特色大国外交新局面[N].人民日报,2018-06-240(01).

53.简福平.大数据时代的思想认同[J].自然辩证法研究,2018(07):61-65.

54.江畅.核心价值观的合理性与道义性社会认同[J].中国社会科学,2018(04):4-23+204.

55.江小娟.数字时代的技术与文化[J].中国社会科学,2021(8):4-34+204.

56.蒋洛丹.国家形象传播中的大数据技术应用[J].中州学刊,2018(11):168-172.

57.金民卿.深刻认识社会主义意识形态的基本内涵和特征[J].宁夏党校学报,2007(06):42-46.

58.金鹏.如何提升公民数据素养[J].人民论坛,2018(31):76-77.

59.克里斯蒂安·福克斯,罗铮.大数据资本主义时代的马克思[J].国外理论动态,2020(04):9-18.

60.蓝江.数字资本、一般数据与数字异化——数字资本的政治经济学批判导引[J].华中科技大学学报(社会科学版),2018(04):37-44.

61.李春生.马克思人学思想与黑格尔费尔巴哈人本主义的关系[J].兰州学刊,2009(01):30-32.

62.李国杰,程学旗.大数据研究:未来科技及经济社会发展的重大战略领域——大数据的研究现状与科学思考[J].中国科学院院刊,2012(06):647-657.

63.李国杰.对大数据的再认识[J].大数据,2015(01):8-16.

64.李海敏."数字丝路"与全球网络空间治理重构[J].国际论坛,2019(06):15-29+155-156.

65.李怀杰,吴满意,夏虎.大数据时代高校网络意识形态建设探究[J].思想教育研究,2016(05):75-79.

66.李林.数字文化产业与国家文化安全——基于国家数字化战略的思考[J].出版广角,2021(03):6-10.

67.李伦,黄关.数据主义与人本主义数据伦理[J].伦理学研究,2019(02):102-107.

68.李梅敬.资本逻辑下的"数据殖民"风险及数字中国建设[J].理论月刊,2021(10):59-67.

69.李谧,张军.论社会主义人文精神的价值追求[J].学习论坛,2016(08):63-68.

70.李文清,杨莉芸,陈蕊.中国共产党百年作风建设的特征分析及经验启示——基于大数据文本挖掘[J].广西社会科学,2021(07):30-37.

71.李希明,梁蜀忠,苏春萍.浅谈信息孤岛的消除对策[J].情报杂志,2003(03):61-62.

72.李仙娥.数字经济时代数字劳动的辩证法[N].中国社会科学报,2016-11-11-24(04).

73.李英田.科学理解社会主义意识形态的"科学性"——新时期社会主义意识形态建设的一种方法论考量[J].思想理论教育,2008(21):27-33.

74.李英田.利益变迁:意识形态创新的逻辑起点——对社会主义意识形态建设的一种方法论思考[J].理论与改革,2007(01):8-11.

75.梁芷铭.大数据治理:国家治理能力现代化的应有之义[J].吉首大学学报(社会科学版),2015(02):34-41.

76.林建武.数据主义与价值重估:数据化的价值判断[J].云南社会科学,2020(03):45-51.

77.刘方喜."大机器工业体系"向"大数据物联网"范式转换:社会主义"全民共建共享"生产方式建构的重大战略机遇[J].毛泽东邓小平理论研究,2017(10):73-79+108.

78.刘皓琰.数据霸权与数字帝国主义的新型掠夺[J].当代经济研究,2021(02):25-32.

79.刘皓琰.数字帝国主义是如何进行掠夺的?[J].马克思主义研究,2020(11):143-154.

80.刘红,胡新和.数据革命:从数到大数据的历史考察[J].自然辩证法通讯,2013(06):33-39+125-126.

81.刘伟.论马克思主义意识形态的理论权威建设[J].理论探索,2016(06):46-51.

82.刘晓坤.莫让"数据党建"成为形式主义"新玩法"[N].大理日报,2020-07-24(03).

83.卢昌文.失范理论视阈中的大学生心理健康问题研究[J].广西社会科学,2014(06):211-216.

84.吕世荣,谭培文."利益"研究是我国意识形态建设的基础[J].河南大学学报(社会科学版),2009(03):4-6.

85.罗红杰.话语·图像·数据:思想政治教育现代化的着力点[J].湖北社会科学,2019(10):149-155.

86.罗红杰."看"的意识形态性:视觉文化意识形态的隐喻逻辑[J].内蒙古社会科学,2021(05):154-159.

87.罗红杰.论大数据与意识形态治理现代化[J].社会主义研究,2020(05):102-109.

88.马福运.大众传媒在马克思主义大众化过程中的作用浅析[J].思想理论教育导刊,2012(06):24-27.

89.马耀鹏,张敏.刍议意识形态与伦理道德耦合的现实意蕴[J].科学经济社会,2010(02):127-129+135.

90.马拥军.大数据与人的发展[J].哲学分析,2018,9(01):105-115+198.

91.孟天广,赵娟.大数据时代网络搜索行为与公共关注度:基于2011—2017年百度指数的动态分析[J].学海,2019(03):41-48.

92.苗圩.大数据——变革世界的关键资源[J].信息安全与通信保密,2015(11):16.

93.苗小燕,张冲.大中小学德育一体化研究的热点与发展趋势——基于CNKI数据库的CITESPACE分析[J].中国特殊教育,2018(08):85-90.

94.敏锐抓住信息化发展历史机遇 自主创新推进网络强国建设[N].人民日报,2018-04-22(01).

95.倪钢.数据本体的概念及意义解析[J].岭南学刊,2020(06):117-122.

96.倪光南.大数据的发展及应用[J].信息技术与标准化,2013(09):6-9.

97.倪宁.大数据时代的传播观念变革[J].西北大学学报(哲学社会科学版),2014(01):139-145.

98.裴庆祺,马得林,张乐平.区块链与社会治理的数字化重构[J].新疆师范大学学报(哲学社会科学版),2020(05):114-122.

99.彭知辉.论大数据伦理研究的理论资源[J].情报杂志,2020(05):142-148.

100.彭知辉.论大数据思维的内涵及构成[J].情报杂志,2019(06):124-130+123.

101.齐志远.从数据到大数据技术:实践对传统主客二分的超越[J].北京理工大学学报(社会科学版),2022(01):181-186.

102.秦宣.大数据与社会主义[J].教学与研究,2016(05):5-14.

103.邱启照.大数据时代意识形态领导权建设[J].中共福建省委党校学报,2016(11):101-107.

104.邱仁宗,黄雯,翟晓梅.大数据技术的伦理问题[J].科学与社会,2014(01):36-48.

105.屈群苹.论现代政府的意识形态形象构建[J].浙江学刊,2016(02):20-25.

106.全燕.大数据技术背景下的传播转型及其异化风险[J].南京社会科学,2018(06):118-124.

107.任保平,辛伟.大数据时代中国新常态经济增长路径与政策的转型[J].人文杂志,2015(04):29-35.

108.深刻认识建设现代化经济体系重要性 推动我国经济发展焕发新活力迈上新台阶[N].人民日报,2017-02-01(01).

109.沈恩亚.大数据可视化技术及应用[J].科技导报,2020(03):68-83.

110.审时度势精心谋划超前布局力争主动 实施国家大数据战略加快建

设数字中国[N].人民日报,2017-12-10(01).

111.施向峰.公民素养:精神文明的主体境界[J].道德与文明,2017(06):14-19.

112.数字经济打开就业新空间[N].人民日报海外版,2021-11-19(08).

113.宋宇,嵇正龙.论新经济中数据的资本化及其影响[J].陕西师范大学学报(哲学社会科学版),2020(04):123-131.

114.苏令银.大数据时代的小数据会消亡吗[J].探索与争鸣,2019(07):74-84+158.

115.苏星鸿.大数据文化助推马克思主义大众化的策略研究[J].社会主义核心价值观研究,2017(05):52-61.

116.孙冲亚.数字帝国主义时代的文化安全风险及其应对[J].马克思主义研究,2021(06):115-123.

117.孙南翔,张晓君.论数据主权——基于虚拟空间博弈与合作的考察[J].太平洋学报,2015(02):63-71.

118.孙萍,刘瑞生.算法革命:传播空间与话语关系的重构[J].社会科学战线,2018(10):183-190.

119.孙倩倩,张平.大数据嵌入:"社会主义范式"转换的新探索——《共产党宣言》中的计划理论及其当代启示[J].甘肃社会科学,2018(06):120-126.

120.谭兴林.意识形态概念界定范式研究综述[J].社会科学动态,2018(08):57-62.

121.汤景泰,陈秋怡.意见领袖的跨圈层传播与"回音室效应"——基于深度学习文本分类及社会网络分析的方法[J].现代传播(中国传媒大学学报),2020(05):25-33.

122.唐亚阳,黄蓉.抖音短视频与社会主义核心价值观的融合共生:价值、矛盾与实现[J].湖南大学学报(社会科学版),2019(04):1-6.

123.唐永,张明.大数据技术对社会心理的异化渗透与重构[J].理论月刊,2017(10):44-49.

124.童祁.饭圈女孩的流量战争:数据劳动、情感消费与新自由主义[J].广州大学学报(社会科学版),2020(05):72-79.

125.统筹推进疫情防控和经济社会发展工作 奋力实现今年经济社会发展目标任务[N].人民日报,2020-04-02(01).

126.完善算法技术 规范算法应用(算法时代的美好生活)[N].人民日报,2021-05-14(20).

127.王彬彬,李晓燕.互联网平台组织的源起、本质、缺陷与制度重构[J].马克思主义研究,2018(12):65-73.

128.王帆,张舒予.读图时代的大众素养:媒介素养或视觉素养[J].中国电化教育,2008(02):21-24.

129.王伟玲.大数据产业的战略价值研究与思考[J].技术经济与管理研究,2015(01):117-120.

130.王宜鸿,叶鹰.DIKW 概念链上数据科学的理论与技术基础简论[J].图书馆杂志,2020(12):20-28.

131.王永斌.谁在关注社会主义核心价值观——基于百度指数的大数据分析[J].马克思主义研究,2018(02):124-128.

132.王永贵.不断提升主流意识形态引领力的新理念[J].江苏社会科学,2013(06):6-10.

133.王哲,刘贵容,彭润亚.基于大数据分析方法的微博热点建模与预测[J].现代电子技术,2019(21):73-76.

134.温昱.大数据的法律属性及分类意义[J].甘肃社会科学,2018(06):90-97.

135.邬贺铨.大数据时代的机遇与挑战[J].求是,2013(04):47-49.

136.吴朝文,任思奇,邓淑华.马克思主义技术哲学视野下的大数据观探析[J].求实,2017(07):4-14.

137.吴欢.大数据时代价值观的发展趋向[J].中学政治教学参考,2015(18):12-14.

138.吴琼.创新主流意识形态传播的话语表达方式[J].红旗文稿,2017(10):22-24.

139.吴维忆.云端的霸权——"大数据时代"的双重隐喻批判[J].探索与争鸣,2015(04):93-96.

140.吴振磊,李想.大数据时代我国新常态经济发展方式转型[J].人文杂志,2015(04):41-45.

141.夏一雪,兰月新,刘茉,冯晓阳,黄鑫,连芷萱.大数据环境下网络舆情反转机理与预测研究[J].情报杂志,2018(08):92-96+207.

142.肖寒,胡凯.新时代中国共产党意识形态治理的法治化实践[J].学校党建与思想教育,2020(05):46-49.

143.熊鸿儒,田杰棠.突出重围:数据跨境流动规则的"中国方案"[J].人民论坛·学术前沿,2021(Z1):54-62.

144.熊健,黄碧梅,林琳等.2013大数据元年[N].人民日报,2013-12-25(010).

145.许可,郑宜帆.中国共产党领导科技创新的百年历程、经验与展望[J].经济与管理评论,2021(02):15-26.

146.寻找通往未来的钥匙[N].人民日报,2013-02-01(23).

147.杨爱华.人工智能中的意识形态风险与应对[J].求索,2021(01):66-72.

148.杨岚.中国当代人文精神建构的总体原则[J].中共天津市委党校学

报,2000(04):63-66.

149.杨章文."观念的秩序":"意识形态"概念的分歧、嬗变与马克思主义重构[J].中国地质大学学报(社会科学版),2020(05):10-24.

150.余保刚,菅晓旭.抖音为主流意识形态传播提供契机[J].传媒,2021(11):50-52.

151.余乃忠.大数据时代的实践论转向[J].天津社会科学,2017(01):38-45+135.

152.余守萍.社会主义意识形态工作队伍及其建设路径探析[J].思想政治教育研究,2018(06):106-109.

153.宇文利.中国人民凝聚力的核心内涵与主要表现[J].人民论坛,2020(28):20-23.

154.喻国明,焦建,张鑫."平台型媒体"的缘起、理论与操作关键[J].中国人民大学学报,2015(06):120-127.

155.约迪·迪安,张可旺.数字资本主义与政治主体[J].国外理论动态,2021(01):125-133.

156.曾庆娣.大数据的意识形态性及其创新逻辑[J].求实,2016(06):18-24.

157.张传民.论文化产业与社会主义意识形态的对外传播[J].东岳论丛,2012(08):149-152.

158.张家平,程名望,龚小梅.中国城乡数字鸿沟特征及影响因素研究[J].统计与信息论坛,2021(12):92-102.

159.张静波.大数据时代的数据素养教育[J].科学,2013(04):29-32+4.

160.张乐.数字生态向善中的企业责任与行动路径[J].人民论坛,2021(36):72-75.

161.张雷声.论社会主义社会主流意识形态[J].马克思主义研究,2008

（04）：37-42.

162.张平,苗杰,胡铮,田辉.泛在网络研究综述[J].北京邮电大学学报,
2010（05）：1-6.

163.张茹粉.试论信息社会公民的媒介素养[J].新闻知识,2011（02）：
25-27.

164.张瑞敏,王建新.大数据时代我国数据意识培养路径探析[J].大连理
工大学学报（社会科学版）,2020（01）：109-116.

165.张世昌.大数据的意识形态性论析[J].科学社会主义,2021（02）：
70-76.

166.张小平.当代文化帝国主义的新特征及批判[J].马克思主义研究,
2019（09）：123-132+160.

167.张以哲.数据资本权力：数字现代性批判的重要维度[J].西南大学学
报（社会科学版）,2021（01）：42-51.

168.张志安,聂鑫.互联网语境下意识形态传播的特点、挑战和对策[J].
出版发行研究,2018（09）：9-13.

169.张志安.人工智能对新闻舆论及意识形态工作的影响[J].人民论坛·
学术前沿,2018（08）：96-101.

170.张志丹.保持人工智能与意识形态之间的张力[J].东华大学学报（社
会科学版）,2020（04）：322-329.

171.张志丹.论提升我国意识形态国际话语权[J].理论学刊,2019（03）：
114-121.

172.张志丹.我国主流意识形态创新研究[J].当代世界与社会主义,2020
（05）：41-47.

173.赵伶俐.量化世界观与方法论——《大数据时代》点赞与批判[J].理
论与改革,2014（06）：108-112.

174.郑二利,王颖吉.人工智能时代的数据意识形态——基于大数据对价值观和行为活动影响的思考[J].新闻与传播评论,2019(01):72-79.

175.郑洁.大数据时代我国意识形态安全面临的机遇、挑战与对策[J].教学与研究,2017(11):61-68.

176.郑珊珊.人工智能给主流媒体带来全方位变革[J].人民论坛,2020(35):87-89.

177.郑永廷.论社会主义意识形态的功能发展[J].中山大学学报(社会科学版),2002(06):91-98+121.

178.郑云翔,钟金萍,黄柳慧,杨浩.数字公民素养的理论基础与培养体系[J].中国电化教育,2020(05):69-79.

179.郑召利,杨建伟.批判性大数据认识论[J].宁夏社会科学,2021(03):5-12.

180.中共中央关于坚持和完善中国特色社会主义制度 推进国家治理体系和治理能力现代化若干重大问题的决定[N].人民日报,2019-11-06(01).

181. 中共中央召开党外人士座谈会征求对中共中央关于制定国民经济和社会发展第十三个五年规划的建议的意见[N].人民日报,2015-10-31(01).

182.中关村率先布局大数据产业[N].光明日报,2012-12-14(03).

183.周宇尘.大数据,让你成为"透明人"[N].人民日报,2014-01-22(22).

184.专家:我国数据人才缺口约150万[N].中国青年报,2016-05-31(05).

185.邹绍清.论意识形态的党性和人民性统一及其实践路径——兼论思想政治教育创新的实践导向[J].马克思主义研究,2014(07):81-88+160.

五、外文文献

1.Chandler D. A world without causation:big data and the coming of age of posthumanism[J]. Millennium,2015(3):833-851.

2.Christian Fuchs. Digital Laborand Karl Marx[M].New York:Routledge, 2014.

3.Cohen,J.E. The Biopolitical Public Domain:the Legal Construction of the Surveillance Economy[J].Philosophy&Technology,2017(2):1-22.

4.Dal Yong Jin. Digital Platforms,Imperialism and Political Culture,New York:Routledge,2015.

5.Danahboyd&Kate Crawford. Critical questions for big data-Provocations for a cultural,technological,and scholarly phenomenon[J].Information,Communication&Society,2012(5):657-670.

6.Fuchs Christian. SebastianSevignani. What is Digital Labour? What is Digital Work? What's their Difference? And why do these Questions Matter for Understanding Social Media?[J]. TripleC,2013(2):237-293.

7.Hamid Mowlana. Global Communicaiton in Transition:the End of Diversity? California:Sage Publications,1996.

8.HilbertM.,Lopez P. The world's technological capacity to store,communicate,and compute information[J].Science,2011(6025):60-65.

9.Howard Rheingold. The Virtual Community:Homesteading On The Electronic Frontier[M].MIT Press,2000.

10.Immanuel Wallerstein. The Politics of the World-Economy:The States, the Movements and the Civilizations[M].Cambridge University Press,1984.

11.Jack LinchuanQiu. Goodbye i Slave:A Manifesto for DigitalAbolition, Urbana[M].Universityof Illinois Press,2016.

12.Klouss,Wielaardn. We are big data:the future of the information society [M].Dordrecht:Atlantis Press,2016.

13.N.Seaver. Algorithms as Culture：Some Tactics for the Ethnography of Algorithmic Systems［J］. Big Data & Society，2017(2)：1-12.

14.Nick Couldry，Ulises A.Mejias. The Costs of Connection：How Data is Colonizing Human Life and Appropriating it for Capitalism［M］.Stanford：Stanford University Press，2019.

15.TreborScholz. DigitalLabor，TheInternet as Playgroundand Factory［M］. New York and London：Routledge，2013.

后 记

　　本书是我主持的国家社科基金青年项目"大数据时代我国社会主义意识形态建设研究"的最终成果。该课题从 2016 年立项到 2022 年结题,大约历时六年。虽然本课题最终以"良好"结项,但拖得时间太长,没有按计划如期完成,也是一个遗憾。究其原因,可以找到很多,终归为一点就是自己严重的拖延症。当然,这个拖延症的病因可能在于,我总觉得按照原来求学时的科研经验,完成这个课题并非难事。

　　网络上曾经流行这样一句话:"理想很丰满,现实很骨感",如今我深有体会。2014 年博士毕业后,我入职石家庄铁道大学马克思主义学院。作为一名"青椒",要想做到教学与科研双赢、工作与生活兼顾并非易事,我想同龄人与过来人都应深有感触。就本人而言,2016 年首次申报且成功中标的欣喜仅持续了短暂数日,而后便迎来了近六年漫长的磨砺光阴。其间,我自认为经历了一个"青椒"可能经历的所有悲喜,一言难尽,不再赘述。做课题的过程其实也是自我成长的过程。课题立项后,我总想尽快按期结项,但现实总是受到各种羁绊,课题进展颇为缓慢。我甚至几度想过放弃,但始终心有不甘。人们常说"江山易改本性难移"。我认为自己不是一个聪明人,而是一个特别有韧性的人。我总觉得既然承担了这个课题，花了国家的经费，不搞点名堂出来，别的不说，自己良心这关过不去。因而，在平日紧张的工作与生活之余，依然尽可能挤出时间来做这个课题。在人民出版社出版的专著、在《社会主义研究》等刊物发表的论文、指导的研究生连续获评校级优秀学位论文等都成为该课题的阶段性成果，更见证了自我的奋斗历程。2022年6月1日，本课题一次性通过国家社科办鉴定验收，于我而言，如释重负，更多的是对自己有了一个交代。回想起提交结项材料前的半年时光，应是我迄今为止生命中最充实或者说最忙碌的日子。因为关于本书的思索与积累时间虽然漫长，但真正开始撰写则是从那时开始的。结项后，我曾在微信朋友圈分享了当时的心境，赢得诸多亲朋师友的点赞。分享一下吧，虽并无文采也无思想，就像寡淡的流水账，但这是自己生命中的一枚勋章，值得珍藏。

　　儿子在游乐场玩儿，我在外边陪着。闲来无事，就用手机打字，记述对我而言，是很有意义的一件事儿。六一儿童节是快乐的，这快乐不单属于孩子们，也属于我。2016年我申请了国家社科基金青年项目，原本4年的研究周期，硬让我拖成了6年。这个毛病我是知道的，但这个性格是真难改。2021年国庆刚过，印象里是10月15日，科技处的翟老师曾关切询问我：结项报告写完了吗？因为同年的12月31日即为最后提交日期。说实话，当时想过直接放弃，因为她问我时，我还没开始正式动笔，两个月时间是无法完成的。我试着申请了第二次延期，国家社科办给了最后期限：2022年3月31日。秋季学期是我最忙的学期，本硕博都有教学任务，虽说已向教研室提前申请了少排课，但每周十几节也不算少。因为我睡觉轻，所以自觉在书房打起了地铺，白天备课、上课，晚上思考、写作，每天脑子都在教学与科研之间不停转变，几乎没有休息的时候。记得有那么几次，上课时嘴巴跟不上脑子，走路飘忽想栽倒，很真切地感受着生死之间的临界状态。好在我平时坚持踢球,好身体在关键时顶住了,终于熬过来了。在这近五个月时间里真正休息的时间屈指可数,那就是寒假去元氏县南佐大集赶集一天,腊月二十八下午回老家过年到初三下午返回石家庄。付出就有回报,我最终完成了21万字的书稿。2022年3月12日向国家社科办提交了结项申请,6月1日公示,最终鉴定为"良好"。这应该就是坚持的力量吧。从立项时的青年小伙拖到了结项时的中年大叔,有点感慨:时间过得太快了!特别感谢赵老师,军功章有她的一多半!也借这个事儿提醒自己拖延症的毛病也要有所改进了。

　　热映的国漫电影《长安三万里》结尾处,58岁的李白在流放夜郎途中听到被朝廷特赦的消息,兴奋地扔掉手中船桨,张开双臂,面对高耸入云的白帝山,吟出了两行冠绝古今的诗句——"两岸猿声啼不住,轻舟已过万重山",形象地表达了其历经人生起伏后的欣喜与豁达。课题结项后,回头看,我也逐渐意识到科研工作仅是自己生命中的一部分,生命的丰富程度远超我们的想象。我想,未来的生活中,在专注科研工作的同时,也要关爱身边的亲朋,热爱美好的自然,坚持自己的爱好,尽可能延展生命的宽度。

　　行文至此,我还要感谢很多人。古语云:"滴水之恩,当涌泉相报。"本课题从申报、立项到结项,离不开诸多师友的关心与提携。如在课题申报时,王宏斌教授、窦竹君教授等专家学者提出了很多宝贵的修改建议;在课题结项中,邢红梅教授,孟芳博士,我的学生张茂杰、杜宝君等从不同方面给予了大力支持。当然,还要感谢我的硕士生导师项武生教授和博士生导师李彩华教授,两位恩师引领我走进了学术研究的神圣殿堂,其情永难忘。最后,我还要郑重地将本书送给我的爱人赵芳芳和幼子樊金阳,没有他们的无私付出,就没有本书的顺利完成。

　　缘分这东西很难说得清楚，原本没有任何交集的人因为机缘巧合也可能成为一见如故的朋友。我是相信缘分的。由于种种原因，本书的出版颇费周折，问询过诸多出版社的编辑老师，但均无结果。后经张茂杰介绍，我与天津人民出版社的武建臣老师相识，感谢天津人民出版社的大力支持和武老师的坦诚相待，尤其得益于武老师的辛勤劳动，拙作才能顺利出版。此外，本书的出版也获得了石家庄铁道大学马克思主义学院和学校"优青计划"的专项资助，特此鸣谢！

　　"苔花如米小，也学牡丹开。"本书的出版既是对我过往科研历程的一个系统总结，也是未来科研生涯的一个崭新开始。我在此不揣浅陋，愿将自己不甚成熟的思考与感悟写出来以求教于方家，旨在抛砖引玉，以期引发同人对数智化时代背景下我国社会主义意识形态建设问题的广泛关注与深入探究。受各种因素影响，拙作难免存在诸多问题与不足，还望学界前辈、读者朋友们不吝赐教。生命就是永无止境的奔流过程，唯有向前，才能使自己变得更强大，才能激起更多更美的学术浪花。我将以本书出版为新的起点，踔厉奋发，上下求索！

作　者

2023 年 7 月 15 日